贫穷的本质

我们为什么摆脱不了贫穷

［印度］阿比吉特·班纳吉
［法］埃斯特·迪弗洛 著

景芳◎译

POOR ECONOMICS

A Radical Rethinking of the Way to Fight Global Poverty

中信出版社·CHINACITICPRESS ·北京·

图书在版编目（CIP）数据

贫穷的本质：我们为什么摆脱不了贫穷 /（印度）班纳吉，（法）迪弗洛著；景芳译．—北京：中信出版社，2013.4（2018. 5重印）
书名原文：Poor Economics: A Radical Rethinking of the Way to Fight Global Poverty
ISBN 978-7-5086-3849-2
I. ①贫… II. ①班… ②迪… ③景… III. ①贫穷－研究－世界 IV. ①F113.9
中国版本图书馆CIP数据核字（2013）第 036809 号

贫穷的本质——我们为什么摆脱不了贫穷

著　　者：[印度] 阿比吉特 · 班纳吉　[法] 埃斯特 · 迪弗洛
译　　者：景　芳
策划推广：中信出版社（China CITIC Press）
出版发行：中信出版集团股份有限公司
（北京市朝阳区惠新东街甲 4 号富盛大厦 2 座　邮编　100029）
（CITIC Publishing Group）
承 印 者：北京鹏润伟业印刷有限公司

开　　本：787mm × 1092mm　1/16　　印　　张：17　　字　　数：223 千字
版　　次：2013 年 4 月第 1 版　　印　　次：2018 年 5 月第25次印刷
京权图字：01-2011-4625　　广告经营许可证：京朝工商广字第 8087 号
书　　号：ISBN 978-7-5086-3849-2 / F · 2836
定　　价：58.00 元

服务热线：010-84849555　　服务传真：010-84849000
投稿邮箱：author@citicpub.com

谨以此书献给我们的母亲：

妮玛拉·班纳吉和维奥莱纳·迪弗洛

阿比吉特·班纳吉和埃斯特·迪弗洛很擅长概括经济发展的秘密。他们运用了很多针对当地的考察记录及实验，探寻贫穷国家的穷人是怎样应付贫穷的：他们知道什么、从表面上看他们想要什么或不想要什么、他们对自己及别人的期望是怎样的、他们怎样做出选择。显然，他们通过个人行动和公共行动赢得了多次富有意义的小胜利，为全球穷人带来了巨大的收益，而且这些收益还可能会像滚雪球似的继续下去。这本书令我非常着迷，让我充满了信心。

——罗伯特·默顿·索洛

诺贝尔经济学奖得主、麻省理工学院教授

这是一本见解极为深刻的好书，由两位专门研究贫穷本质的优秀作者写成。

——阿马蒂亚·森

哈佛大学经济学及心理学教授、诺贝尔经济学奖得主

对于每一位关心世界贫穷问题的人来说，本书都是一本必不可少的读物。我很久没读过能让我学到这么多的书了。

《贫穷的本质》堪称经济学的最大献礼。

——史蒂芬·列维特 《魔鬼经济学》作者

阿比吉特·班纳吉和埃斯特·迪弗洛合著的这本书引人入胜、可读性很强，超越了关于贫穷问题的简单分析。书中充分论述了贫穷家庭为改变现状而面临的挑战，展现了他们为摆脱当前贫穷而迁居的努力，并用真实的数据对其加以验证。《贫穷的本质》是一本充满希望的书，本书在探讨贫穷核心问题的同时，保留了对乐观主义精神及更多答案的寻求。

——南丹·纳拉坎尼

印孚瑟斯技术有限公司前首席执行官、印度身份证管理局主席

他们为发展经济学做出了有力的尝试，并且非常清楚自己的观点与占统治地位的论证方法的差异。这些非常有头脑的经济学家丰富了贫困问题的基本原理——而这些原理经常为大众所误解……本书引发了关于发展周期的讨论。除了重点关注随机对照实验之外，还涉及了之前为学界所忽视或未得出一致观点的内容，如穷人是如何做决定的、他们的决定是否正确，以及政客们是如何应对这些决定的。

——《卫报》

本书中，作者进行了大胆的研究，亲身体验并描述了全世界至少 8.65 亿贫困人口（日均收入低于 0.99 美元）的真实生活。

——《经济学人》

这是一本极有说服力的读物，它真实再现了穷人的生活，很有可能产生具有实际意义的成果。

——《福布斯》

这是一本非凡之作，读后收获颇丰。《贫穷的本质》是对穷人所处的生存环境中边缘生活的细致描述。两位作者清晰而又富有同情心地描述了他们研究领域所面临的挑战，他们为事实、假设和思辨开创了全新的视角。正因如此，本书值得一读。

——《华尔街日报》

本书除了记录大量的亲身体验外，令人印象深刻的还有对穷人生活的个性化描述。它反映了贫困人群是如何在艰难的环境中做出选择的。此类书籍帮助我们开辟了一条新的前进道路，代表了我们需要继续坚持的实践方向。

——《金融时报》

本书内容精彩、引人入胜，俨然是一部为贫困人口量身定制的《魔鬼经济学》。书中有很多从我们所服务对象角度出发的有关解决贫困问题的深入见解。他们唤醒了我们共有的人性，并提醒我们一般情况下，人们所见略同。

——《快公司》

随机对照实验是解决贫困问题常用的方法。这本由阿比吉特·班纳吉和埃斯特·迪弗洛合著的《贫穷的本质》对其进行了深刻的阐释，并提出了一个令人深思的问题："什么形式的援助最有效？"

——《纽约时报》

这是一本科学、深刻、观点清晰、通俗易懂的书，是对国际援助持支持或反对意见者，以及相关领域专家和对贫困问题感兴趣的普通读者的必读之作。诺贝尔奖获得者阿玛蒂亚·森、罗伯特·默顿·索洛以及经济学畅销书作者史蒂芬·列维特倾心推荐之作。我觉得你最好读一读这本书，它将开启发展经济学的一个新的讨论话题。

——美国《金融世界》

本书含蓄地表达了经济研究无须将社会科学与经济学相结合的观点，这是研究方法上的惊人转变。

——《印度快报》

两位极负盛名的经济学家阿比吉特·班纳吉和埃斯特·迪弗洛连续15年对全球贫困问题做出了精妙的研究，并探求我们无法解决贫困问题的真正原因。本书论点清晰、有理有据，颠覆了以往研究贫困问题的传统方法，不失为关注此类问题的读者的醒脑之作。

——《柯克斯评论》

目录

POOR ECONOMICS
A Radical Rethinking of
the Way to Fight Global Poverty

前言

POOR ECONOMICS
A Radical Rethinking of the Way to Fight Global Poverty

埃斯特 6 岁时曾读过一本关于特里莎修女的书，书中提到了一个叫加尔各答的城市。这个城市非常拥挤，人均居住面积只有 0.93 平方米。当时，埃斯特把这个城市想象成一个大棋盘，由许多个 3×3 英尺[①]的小格子组成，每个小格子只能挤进去一个“小兵”。她当时就思考着，自己究竟能为这个城市做些什么呢？

24 岁时，埃斯特终于来到了加尔各答市，当时她已是麻省理工学院的一名研究生。在乘出租车前往市区的路上，埃斯特向窗外望去，眼前的一切令她有些失望。每个角落都空无人烟，只有一棵棵树木、一块块空草坪和孤单的人行道。那本书中刻画得触目惊心的困境在哪里，那些拥挤的人群都跑到哪里去了？

阿比吉特 6 岁时就知道加尔各答市的穷人住在哪儿，他们就住在他家后面那栋摇摇欲坠的小房子里。那些穷人的孩子似乎总有玩的时间，他们擅长玩各种游戏。如果阿比吉特和他们玩弹球，最后弹球总会跑到他们的破裤兜里。对此，

① 1 英尺约为 0.3048 米，3 英尺约为 0.91 米。——编者注

阿比吉特心里很是不服气。

自打贫穷一出现，我们就产生了某种以约定俗成的方式来贬低穷人的冲动。穷人频繁地出现在社会理论及文学作品中，他们被描述得有时懒惰，有时上进；有时高尚，有时鬼祟；有时愤怒，有时顺从；有时无助，有时自强。毫无疑问，有些规则与这种针对穷人的看法相一致，如“给穷人创建自由市场”、“呼吁人权至上”、“先解决冲突”、“给最贫穷的人多些资助”、“外国援助阻碍发展”等。然而，这些想法却无法帮助那些处于贫穷状态下的普通男女实现希望、消除疑虑、弥补不足、满足愿望、坚定信仰、解决困惑。穷人的出场通常只是作为某种励志剧或悲剧的主人公，或令人钦佩，或惹人怜悯，而不是某种知识的传播者，人们不会向他们咨询其想法或计划。

贫穷经济学常常与穷人经济学相互混淆，因为穷人几乎一无所有，所以他们的经济状况一般也无人关注。遗憾的是，这种误解严重影响了消灭全球贫穷之战——简单的问题会产生简单的解决方法。扶贫政策方面充斥着立竿见影的泡沫，事实证明这一点儿也不奇怪。要想取得进展，我们必须摒弃将穷人贬低为固定形象的习惯，花点儿时间真正去了解他们的生活，包括这种生活中的复杂与多彩。15 年来，我们始终坚持着这一行动目标。

我们是学者，与大多数学者一样，我们构建理论，研究数据。然而，我们研究的性质却有着不同的意义。我们用几个月，甚至很多年的时间与非政府组织（NGO）活动分子、政府官员、医疗保健工作者及小额信贷者接触，进行基础性研究。我们来到街头巷尾，村前屋后，与住在那里的穷人交谈，向他们提出问题，搜寻数据信息。我们在那里遇到了很多善良的人，如果没有他们的协助，这本书就不可能完成。在很多情况下，我们只是路过而已，却始终被他们当作客人来对待。即使我们提出的问题并无多大意义，他们也会耐心解答，并同我们分享很多有意思的故事。[1]

回到办公室后，我们一边回顾那些故事，一边研究数据，感到有些不可思议，甚至迷惑不解。我们难以将自己的所见所闻与那种（西方或受过西方教育的）专业发展经济学家及政策制定者对于穷人生活的看法联系起来。有时，强有力的证据迫使我们重新评估甚至放弃我们所坚持的理论。然而，我们会尽量先搞清楚，我们的理论为什么行不通，怎样利用该理论更好地描述世界。本书就产生于这一思想交叉点上，展现了我们所编织的一个关于穷人生活的完整故事。

我们所关注的焦点是世界上最贫穷的人，就全球穷人最多的 50 个国家来说，其平均贫穷线为每人每天 16 印度卢比。[2] 各国政府将生活费低于这一水平的人定位为贫穷状态。根据当前的汇率标准，16 卢比相当于 36 美分，但由于大多数发展中国家的物价水平较低，如果穷人以美国的物价水平来购物，他们就需要花更多的钱——99 美分。因此，要想知道穷人是怎样生活的，你就要想象如何在迈阿密或莫德斯托每天只靠 99 美分生活。要用这点钱购买你一天所需（除了住房），这并不容易。比如，在印度，99 美分只能买 15 根小香蕉，或是 3 磅劣质大米。你能靠这点吃的活下去吗？不过，2005 年，全球有 8.65 亿人口（占世界总人口的 13%）都是这样生活的。

有一点值得注意，即使这些人处于贫穷状态，他们几乎在所有方面都和我们一样。穷人与我们有相同的欲望和弱点，也并不比我们理性多少——正好相反，恰恰因为他们几乎一无所有，我们常常会发现，穷人在作选择时会非常谨慎：为了生存，他们都需要成为精打细算的经济学家。然而，我们和他们的生活依然有着天壤之别。这在很大程度上是因为，我们对自己生活的方方面面都已经习以为常，几乎不会在这些方面细细思量。

每天 99 美分的生活意味着，你接收信息的渠道也会受限——报纸、电视和书籍都要花钱来买。因此，你常常会对世界上其他人得到的特定信息一无所知。比如说，接种疫苗的信息就可以预防你的孩子患上麻疹。这就意味着，在你所生活的世界里，很多机构并不是为你这样的人而建的。大多数穷人都没有收入来源，更不用说基于自动缴纳的退休计划了。这就相当于，在你大字不识的情况下，你却要根据很多细则做出决定。对于不识字的人来说，他怎能读懂一份包含大量拗口病名的健康保险产品呢？

一切都表明，对于穷人来说，要想充分发挥自己的才能，为自己家人的未来提供保障，他们需要拥有更多的技能和更强的意志力，承担更多的义务。然而，恰恰相反，正是我们大多数人所忽略的那些小花费、小障碍、小错误，在穷人的生活中却成了尤为突出的问题。

要想摆脱贫穷并不容易，但只要抱着一种“万事皆有可能”的态度，再加上一点儿援助（一条信息、一点儿推动），有时也能产生令人意想不到的成果。另一方面，错位的期望、必要信仰的缺乏、表面上的一些小障碍，都有可能对这一过程造成一定的破坏。把持住正确的杠杆至关重要，但正确的杠杆往往很难找到。而且，单凭一个杠杆显然不能解决所有问题。

《贫穷的本质》一书揭示了穷人的经济生活，使我们看到其中所蕴含的丰富的经济学原理。这本书中的理论有助于我们了解穷人能实现什么，他们在哪些方面需要一些助力，以及他们为什么会需要这些助力。本书中的每个章节都阐述了一种如何找出这些难点并攻克这些难点的方法。翻开这本书，我们可以清晰窥见这些人的家庭生活：他们都会买些什么；他们会为子女的教育做些什么；他们会为自己的健康、子女的健康以及父母的健康做些什么；他们会生几个孩子等。接下来，我们将进一步阐述各类市场及机构能为穷人做些什么：他们能借钱吗？能存钱吗？能为自己投一份人身伤害保险吗？政府能为他们做些什么，在何种情况下政府会力不从心？自始至终，本书都在讨论几个相同的基本问题。通过什么方法可以让穷人改善他们的生活，在这方面他们遇到了哪些障碍？是起步的花费较大，还是起步容易维持难？为什么花费会这么大？穷人意识到福利的重要性了吗？如果没有，原因又是什么呢？

《贫穷的本质》一书最终揭示了穷人的生活及他们相应的选择，对于我们消除全球贫穷具有一定的启发意义。本书将有助于我们了解，为什么小额信贷的实用性并非某些人所信奉得那么神奇，为什么穷人最终无法从保健制度中得到好处，为什么他们的孩子年年上学却不学习，为什么穷人不想交医疗保险，以此表明，为什么昔日的奇思妙想今天都遭到扼杀。本书还指出了很多充满希望的方面：为什么象征性的补助会比象征性的影响更重要，怎样健全商业保险制度，为什么在教育方面的资助“少一点即是多一点”，为什么好工作对于发展至关重要。值得一提的是，本书还指出了希望与知识的重要性，告诉我们即使在任务看上去无比艰难的情况下，我们依然要敢于坚持，成功并不总像看上去那样遥远。

第一章

再好好想想

不到 5 岁便夭折的儿童每年有 900 万。[1] 在撒哈拉沙漠以南的非洲地区，产妇死亡概率为 33%，这一比率在发达国家仅为 0.018%。全球至少有 25 个国家，大多数为撒哈拉以南的非洲国家，其人口的平均寿命不超过 55 岁。仅在印度一国，就有超过 5 000 万的学龄儿童连简单的课文也看不懂。[2]

看了上面这段文字，或许你只想把书扔到一边，不去想世界贫穷这件大事。因为这个问题看上去太宽泛、太棘手。然而，我们写这本书的目的就在于，劝你不要那样做。

宾夕法尼亚大学近期的一项实验表明，这一问题的重要性会令我们无比震惊。[3] 研究人员发给每个学生 5 美元，让他们填写一份简短的调查表，然后再给他们看一份传单，请他们为“拯救儿童”（全球慈善机构之一）捐款。传单有两种不同的类型，有些学生所看到的传单是这样的：

> 马拉维的食品短缺影响着超过 300 万儿童；在赞比亚，自 2000 年以来的严重干旱已导致粮食产量下降 42%。因此，300 万赞比亚人将面临饥饿；400 万安哥拉人（占安哥拉人口总数的三分之一）已被迫离开自己的家乡；超过 1 100 万埃塞俄比亚人急需食品援助。

另外一些学生所看到的传单上画着一个小女孩，还有这样一些文字：

> 罗西娅是一个来自非洲马里的7岁女孩，她过着极度贫穷的生活，甚至面临着挨饿的危险。然而，您的经济援助将会改善她的生活。有了您以及其他好心人的支持，“拯救儿童”将与罗西娅的家人以及社区里的其他人一起帮助她，让她能吃饱饭，接受教育，具备基本的医疗及卫生常识。

看了第一份传单的学生平均每人捐了1.16美元。和第一份传单不同，第二份传单展现了一个而不是数百万人的困境，看了这份传单的学生平均每人捐了2.83美元。这样看来，学生们愿意为了罗西娅而承担一点儿责任，但在面对广泛的全球性问题时，他们就不免有些泄气了。

接下来，研究人员又随机选定了一些学生，先告诉他们这样一个现象，即人们不愿关注那种泛泛的信息，他们更有可能会捐钱给某一特定受害者，然后再给这些学生看那两份传单。结果显示，看了第一份传单的学生平均每人捐款1.26美元，与事先不知道该现象的学生所捐的钱差不多。然而，看了第二份传单的学生在得知这种现象之后，平均每人仅捐了1.36美元，远远低于不知道该现象的学生所捐的钱。鼓励学生们再想想反而使他们对罗西娅不那么慷慨了，但马里人民也没有因此得到更多的援助。

学生们的反应是一个典型案例，说明了大多数人在面对贫穷等问题时的感觉。我们的本能反应是慷慨，特别是在面对一个身陷困境的7岁小女孩时。然而，正如宾夕法尼亚大学的学生们一样，我们在重新考虑之后常常失去信心：我们捐的那点儿钱不过是沧海一粟，而且这些善款的安全性也得不到保障。这本书会让您再好好想想，如何摆脱那种“贫穷的问题难以解决”的感觉，从一系列具体问题出发，重新审视这一挑战。这些问题只要能得到恰当的定位并为人们真正理解，就能够逐一得到解决。

遗憾的是，关于贫穷的辩论往往不是这样展开的。很多侃侃而谈的专家并没有讨论怎样抗击痢疾和登革热最有效，而是专注于那些“大问题”：贫穷的最终原因是什么？我们应该在多大程度上信任自由市场？穷人能够受益于民主制吗？外来援助可以发挥什么样的作用？等等。

杰弗里·萨克斯是联合国顾问、纽约哥伦比亚大学地球研究所主任，同时也是一位贫穷问题专家。他对上述问题的回答是：贫穷国家之所以贫穷，原因在于这些国家往往都气候炎热、土地贫瘠、疟疾肆虐、四周被陆地所包围。因此，如果没有大量的原始投资助其解决这些地方性问题，这些国家很难提高自己的生产力。然而，这些国家却因为贫穷，无法支付投资回报——这就是经济学家们所谓的“贫穷陷阱”。除非这些问题的解决能够落到实处，否则无论是自由市场，还是民主制，都帮不上什么大忙。外来援助之所以重要的原因就在于，它能启动一种良性循环，即辅助穷国在关键领域投资，从而提高其生产力；由此而产生的更高收入会带来更多投资，收益将呈螺旋状上升。萨克斯在其 2005 年《贫穷的终结》（*The End of Poverty*）[4] 一书中称，如果富国在 2005~2025 年间每年拿出 1 950 亿美元的资金来援助穷国，那么贫穷问题到 2025 年末便可完全得到解决。

然而，还有一些侃侃而谈的人认为，萨克斯的回答是错误的。曼哈顿的威廉·埃斯特利挑战了纽约大学的萨克斯，随着其著作《在增长的迷雾中求索》（*The Elusive Quest for Growth*）及《白人的负担》（*The White Man's Burden*）[5] 的面世，他已经成为反援助人士中最具影响力的公众人物之一。丹比萨·莫约是一位曾在高盛投资公司及世界银行任职的经济学家，她于近期出版了《援助的死亡》（*Dead Aid*）[6] 一书，并在书中对埃斯特利的观点表示赞同。他们都认为，援助的弊大于利：援助使人们停止寻找自己解决问题的方法，腐蚀地方机构并削弱其作用，导致一些援助机构形同虚设。对于贫穷国家来说，最好遵循一个简单的原则：只要有自由市场和恰当的奖励机制，人们就能自己找到解决问题的方法，避免接受外国人或自己政府的施舍。从这个意义上讲，在看待世界运转的方式上，对援助持悲观态度的人实际上表现得颇为乐观。埃斯特利认为，“贫穷陷阱”并不存在。

我们到底应该相信谁？是相信那些认为援助能解决问题的人，还是相信那些认为援助只能使问题恶化的人？这一问题无法从理论上得到解决，我们需要的是证据。然而，遗憾的是，那种常常用来解答大问题的数据并不能得到人们的信任。引人注目的奇闻轶事比比皆是，有些事件甚至可以用来支持任何立场。例如，卢旺达在遭受种族灭绝之后的几年里得到了大笔捐款，整个国家逐渐走向繁荣。由于国民经济得到了发展，卢旺达总统保罗·卡加梅开始制定政策，尽量不再接受援助。那么，我们应将这个例子看作是援助好处的证明（萨克斯的观点），还是自力更生的典型代表（莫约的观点），还是二者兼备？

由于诸如卢旺达这样的个例没有最终定论，大多数研究哲学问题的人更喜欢在多个国家之间作比较。例如，针对世界上几百个国家的数据表明，接受更多援助的国家并不比其他国家发展得快。这常常被认为是援助无用的依据，但实际上，这也可能意味着相反的观点。或许，援助使某些国家避免了一场灾难，没有援助的话情况会更糟。对此，我们并不了解，只是在泛泛地猜测而已。

然而，假如没有支持或反对援助的依据，我们又该怎样做呢？——放弃穷人？这种失败主义的态度不是我们所应持有的。实际上，答案是可以找到的。这本书整体上就采用了一种答案延伸的形式——不过不是萨克斯和埃斯特利喜欢的那种泛泛的答案，它要告诉你的不是援助的好与坏，而是援助在一些特定的事例中是否带来了好处。我们虽然不能断定民主制的效力，却可以就是否应改变其组织方式谈谈感想，使其更有效地运行于印尼的农村等地。

无论如何，对于某些大问题（如外国援助是否有效）的回答是否像我们有时听到的那样重要，我们尚不明确。无论是伦敦、巴黎或华盛顿特区那些热心于帮助穷人的人，还是不那么热心于此的人，他们都认为援助的作用十分突出。实际上，援助只占每年给穷人所划拨的款项的一小部分，大多数针对全球穷人的计划都由各国自身的财政部门制定。例如，印度基本上不接受援助。2004~2005 年间，印度为穷人的基础教育计划投入 5 000 亿卢比（310 亿美元）[7]。即使是在非洲这样急需援助的地方，这一数字也只占政府 2003 年度全部预算的

5.7%（如果我们排除尼日利亚和南非这两个几乎不接受援助的大国，那么这一比例为 12%）。[8]

更重要的是，援助的是是非非引发了无数没完没了的争论，这模糊了真正的重点——钱的去处。这就意味着政府要选择正确的资助项目——该项目对穷人有好处吗？是该给老人发养老金，还是为病人建诊所？然后，弄清楚最好的操作方式是怎样的。比如，诊所的运作及人员配备可以采取很多不同的方式。

为援助问题而争论的人基本上都同意一个前提，即我们应在力所能及时向穷人伸出援助之手。这也在情理之中。哲学家彼得 · 辛格曾写过关于拯救陌生人的道德准则，他评论说，大多数人都愿意牺牲一件价值 1 000 美元的衣服，换取一个落水儿童的性命。[9] 辛格还认为，这名落水儿童就是那些每年活不到 5 岁的 900 万儿童之一。经济学家、哲学家、诺贝尔奖得主阿玛蒂亚 · 森的观点也得到了很多人的赞同。他认为，贫穷会导致令人难以容忍的人才浪费。用他的话来讲，贫穷并不仅仅意味着缺钱，它会使人丧失挖掘自身潜力的能力。[10] 一个来自非洲的贫穷小女孩即使很聪明，可能最多也只能上几年学。她很可能由于营养不足而无法成长为世界顶级运动员，而且即使她有什么做生意的好想法，也没有启动资金。

的确，对于发达国家的人来说，这种对生命的荒废可能没有什么直接影响，但对于这个非洲小女孩来说却影响很大：她可能沦落为携带艾滋病毒的妓女，将病毒传染给一个来到非洲旅游的美国人，而这个美国人又会将病毒带回自己的国家。或者，她可能会患上一种耐抗生素的肺结核，这种病毒最终可能会传播到欧洲。如果她当初接受了足够的教育，她可能已经研制出了治疗老年痴呆症的良药，或者就像中国小姑娘戴满菊一样，她上学的机会来源于银行职员的一个疏忽，这可能使她最终成为雇用上千人的商业巨头。尼古拉斯 · 克里斯托弗和舍丽 · 吴顿在其著作《半边天》（*Half the Sky*）[11] 中讲述了这个小姑娘的故事。即使她没有这样的际遇，我们又有何理由不给她一次机会呢？

我们知道帮助穷人的有效方式吗？当我们回到这个问题时，分歧便会显现。

辛格关于帮助别人的观点中隐含了一个前提，即你知道如何去做。在你不会游泳的前提下，甘愿牺牲一件衣服的道德准则便显得苍白无力。正因如此，在《你能拯救的生命》（*The Life You Can Save*）一书中，辛格不辞辛苦地为读者列举了很多实例，告诉他们可以在哪些地方伸出援手。在辛格的网站上，这部分内容是定期更新的，尼古拉斯 · 克里斯托弗和舍丽 · 吴顿也是这样做的。[12] 道理很简单，只谈世界上存在什么问题，而不去谈可行的解决方案，这样只能导致社会瘫痪，而非进步。

因此，真正有用的方式是从实际问题的角度去思考，这样就可以有针对性地找出解决具体问题的方法，而不是空谈外来援助。例如，世界卫生组织称，疟疾在 2008 年造成约 100 万人丧生，其中大多数是来自非洲的儿童。[13] 对此，我们认为，让人们睡在经过杀虫剂处理的蚊帐中，这样就可以挽救很多条性命。研究表明，在疟疾传播严重的地区，让人们睡在经过杀虫剂处理的蚊帐中，可以将疟疾的感染病例减少一半。[14] 那么，怎样做才能保证儿童都睡在这样的蚊帐中呢？

只要拿出约 10 美元，一个家庭就能得到一个经过杀虫剂处理的蚊帐，还会有人教他们怎样使用这种蚊帐。政府或非政府组织是否应向家长们免费提供这种蚊帐？或者按优惠价卖给他们？还是让他们自己去市场上按全价购买？这些问题是可以回答的，但答案却不甚明了。很多“专家”在这些问题上的立场十分强硬，却拿不出任何有力的证据。

疟疾是一种传染病，如果玛丽睡在蚊帐中，约翰就不太可能被传染——如果至少有一半人口睡在蚊帐中，另一半人口即使没睡在蚊帐中，他们被传染的概率也会大大降低。[15] 问题是，睡在蚊帐中的孩子的人数还不到总人口数的四分之一。[16] 对于马里及肯尼亚的很多家庭来说，10 美元的花费有些高。考虑到使用者及社区中其他人的利益，以优惠价销售蚊帐或免费赠送蚊帐似乎是个好办法。的确，免费发放蚊帐正是杰弗里 · 萨克斯所提倡的。埃斯特利和莫约则对此持反对态度。他们认为，如果人们不花钱就得到了蚊帐，那么他们就不会对其加以珍惜，因而也就不会去用。即使他们用了，也可能会因此对施舍习以为常，在以后需要自己花钱购买蚊帐时便会退缩，或是在需要其他物品时也不愿自己花钱，而是等着别人免费赠送。这种情况会摧毁运转良好的市场。据莫约讲，一位蚊帐供应商就曾因一项免费发放蚊帐计划而破产。在该项计划停止之后，再也没有人愿意以任何价格提供蚊帐了。

要想解释这一争论，我们需要回答三个问题。第一，如果人们必须以全价（或者至少是全价的一大半）购买蚊帐，他们是否会放弃购买？第二，如果蚊帐是免费赠送的，或是以优惠价卖给人们的，他们是否会使用这些蚊帐，还是将其浪费掉？第三，如果人们以优惠价购买了蚊帐，那么一旦以后价格不再优惠，他们是否还愿意去购买呢？

要想回答这些问题，我们就要观察并比较几组人在面对不同程度优惠价时的行为。这里，我们着重于“比较”，自己花钱购买蚊帐的人与免费得到蚊帐的人相比，他们的表现常常是不一样的。

那些自己花钱购买蚊帐的人可能都比较富有，受过良好的教育，而且知道自己为什么需要这种蚊帐；而那些免费得到蚊帐的人可能是因为贫穷，才会被某家非政府组织选中。不过，情况也可能恰恰相反：免费得到蚊帐的人社会关系优越，而穷人由于封闭只好以全价购买。无论是哪种情况，我们都无法从他们使用蚊帐的方式上得出任何结论。

因此，这些问题最简洁的回答方式就是模仿医学中为评估新药的效力而采用的随机对照实验（RCTs）。[17]洛杉矶加利福尼亚大学的帕斯卡利娜·迪帕在肯尼亚开展了这样一项实验，随后，其他研究人员分别在乌干达和马达加斯加进行了类似的实验。在迪帕的实验中，随机选定的几个人在购买蚊帐时享受了不同程度的价格优惠。通过对几个小组在接受不同价格时的行为进行比较，迪帕便能回答我们前面列出的三个问题，至少在这项实验的背景下是这样的。

在本书的第三章，我们将详细描述迪帕的研究发现。尽管有争议的问题仍然存在（例如，这些实验并没有告诉我们，将进口的蚊帐以优惠价出售是否会损害当地厂家的利益），但这些实验结果还是使这场争论取得了实质性的进展，并极大地影响了这方面的政策导向及言辞。

从泛泛而论转向具体剖析，这样做还有一个好处：一旦我们了解穷人是否愿意花钱购买蚊帐，以及他们是否会使用免费得到的蚊帐，那么我们所了解的就不仅是发放蚊帐的最好方式了；我们还会了解，穷人是怎样做出选择的。例如，蚊帐得到广泛应用的最大阻碍可能是人们不了解这种蚊帐的好处，可能是穷人买不起蚊帐，也可能是他们的头脑完全被当前的问题所占据，根本没空去担心以后的事。通过回答这些问题，我们就能了解穷人的特殊性表现在哪些方面：他们除了手里没有多少钱之外，在生活上同其他人都是一样的吗？或是他们极度贫困的生活与其他人的生活在本质上有哪些不同？如果他们的生活有什么特殊之处，他们是否会因此而掉入“贫穷陷阱”？

被困于“贫穷陷阱”

对于蚊帐应免费赠送还是有价销售的问题，萨克斯和埃斯特利提出了截然相反的观点，这并不是巧合。在发展援助及对待贫穷等问题上，即使一些具体问题似乎应有标准答案，如蚊帐的价格，但大多数富国专家所持的立场仍会受其特定世界观的影响。一方面，杰弗里 · 萨克斯（在联合国、世界卫生组织及援助机构的参与下）希望能为穷人提供更多援助，应该免费赠送穷人一些物品（化肥、蚊帐、学生电脑等），我们应劝告穷人去做我们（或萨克斯、联合国）认为对他们有好处的事。例如，孩子们可以在学校免费用餐，从而鼓励他们的父母定期送他们上学。另一方面，埃斯特利、莫约、美国企业研究院的相关人员以及其他一些人则反对援助，他们不仅认为援助会使政府变得腐败，而且从更基本的层面上看，他们认为，我们应该尊重人们的自由——如果这是他们不想要的东西，我们就没有理由强迫他们接受：如果孩子们不想去上学，那么对于他们来说，接受教育一定是没有意义的。

这些观点并不是毫无依据的。萨克斯和埃斯特利都是经济学家，他们的区别在很大程度上取决于对一个经济问题的回答，即一个国家是否会陷入贫穷？我们知道，萨克斯的观点是，由于地理位置不佳或运气不好，有些国家陷入了贫穷，而且常常会变得越来越穷。这些国家虽然拥有富裕起来的潜能，却需要先让自身走出困境，然后才能踏上繁荣之路。因此，萨克斯强调巨大推力的重要性。相反，埃斯特利指出，很多过去贫穷的国家现在却很富有，一些过去富有的国家现在却变穷了。他表示，如果贫穷的条件不是恒定的，那么“贫穷陷阱”就是一个残酷地诱骗穷国的伪概念。

同样的问题也可以问及个人，人们是否会陷入贫穷？如果是这样的话，一次性的援助投入会给一个人的生活带来巨大改变，使他走上一条新的道路，这也就是杰弗里·萨克斯“千年乡村计划”所蕴含的根本的哲学理念。在那些幸运的村庄里，村民们得到了免费的化肥、免费在学校用餐及使用计算机、免费的医疗服务等，每个村庄每年消耗 50 万美元。根据该项目的网站介绍，该计划的意义就在于，“千年村庄经济经过一个时期的过渡，实现了从只够糊口的耕作到自给自足的商业活动的转变”。[18]

在为该计划制作的音乐电视录像中，杰弗里·萨克斯和女演员安吉丽娜·约丽参观了肯尼亚的索里村，这是一座古老的千年村庄。他们在那里遇到了一位年轻的农民，名叫肯尼迪。由于领取了免费的化肥，肯尼迪家的收成是前几年的 20 倍，他因此攒下了一些积蓄，足够养活他自己一辈子的了。这里隐含的论点就是，肯尼迪掉进了“贫穷陷阱”，他买不起化肥，免费赠送的化肥解救了他，这是他逃离险境的唯一途径。

然而，怀疑者们会提出反对意见：如果化肥这么有利可图的话，那么肯尼迪当初为什么不只买一点点化肥，用在那块最好的田地里，这样他就可以提高这块地的产量，然后用挣来的钱多买一点儿化肥，留作来年用。如此循环下去，他就能买下家里田地所需的全部化肥了。

那么，肯尼迪究竟是否掉进了“贫穷陷阱”呢？

答案取决于这一策略的可行性：一开始只买一点点化肥，多挣一点点钱，然后将收益再次投入，挣更多的钱，最后再重复这一过程。不过，化肥或许只能批量购买，或许在使用过几次之后才有成效，抑或将收益再次投入并不如想象的那般顺利。你可以想出很多原因，用来解释为什么一位农民很难靠自己的力量发家。

稍后，我们会在第八章深入探讨肯尼迪的故事。但上述讨论有助于我们了解一个总体的原则：对于几乎无钱可投的人来说，一旦收入或财富迅速增长的范围受限，那么他就会掉入“贫穷陷阱”；但对于有能力投入的人来说，这一范围就会极大地扩展。另一方面，如果穷人快速增收的潜能很大，而且这一潜能随着富裕程度的提高而逐渐减弱，那么“贫穷陷阱”也就不复存在了。

经济学家都喜欢简单（有人称之为单纯化）的理论，他们习惯用图表来表现这种理论，我们也是一样。我们认为，下列两个图表有助于厘清关于贫穷本质的这场争论。在研究这两个图表时，我们要记住最重要的一点，即曲线的形状——我们在本书中会多次谈到这些形状。

对于那些相信“贫穷陷阱”的人来说，整个世界就像图 1–1 表现的那样，你今天的收入会影响将来的收入，这个将来可能是明天、下个月，也可能是下一代；你今天有多少钱决定着你能吃多少，有多少钱用来买药、支付你孩子的教育费、为自家田地买来化肥或更好的种子，所有这些都决定着你明天会有多少钱。

曲线的形状是关键。这条线一开始很平坦，然后突然升起，之后又逐渐变平。我们暂且选用英文字母“S”为其命名，称之为“S形曲线”。

这条S形曲线就是“贫穷陷阱”的来源。从对角线上来看，今天的收入等于明天的收入。对于处于“贫穷陷阱”地带的穷人来说，将来的收入低于今天的收入：曲线低于对角线。这就意味着，随着时间的流逝，这一地带的人会变得越来越穷，最终在N点陷入贫穷。从A1 点开始的箭头代表一条可能的轨道：

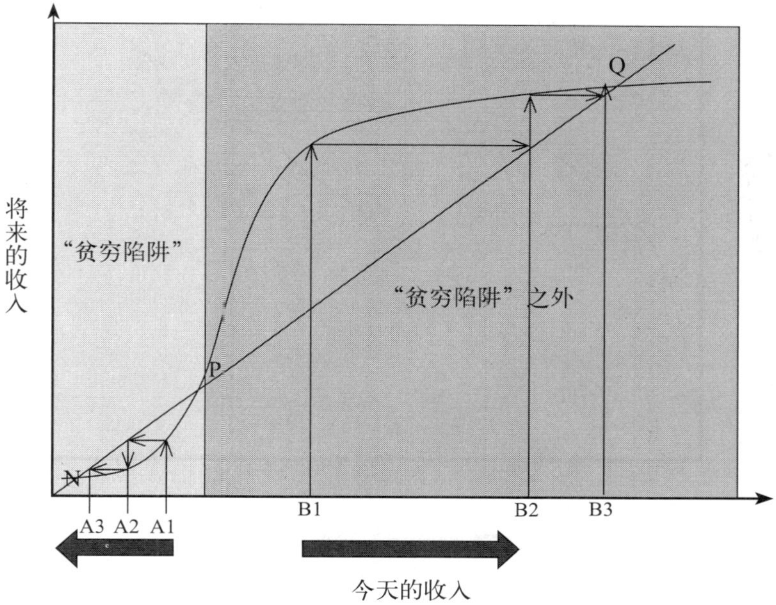

图 1–1　S形曲线和“贫穷陷阱”

由A1到A2，再到A3，如此顺延下去。对于那些起点在“贫穷陷阱”地带以外的人来说，明天的收入会高于今天的收入：至少从某种程度上来说，他们会变得越来越富。以B1为起点、顺着B2、B3延伸的箭头代表着这一盛势。

然而，很多（或许大多数）经济学家认为，整个世界常常更像第二个图表。

图1–2有点儿像图1–1的右半部分，但它的左端没那么平坦。这条曲线一开始上升得很快，然后慢慢放缓。此图表明，世界上不存在“贫穷陷阱”，因为最穷的人也能挣到比他们原来的收入更多的钱，他们会变得越来越富，直到他们的收入停止增长为止（以A1为起点、顺着A2、A3延伸的箭头描绘了这条可能的轨道）。这里所体现的收入或许不是很高，但此图却暗示着，我们几乎没有必要帮助穷人了。在这个世界上，一次性的施舍（如给某人足够的收入，让她或他以A2、而不是今天的A1为起点）并不能永久地提高一个人的收入，最多也只能让他们前进得更快一些，并不能改变他们最终前进的方向。

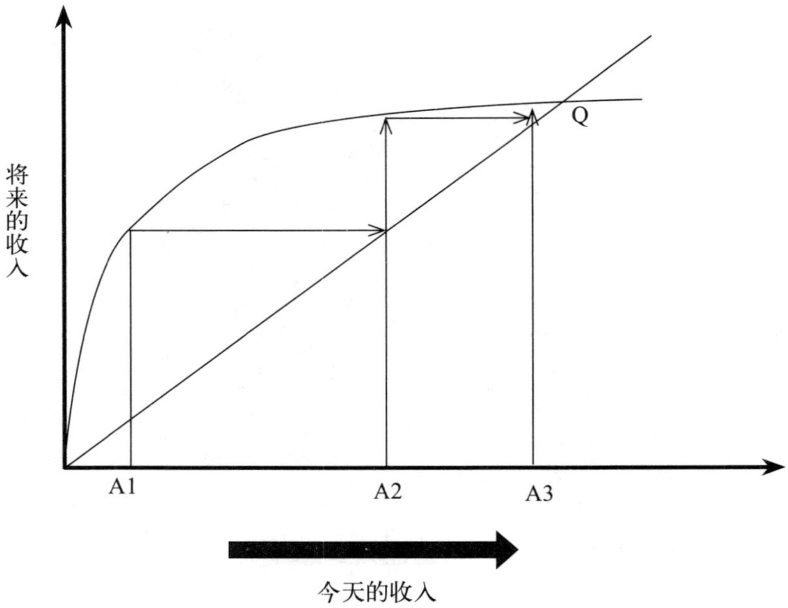

图 1–2　反向L形曲线：不存在“贫穷陷阱”

那么，哪个图表能更好地体现肯尼亚年轻农民肯尼迪的生活呢？要想找到这个问题的答案，我们需要了解一组简单的事实。比如，化肥能否少量购买？一个种植季到下一个种植季期间，是否不太容易攒下积蓄，所以即使肯尼迪在一个季节挣了钱，他也无法用这些钱作进一步投资？因此，这两个简单的图表所包含的理论传达了一个最重要的信息，即仅靠理论是不够的，要想真正回答“贫穷陷阱”是否存在这一问题，我们需要了解的是，现实世界能否由图表来体现。而且，我们需要通过一个个事例做出判断：如果我们的故事与化肥有关，那么我们就需要了解关于化肥市场的一些现实情况；如果是关于存钱的分析，那么我们就需要了解穷人是怎样存钱的；如果是关于营养和健康的问题，那么我们就需要研究与此相关的领域。找不到一个普遍适用的答案，这听上去或许会令人有失信心。然而，实际上，政策制定者想要弄明白的不是穷人陷入困境的 100 万种方式，而是“贫穷陷阱”形成的几个重要因素。他们想通过缓解特定问题使穷人脱贫，让他们走上一条致富及投资的良性循环之路。

要想放弃那种普遍适用的答案，我们就要走出办公室，仔细地观察一下这个世界。这样一来，我们就遵循了发展经济学家多年的一个传统，即强调通过搜集正确的资料，提出对世界有用的想法。与上一代相比，我们拥有两大优势：第一，我们现在可以得到以前没有的、来自于很多穷国的可靠信息；第二，我们可以使用一种强有力的新工具——随机对照实验,使研究人员可以在当地人的配合下开展大规模实验，从而验证他们的理论。在一次随机对照实验中，就像关于蚊帐的研究一样，研究人员随机选定一些个人或团体，让他们接受不同的“待遇”——不同的计划或同一计划的不同版本。由于接受不同“待遇”的个人是具有可比性的（因为他们都是随机选定的），他们之间的任何区别都来自于特定待遇的影响。

一次实验并不能回答一个计划是否具有普遍的可行性，但我们可以开展一系列不同的实验，选取不同的地点或实验中不同的外来干预因素（或二者兼有）。统一起来看，我们既可以证实所得结论的可靠性（适用于肯尼亚的理论也适用于马达加斯加吗？），又能缩小解释这一现象的理论范围（究竟是什么阻止了肯尼迪？是化肥的价格还是钱不容易存的情况？）。这一新理论有助于我们设计一些干预策略及新的实验，使我们弄懂之前可能令我们困惑不解的一些发现。渐渐地，我们就会全面了解穷人是怎样生活的，他们在哪些方面需要帮助，哪些方面不需要帮助。

2003 年，我们创建阿卜杜勒 · 拉蒂夫 · 贾米尔贫困行动实验室，鼓励并支持其他研究人员、政府及非政府组织，共同致力于采用这种发展经济的新方式，并向政策制定者阐明他们所了解到的情况。人们对此的反响一直都非常强烈。截至 2010 年，实验室研究人员已在全球 40 个国家完成或正在开展 240 多个实验项目。大量的组织、研究人员及政策制定者都对随机对照实验的想法表示赞许。

人们对实验室研究的反应表明，很多人都赞同我们的基本定论。因此，我们可以通过逐步积累、认真的思考、细致的实验与合理的执行，使世界上最重大的问题取得突破性进展。或许这看起来是不言而喻的，但本书从始至终都会提到，这并不是制定政策的常用方式。发展政策的实施以及随之而来的一场场争论，似乎都是以证据的不可依赖性为前提的：能被证明的证据是一种妄想，最多只是遥远的梦想，或是一种自娱。当我们开始踏上这条道路时，那些顽固的政策制定者及他们更加顽固的顾问常常会告诉我们："我们必须要继续研究，而你们却沉溺于寻求证据。"即使在今天，仍然有很多人持这种观点。不过，还有很多人认为，这种急促毫无道理可言。他们同我们一样，每个人能做的就是，深入了解困扰穷人的具体问题，尽力找出实行干预的有效方式。在某些情况下，最好的选择是什么都不做。这是毫无疑问的，但这里并没有一定之规，正如花钱不一定总能解决问题一样。某一特定答案所映射的知识体系，以及对于这些答案的深入了解，才能使我们在某天真正懂得如何消除贫穷。

本书正是建立在这一知识体系之上的。我们所谈到的大量材料，都来源于我们及其他人所开展的随机对照实验，但我们也通过其他渠道掌握了一些证据：从质和量的角度描述穷人是怎样生活的，研究一些特定机构是怎样运转的，以及哪些政策有效、哪些政策无效的各类证明。在本书的英文配套网站上（*www.pooreconomics.com*），我们提供了相应的链接，读者可以看到书中所引用的各类研究、每一章节的说明图解以及一些摘录和图表，关于 18 个国家中每人每天不足 99 美分生活的方方面面，我们在本书中还会多次提到。

我们所选用的研究都有其共同点，即表现了科学的强大力量、接受有关资料结论的开放性，以及关注穷人生活的特定具体问题。这些资料将表明，我们应在何种情况下担心陷入"贫穷陷阱"——"贫穷陷阱"并不是存在于每个领域。要想制定出有效的政策，我们有必要正确地回答这些问题。在后面的章节中，我们将看到错误的政策是怎样制定的，这种政策并非来自于动机不良或是腐败，而仅仅是因为某些政策制定者头脑中的世界模式是错误的：他们认为某个地方有"贫穷陷阱"，而实际上却没有；或者另一个"贫穷陷阱"就摆在他们眼前，却被他们忽略掉了。

然而，本书所传达的信息不仅仅是“贫穷陷阱”。我们将会看到，专家、援助者及当地政策制定者的思想、无知及惯性常常可以表明，为什么有些政策失败了，有些援助没有达到其应有的效果。我们能够将世界变成一个更美好的地方。这可能无法在明天就实现，但一定会在我们触手可及的将来实现。不过。靠惰性思维是无法实现这个梦想的。我们希望你能明白，我们一步步耐心的研究，不仅仅是抗击贫穷的有效方式，而且还能使世界变成一个更有意义的地方。

第一部分

生活案例

POOR
ECONOMICS
A Radical Rethinking of
the Way to Fight Global Poverty

第二章

饥饿人口已达到10亿？

对于西方很多人来说，贫穷可以说是饥饿的代名词。除了2004年12月的大海啸和2010年海地地震这种大天灾之外，最能影响全球穷人的事件莫过于20世纪80年代初期的埃塞俄比亚饥荒，以及1985年3月举行的“天下一家”音乐会。该事件充分激发了公众的想象力，催生了大规模的慈善活动。2009年6月，联合国粮农组织（FAO）发表的一份声明曾是头条新闻。该声明指出，全球超过10亿人正在挨饿。[1]这一说法的影响力颇大，超过了世界银行对全球每天生活费用不足1美元人数的统计。

贫穷与饥饿已被列入联合国千年发展目标（MDG）中，其表述方式为，“消除贫穷与饥饿”。的确，很多国家都制定了各自的贫穷线，其最初的依据就是饥饿的概念、购买一定量食品的预算，以及其他一些必要的支出（如住房）。“穷人”基本被定义为吃不饱饭的人。

因此，政府对穷人的大力救助势必基于这样一种想法，即穷人迫切地需要食物，而需求量则是至关重要的一点。食品补贴在中东司空见惯：埃及在2008~2009年花费了38亿美元（占其国民生产总值的2%[2]），用于食品补贴；印尼制定了分配补贴大米的Rakshin计划；印度的很多邦都出台了类似的政策，例如，在奥里萨邦，穷人每月可以购买55磅大米，每磅4卢比，这一价格低于市场价格的 20%。目前，印度议会正在就构建《食品权利法案》展开辩论，这一法案将赋予人们因挨饿起诉政府的权利。

就后勤方面来说，大规模的粮食援助如噩梦一般。据估计，印度超过一半的小麦和三分之一的大米在运输途中“不知所踪”，其中大部分都被老鼠糟蹋了。[3]如果政府漠视这种浪费，仍坚持原有政策，其原因或许是他们认为饥饿与贫穷之间联系紧密，还可能因为人们觉得，穷人没有能力填饱自己的肚子，这也是“贫穷陷阱”产生的根本原因之一。然而，一种强大的直觉告诉我们：穷人买不起足够的食物，这才是造成他们效率低下、生活贫困的原因。

帕克 · 索林住在印尼万隆省的一个小村庄，他曾向我们解释过这种“贫穷陷阱”的形成过程。

帕克的父母过去有一小块地，但他们要养活 13 个孩子，还要盖很多房子，供他们自己和孩子们居住。因此，他们已经没有可以用来耕作的土地了。帕克 · 索林一直在做临时农工，在地里干一天活儿能挣 1 万印度尼西亚盾（购买力平价 2 美元）。然而，由于化肥、燃料价格上涨，农民们被迫节省开支。据帕克 · 索林说，当地农民决定不削减工资，但也不再雇用更多人手。于是，帕克 · 索林大部分时间都处于失业状态：在 2008 年我们见到他之前的两个月里，他一份农活儿也没找到。如果年轻人遇到这种状况，他们通常可以转行去当建筑工人。不过，帕克解释说，大多数体力活儿他都干不了，而那些技术含量高的工作，他又缺乏经验，对于年过四十的他来说，重新学门手艺又为时已晚，没有人会雇用他的。

为了生存，帕克一家（他和妻子及三个孩子）不得不做出一些常人难以想象的事情。他的妻子动身前往 80 英里之外的雅加达，通过朋友介绍，到别人家里当佣人，可她挣的钱仍不够养活三个孩子。他们的长子尽管只有 12 岁，学习成绩也不错，却不得不辍学到建筑工地上当学徒。另外两个年纪较小的孩子，不得不送到孩子的爷爷奶奶那里，跟他们一起生活。而帕克自己的生活来源是，每周从政府领到的 9 磅救济大米，还有他自己在湖畔捕的鱼（他不会游泳）。他的弟弟偶尔也会救济救济他。就在我们跟他谈话前的一周，有四天他每天只吃两顿饭，剩下的三天每天只吃一顿。

帕克的情况似乎让他别无选择，他把自己的问题归结为粮食问题，或者更确切点儿说，是缺粮问题。他认为，拥有土地的农夫之所以决定辞退工人，而不是降低工资，原因在于他们认定，在粮食涨价的情况下，降低工资会让工人吃不饱饭，降低他们在田间地头的工作效率。这正是自己找不到活儿干的原因。显然，他愿意找活儿干，但由于吃不饱，他整个人都虚弱无力，沮丧之情随之而来，这也在一点点削弱他的意志，使他不再去想该如何解决自己的问题。

从帕克的经历来看，"贫穷陷阱"的概念基于人们能否获取足够的营养，但这一概念却是老生常谈。早在 1958 年，经济学中就已首次出现这一正式说法。[4]

这个概念的道理很简单。人要想活下去，就必须获得一定能量。如果一个人穷困潦倒，那么即便他倾其所有，也仅够买果腹之食，勉强维持生命而已。我们遇到帕克时，他的情况就是如此：忍饥挨饿，仅有的一点点力气只能用来到河里捕鱼。

如果人们更富有，他们就可以购买更多食物。一旦人体的新陈代谢需求得到了满足，所有额外的食物就可以用来增强力量，人的生产效率就会提高，从而生产出更多东西，满足维持生命以外的其他需求。

这一简单的生理机制产生了今天的收入与未来收入的S形关系，这种关系很像图 1–1 所展现的情况：穷人挣的钱太少，导致他们无法胜任重要工作，但那些可以吃饱饭的人，却足以胜任细致的农活儿。这就产生了一种"贫穷陷阱"：穷人变得越来越穷；而富人则变得越来越富，吃得越来越好，身体也越来越强壮，从而变得更加富有。因此，贫富差距会进一步扩大。

帕克 · 索林向我们解释了人们陷入饥饿困境的可能性因素，尽管这一解释的合理性似乎无懈可击，但他的陈述中隐约透露着有些令人不安的内容。我们并不是在战火纷飞的苏丹见到他的，也不是在洪灾肆虐的孟加拉，而是在富裕城市爪哇的一个村庄。那里的粮食价格尽管在 2007~2008 年有所上涨，但当地的粮食储备显然是充足的，吃一顿饭也花不了多少钱。当我们见到帕克时，他显然吃不饱，但还是能够生存下来；那么，为什么没有人肯花钱雇用他，给予他所需的额外营养，使他具备足够的生产力，然后让他来干一整天的活儿？“贫穷陷阱”的概念基于饥饿这种看法虽然颇具合理性，但在实际情况中，就今天的大多数穷人来说，“贫穷陷阱”与饥饿之间究竟存在怎样的联系呢？

饥饿人口真的已达到了10亿？

我们关于“贫穷陷阱”的描述中隐含着这样一个依据，即穷人会吃得尽可能地多。的确，基于基本生理机制的S形曲线有着显而易见的含义：如果穷人有机会可以吃得多一点儿，他们就能做一些有意义的工作，走出“贫穷陷阱”地带。因此，穷人吃得越多越好。

然而，这并非我们所看到的实际情况。对大多数每天的生活费用少于99美分的人来说，他们似乎并没有在挨饿。如果他们在挨饿的话，那么他们就应将自己手中的所有钱都用来买吃的。但是，他们并没有那样做。我们对18个国家的穷人生活的调查数据显示，食品消费只占农村极度贫困人口总消费的36%~79%，占城市贫困人口消费的53%~74%。[5]

这并不意味着他们把余下的钱都花在了购买其他必需品上。比如，在印度的乌代布尔，我们发现，如果完全去除烟酒及节日性花费，一般的贫困家庭花在食物上的钱比实际多30%。穷人似乎有更多的选择，他们并不推崇将所有的钱都用来买吃的。

看看穷人会怎样花掉偶尔多出来的钱，这一点便显而易见。尽管他们会首先解决一些不可避免的花费（他们需要衣服、药品等）。如果他们的谋生方式主要依靠体力，那么我们可以想象，即使手头有了一点儿多余的钱，他们也会全部用来买吃的，其食物预算的比例也会比整体预算上升得快（因为二者上涨的量是相同的，而食物只是整体预算的一部分，因此其增长的比例更大)。然而，这看上去似乎并不正确。在印度的马哈拉施特拉邦，1983 年时（距离印度近期的发展还很遥远——大多数家庭每人每天的生活费用不足 99 美分)，即使对于最贫穷的群体来说，在 1%的总体花费中，有 67%都花费在食物上。[6] 出乎意料的是，就这一事例中最贫穷的人（每人每天约挣 50 美分）和最富有的人（每人每天约挣 3 美元）来说，二者之间并无太大区别。在马哈拉施特拉邦的例子中，全球收入与食品消费之间的关系非常具有代表性：即使对于十分贫穷的人来说，食物花费的上涨也远远低于原来的预算。

同样令人惊讶的是，即使是人们花在食物上的钱，也并没有全部用来增加人们的能量或微量营养素。当穷人可以多买一点儿食物时，他们并不注重用所有投入换取更多能量。相反，他们会选择买一些口味更好的、价钱更高的食品。对于 1983 年马哈拉施特拉邦最贫穷的群体来说，工资的上涨意味着有更多的钱可以用来购买食品，但人们却用 50%的工资来购买能量更高的食品，另外 50%则用来购买价钱更高的食品。就每个卢比所购买食品的能量来说，小米（高粱和珍珠粟）显然是最合算的。然而，人们只用约三分之二的钱购买了这种粮食，另外三分之一的钱买了大米和小麦（其提供每卡路里热量的价钱约为小米的 2 倍)。此外，穷人用来买糖的钱几乎占其总预算的 5%，同谷物相比，作为人体能量来源的糖价格更高，但其营养价值却远远不及谷物。

罗伯特 · 延森和诺兰 · 米勒发现了一件令人不可思议的事，即食品消费的“质量飞跃”[7]。在中国的两个地区，他们随机选定了一些贫穷家庭，然后给予他们大量的主食价格补贴（一个地区是面条，另一个地区是大米)。我们通常认为，当某物的价格下降时，人们便会买得更多。然而，情况恰恰相反。即使大米或小麦的价格便宜了，那些得到补贴的家庭购买的这两种粮食反而减少了，而虾和肉的消费却提升了。令人惊讶的是，对于那些得到补贴的人来说，尽管他们的购买力增强了，但其自身的能量吸收并没有提高，而且可能还会有所降低。从另一方面来看，这些人所摄入的营养含量也没有得到任何提高。一种可能的解释就是，主食占家庭预算的很大一部分，因而补贴使他们变得更富有：如果主食的消费与贫穷的状态有关（比如说，因为主食价格便宜，但不那么好吃），那么富有的感觉可能会促使他们买更少的主食。这再次表明，至少对于这些非常贫穷的城市家庭来说，他们并不是优先选择获取更多的能量，而是获取味道更好的能量[8]。

在今天的印度，营养问题也成了一个谜。媒体对于这一问题的标准报道就是，随着城市中产阶级变得越来越富有，肥胖及糖尿病病例呈快速增长之势。然而，安格斯·迪顿和让·德雷兹表示，过去25年来，印度人的营养问题并不是他们变得越来越胖，而是他们实际上吃得越来越少。[9]尽管印度的经济发展迅速，但其人均卡路里消费却在持续下降。此外，除了脂肪之外，各类人群（即使是最贫穷的人群）在其他营养品上的消费似乎也有所下降。迄今为止，城市地区超过四分之三的人口人均卡路里消费不足2 100卡，农村地区人口则不足2 400卡——印度将这组数据作为体力劳动者应达到的“最低要求”。富人比穷人吃得更多，这仍然是一个现实情况。然而，从各个收入水平来说，用于购买食品的预算部分已有所下降。而且，食品的构成已然改变，同样数目的钱现在被人们用来购买了价格更高的食品。

这一变化并非源于收入的下降——据某些人说，实际上收入正在增长。虽然印度人现在越来越富有，但各个收入水平的人却吃得比以往更少。原因也并不在于食品价格的上涨——20世纪80年代初期至2005年期间，无论是在印度的农村还是城市，食品价格较之其他产品都有所下降。虽然，食品价格自2005年起再次上涨，但卡路里消费的下降正是发生在食品价格下降之际。

因此，包括被世界粮农组织归类为饥民在内的穷人，即使在可以吃更多的情况下，他们似乎也不愿意那样做。的确，他们似乎吃得越来越少，这究竟是怎么回事呢？

揭开这一谜团的合理起点是，假定穷人知道他们自己正在做什么——毕竟，他们是能吃能干的人。如果他们确实能够吃得更多，从而大大提高生产力，挣到更多的钱，那么一旦出现这样的机会，他们便会抓住。因此，是否吃得更多并不能真正提高我们的生产力，因而也就不存在基于营养说的“贫穷陷阱”？

“贫穷陷阱”可能不存在的一个原因就是，大多数人都能吃饱饭。

至少就食品储量来说，我们今天生活的这个世界有能力让每一个人都吃饱饭。在 1996 年的世界粮食峰会上，据世界粮农组织估计，当年的世界粮食产量足以向每人提供每天 2 700 卡路里热量。[10] 这是几个世纪粮食供应革新的成果，当然，我们还要感谢农业科技领域的伟大革新，还有几个更为平凡的因素，如西班牙人于16世纪在秘鲁发现了土豆，将其引入欧洲并推广为食品。研究表明，在 18 世纪到 19 世纪期间，土豆的出现使世界人口增长了 12%。[11]

饥饿的确存在于当今世界，但只是人类食物分配方式的一种结果。绝对的食物匮乏并不存在。当然，如果我吃得比所需的多，或者更合理地讲，将更多的玉米转化成了能量，我就能好好游游泳，那么所有其他人得到的就会更少。[12] 然而，尽管如此，大多数人，甚至大多数非常贫穷的人，似乎都能挣够糊口的钱。这仅仅是因为，通常情况下，能提供卡路里的食品，价格都不高。根据菲律宾人的价格数据，我们算出了足以提供 2 400 卡路里的最便宜食品的价格，包含 10% 来自蛋白质的卡路里，还有 15% 来自脂肪的卡路里。按购买力平价计算，这只会花费 21 美分，就算是每天靠 99 美分生活的人也买得起。问题在于，这样，他们只能吃到香蕉和鸡蛋。不过，只要人们在必要时有吃香蕉和鸡蛋的心理准备，我们就会发现，几乎没有人会停留在S形曲线的左半边，这说明他们都有能力赚到足够的钱养活自己。

这与印度的调查结果一致。在那些调查中，人们需要回答，他们是否能吃饱，比如，“每个家庭中的每个人一天吃两顿饱饭”，或者“每人每天是否有足够的食物吃”。认为自己吃不饱的人，其比例会随着时间的推移而大幅度减少——从 1983 年的 17% 降到 2004 年的 2%。因此，人们之所以会吃得更少，或许是因为他们的饥饿程度降低了。

或许，尽管人们摄入了更少的卡路里，但他们真的不再那么容易饥饿了。

或许，由于水质及卫生条件的改善，人们不再因一次次的腹泻或其他疾病而流失那么多卡路里。抑或许，人们的饥饿程度之所以会降低，是因为重体力劳动的减少——村里有了可饮用水，妇女们不再需要长途跋涉地去挑水；交通状况的改善，人们出门就不用全靠步行；即使是在最贫穷的村子里，面粉都用电动磨粉机来磨，而不是由妇女们用手来磨。印度医学研究会分别计算了重度、中度及轻度体力劳动者的卡路里需求量，通过计算出来的卡路里平均值，迪顿和德雷兹注意到，过去 25 年来，卡路里消耗量的下降几乎完全可以解释为，一天中大部分时间从事重体力劳动者人数的相对减少。

如果大多数人都处于非饥饿状态，那么他们因消耗更多卡路里而获取的生产力就可能相对下降。由此，我们可以理解，为什么人们会选择把钱花在别处，即放弃香蕉和鸡蛋，转而选择某种更棒的食品。很多年前，约翰 · 施特劳斯为证明卡路里对生产力的作用，一直在寻找一个典型的例子。他选定了塞拉利昂从事个体经营的农民为研究对象，因为他们是真正辛苦劳作的人。[13] 约翰发现，如果一个农工的卡路里摄入量增加 10%，那么他的生产力最多可以提高 4%。因此，即便人们加倍消耗食品，他们的收入也只能增加 40%。此外，卡路里与生产力之间的关系并不呈S形曲线，而是反向的L形曲线，就像图 1–2 所展现的那样：最高的收入来自于低水平的食品消耗。一旦人们能够吃饱饭，他们的收入就不会产生大幅度的跃升。这表明，与不那么贫穷的人相比，摄入更多卡路里对于非常贫穷的人来说更有好处。在这种情形中，我们恰恰看不到所谓的“贫穷陷阱”。因此，大多数人的贫穷状态，并非是由他们吃不饱饭造成的。

这并不是说，基于饥饿的“贫穷陷阱”存在不合理性。更丰富的营养可以使某人走上富裕之路，这一想法从历史角度来看的确至关重要，甚至在今天的某些情况下仍然十分重要。根据诺贝尔奖得主、经济历史学家罗伯特 · 福格尔的计算，在欧洲文艺复兴及中世纪时期，粮食产量并不足以维持所有劳动者所需的卡路里，这就是当时出现大量乞丐的原因——他们几乎不具备任何劳动能力。[14] 仅仅是糊口的压力，似乎就足以迫使某些人采取极端的做法：在16世纪中期至19世纪时期，曾盛行“杀死女巫”活动。当时农作物歉收的现象十分普遍，渔业也不发达。女巫们大都是单身女性，其中以寡妇居多。S形曲线的逻辑表明，当资源紧缺时，通过牺牲某些人，让余下的人能吃饱，使其具备劳动能力，为生存而赚钱，[15] 这从经济角度上看是合理的。

贫穷家庭偶尔会被迫做出如此艰难的选择，至今这种现象依旧存在。在20世纪60年代印度的旱灾期间，很多家庭无地可种，女孩比男孩更容易夭折，但在雨水正常的情况下，男孩、女孩的死亡比例并无多大差别。[16] 而在“小冰期”时期，坦桑尼亚一旦发生旱灾，就会经历一次“杀死女巫”的暴动——在资源紧缺的情况下，这是除掉无用闲人的一种便捷方式。[17] 很多家庭会在突然间发现，与他们生活在一起的较年长的女人（常常是外祖母）是一个“女巫”，然后她就会被村里的其他人追捕或杀死。

因此，粮食短缺有时仍是一个问题。然而，在大多数情况下，我们今天生活着的这个世界都十分富裕，关于贫穷的故事并不会成为它的主旋律。不过，在天灾人祸频发时期，或是当饥荒造成几百万人死去或病倒时，情况自然会有所不同。阿玛蒂亚·森曾指出，近期发生的一些饥荒并不是由粮食短缺造成的，而是制度出现了问题，导致现有食品分配的不合理，甚至在有些地区面临饥饿的情况下，政府仍然将可用粮食储存起来。[18]

那么，我们应该听之任之吗？我们能否考虑到，尽管穷人可能吃不了多少，但他们仍需要吃饱。

穷人真的吃得好、吃得饱吗？

我们始终感觉，与真实情况相比，任何故事都欠缺说服力。假定在印度最贫穷的家庭，每人每天消耗约1 400卡路里，会有人因不需要那么多卡路里而减少食品消费吗？1 200 卡路里是众所周知的半饥饿状态，想要快速减肥的人常会得到这样的饮食建议；不过，1 400 卡路里似乎比这种状态强不了多少。据各地的疾病控制中心称，2000 年美国普通男性每天消耗 2 475 卡路里。[19]

然而，印度最贫穷的人的身材较为瘦小，这一点也是事实。而且，如果一个人身材十分瘦小，那么她/他也就不需要过多的卡路里。不过，这是不是又把问题推回原地了？为什么印度最贫穷的人身材如此瘦小？为什么南亚人都骨瘦如柴？衡量营养状态的标准方式是体重指数（BMI），这是评估体重与身高比例的重要方式（如身高更高的人体重也就更重）。营养不良的国际底线为 BMI18.5，BMI 在 18.5~25 之间属于正常范围，BMI 超过 25 的人被定为肥胖状态。通过这一衡量标准，2004~2005 年间，印度 33%的男人和 36%的女人是营养不良的，二者在 1989 年时的这一比例均为 49%。在提供人口统计及健康调查数据的 83 个国家之中，只有厄立特里亚出现了更多营养不良的成年女性。[20] 印度女性、尼泊尔女性及孟加拉女性，也属于世界上身材最矮小的女性。[21]

这一点是否应加以考虑呢？这是否应完全归因于南亚人的基因问题，就像深色眼睛或黑色头发一样，与他们在这个世界上的成功与否无关？毕竟，即使是在英国或美国的南亚移民，他们的孩子也比白人孩子或黑人孩子个子更矮。然而，在无异族通婚的情况下，如果有两代人一直生活在西方，南亚移民的孩子在身高上便会与其他民族的孩子差不多。因此，尽管对于个人成长来说，基因构成的确至关重要，但人类在身高方面的基因差别是极其微小的。如果第一代母亲的孩子身材依然十分矮小，那么部分原因可能在于，这一代母亲在童年时就营养不良，因此才会生下身材较为矮小的孩子。

因此，相比其他国家的人来说，如果南亚人身材矮小，很可能是因为南亚人及其父母所吸收的营养较少。有证据表明，印度的儿童极度营养不良。衡量儿童在童年时期是否营养充足，常用的尺度就是对照这一年龄的国际标准身高。通过这一标准，印度国家家庭卫生研究（NFHS）所显示的数据令人震惊：约一半 5 岁以下的儿童发育迟缓。这也就意味着，他们的营养摄入还远远达不到标准。其中四分之一的孩子极度营养不良，说明儿童营养问题的严重性。参照孩子们的身高，他们的体重也大大低于标准体重：在三岁以下的儿童中，每5个儿童中就有一个儿童处于消瘦状态，也就是说，低于国际极度营养不良的标准。令人尤为震惊的是，撒哈拉沙漠以南的非洲是世界上最贫穷的地区，但那里的儿童发育迟缓及消瘦的比例，仅为印度的一半。

对此，我们是否应在意呢？这本身不就是个小问题吗？那么，别忘了还有奥运会的大问题。作为一个拥有10亿人口的国家，在过去22届奥运会中，印度平均每届仅获得0.92枚奖牌，少于特立尼达和多巴哥的0.93枚。相比之下，中国在8届奥运会中共获奖牌386枚，平均每届获48.3枚。世界上72个国家的奥运会成绩都优于印度，除掉其中人口最多的6个国家，印度的人口相当于其他国家人口的10倍。

印度虽然是贫穷国家，但它并不像过去那样贫穷了，而且还要好于喀麦隆、埃塞俄比亚、加纳、海地、肯尼亚、莫桑比克、尼日利亚、坦桑尼亚及乌干达。然而，这些国家人均获奖数却是印度的10倍以上。的确，每届奥运会获奖数少于印度的国家，其人口几乎都不到印度人口的十分之一，除了巴基斯坦和孟加拉。特别是孟加拉，它是全球唯一一个人口超过1亿、从未获过奖牌的国家，尼泊尔次之。

这显然是一种模式。有人或许会将其归因于南亚人对于板球的沉迷——这也是一种殖民产物，与困扰美国人的棒球相伴生——但就算板球占据了世界四分之一人口所有的运动才能，它在奥运会上的弱势便情有可原了吗？澳大利亚、英国，甚至小小的西印度群岛都是热衷于体育的国家，而且还占据人口上的优势，但南亚人从未像这些国家在其繁荣期那样，统治过板球这一领域。例如，孟加拉的人口相当于英国、南非、澳大利亚、新西兰及西印度群岛的总和。鉴于儿童营养不良是南亚的一个突出问题，那么儿童发育迟缓和奥运会成绩不佳之间，似乎存在着某种关联。

奥运会并非唯一一个身高发挥重要作用的地方。无论是穷国还是富国，身材高的人都能挣得更多。关于身高是否与生产力相关，人们长久以来一直都莫衷一是。比如，有人争辩说这种说法歧视身材较矮的人。然而，安妮·凯斯和克里斯·帕克森近期发表了一篇论文，在身高与生产力之间的关系方面取得了一些进展。他们表示，在英国和美国，智商的高低完全可以由身高的效应来解释：但当我们对智商相同的两个人作比较时，身高与收入之间不存在任何关系。[22] 为了解释这一发现，凯斯和帕克森表示，真正起作用的是童年时期充足的营养摄取。一般来说，童年摄取充足营养的人，都会长得更高大、更聪明。正是因为他们更聪明，所以他们才会赚到更多的钱。当然，很多不那么高大的人也很聪明（因为他们已长到应有的高度），但总体来说，个子高的人在生活中更出色，因为他们显然更可能发挥自身的遗传潜力（在身高及智力方面都是这样）。

路透社将这项研究以“关于更高的人更聪明的研究”为标题作了报道，听上去很平常，却引发了一场风暴。凯斯和帕克森顿时淹没在充满敌意的电子邮件之中。一个男人（身高1.5米）责备说，“你们太可耻了”；另一个人（身高1.71米）说道，“我觉得你们的结论具有侮辱性、煽动性，是一种偏见和偏执”；还有一个未透露身高的人说，“你们拿了一把枪，将枪口对准了个子不高的人群的脑袋”。[23]

然而，事实上，有大量证据支持这一观点，即童年时期的营养不良会直接影响成人的处世能力。在肯尼亚，持续得到抗蠕虫药片达两年的孩子，其上学的时间及在青年时期挣的钱比只得到1年抗蠕虫药片的孩子多20%：蠕虫会造成贫血及营养不良。[24] 一些最优秀的营养学专家研究表明，童年时期适度的营养摄入具有深远意义，这一点是毫无疑问的。他们的结论是：“营养不良儿童的个子更有可能长不高、学习成绩更差、生下的孩子更瘦小。此外，营养不良还与成年时期的经济地位较低有关”。[25]

营养不良会影响人们未来的生活机遇，这种影响在他们出生之前就开始了。1995年，《英国医学杂志》（*British Medical Journal*）首次使用了“巴克假说”（Barker hypothesis）一词，这是戴维·巴克医生的理论，即母体子宫的条件对婴儿生活机遇具有长期影响。[26] 很多人都支持“巴克假说”。例如，在坦桑尼亚，与未服用碘胶囊的孕妇所生的孩子相比，如果孕妇在怀孕期间摄入了足够量的碘（根据一项间歇性的政府计划，政府会向孕妇发放碘胶囊），她们生下的孩子能够多上4个月至半年的学。[27]尽管多上半年学似乎没什么大不了的，但考虑到大多数这样的孩子只能上四五年学，多上半年学就意味着不小的收获。实际上，在这一估算的基础上，研究结果表明，如果每位母亲当初都服用了碘胶囊，那么非洲中部及南部孩子们的学习总成绩就会上升7.5%。这反过来又会影响到孩子们一生的工作能力。

尽管我们看到，单凭卡路里的增加，本质上对生产力似乎没多大影响，但即使成人也有一些可以补充营养的方法。我们熟知的一种方法就是，多吸收铁元素可以治贫血。在亚洲很多国家，包括印度和印尼，贫血都是一个主要的健康问题。印尼6%的男性和38%的女性都患有贫血症，印度的相应数据为24%和56%。贫血与有氧代谢能力低下、身体虚弱及疲倦有关。在某些病例中，特别对于孕妇来说，贫血还可能会危及生命。

印尼的铁营养状况评价与研究项目在农村随机选出一些男性和女性，每几个月定期为他们补充铁元素，给另一对照组用的则是安慰剂。[28]研究表明，铁元素的补充使男性工作更努力，他们由此而增加了收入，可以用来买几年所需的加铁鱼酱。以购买力平价计算，购买一年的鱼酱只需花费7美元。如果是一位男性个体户的话，他补铁后每年的收入会增加46美元——这是很合算的投资。

问题是，人们似乎不想要更多的食物，而更多的食物，特别是更多理智购买的食物，可以使人们及其子女在生活中更成功。而且，能够实现这一点的关键投资并不昂贵。大多数母亲肯定都买得起加碘盐，这种盐目前在世界上很多地方都非常普遍；或者每两年服用一次碘药剂（每剂药花费51美分）。在肯尼亚，国际儿童扶持会制订了一个抗蠕虫计划，呼吁家长为他们正在上学的孩子花上几美分，接受抗蠕虫治疗。几乎所有的家长都没有响应，这样就剥夺了孩子们一生多赚上百美元的机会。[29]至于食物方面，各个家庭只需少买一点儿昂贵的谷类粮食（如大米和小麦）、甜食及加工食品，多买一点儿叶类蔬菜及粗粮，就会很容易得到更多的卡路里及其他营养物质。

为什么穷人吃得这么少？

谁知道？

为什么贫血的印尼上班族自己不买加铁鱼酱？一种答案就是，如果老板们意识不到营养充足的员工工作能力更强，那么员工自然会对“更强的工作能力将获取更多的收入”产生怀疑。如果老板付给每位员工相同的工资，那么他们就不需要吃得更多、变得更强壮了。在菲律宾，一项研究表明，那些既要挣基本工资又要挣计件工资的人，他们在挣计件工资时要多吃 25% 的食物。在挣计件工资时，工作能力十分重要，因为干得越多，挣得也就越多。

然而，这并不能说明，为什么印度所有的怀孕妇女都不只吃加碘盐，这种盐目前几乎在每个村子都能买到。一种可能就是，人们并没有意识到，让自己及子女吃得更好有什么价值。人们并不完全了解微量营养素的重要性，即使是科学家也一样，直到最近情况才有所改善。尽管微量营养素价格便宜，而且有时能够大大提高人们一生的收入，我们仍然有必要搞清楚该吃些什么（或该服用哪种药）。并非人人都知道这方面的信息，即使是在美国也一样。

此外，当别人告诉自己应改变饮食结构时，人们一般都会持怀疑态度，这可能是因为人们一直钟爱自己吃的食物。1966~1967 年时，大米的价格迅速上涨。西孟加拉邦首席部长说，少吃大米多吃蔬菜不仅有益于人们的身体健康，还可以节省他们的预算。这引发了一阵阵抗议。于是，这位部长无论走到哪里，人们都会用蔬菜做的花环迎接他。现在看来，他或许是对的。安托万 · 帕芒蒂埃是 18 世纪法国的一位药剂师，早年十分热衷于土豆。不过，安托万了解大众支持的重要性，他显然已经预见到了人们对此所持的反对意见。他向大众展示了一套他自己发明的土豆食谱，包括经典菜——帕蒙蒂耶烤土豆泥（Hachis

Parmentier)，英国人将其称为“羊倌肉饼”，是由一层碎肉和一层土豆泥做成的焙盘。于是，安托万开辟了一条新的道路，这条道路虽然迂回曲折，但最终，他发明了“自由薯条”。

另外，仅凭个人经验，并不容易了解太多这种营养物质的价值。碘会使你的孩子变得更聪明，但摄入量的多少并无多大差别（不过，量变也会引起质变）。而且，在大多数情况下，你在多年之中既不会发现小变化，也看不到大变化。碘虽然能使人变得更强壮，但并不能突然之间把你变成一个“超人”——个体户每周的收入都会出现上下波动，因此对他自己来说，每年多挣 40 美元也可能察觉不到。

因此，穷人在选择食品时，主要考虑的并不是价格是否便宜，也不是有无营养价值，而是食品的口味怎么样。乔治·奥韦尔在其《通向威根码头之路》(*The Road to Wigan Pier*) 一书中，成功地描述了英国穷人的生活。书中写道：

> 他们的食物主要有白面包、人造黄油、罐装牛肉、加糖茶和土豆——这些食物都很糟糕。如果他们多花点儿钱，去买一些健康食品，如橘子和全麦面包；或者，他们可以学《新政客》(*New Statesman*) 的读者，为节省燃料而生吃胡萝卜，那样不是更好吗？是的，那样当然会更好，但问题是，没有人会这样做。还没等到要靠黑面包和生胡萝卜为生时，正常人早已饿得肚子咕咕叫了。而且，特别遗憾的一点是，你手里的钱越少，你就越不愿意购买健康食品。一位百万富翁可能喜欢以橘子汁和薄脆饼干当早餐，但一位失业人员是不会喜欢的……当你陷入失业状态，你并不想吃乏味的健康食品，而是想吃点儿味道不错的东西，总会有一些便宜而又好吃的食品诱惑着你。[30]

比食物更重要

穷人常常拒绝我们为其想出的完美计划，因为他们不相信这些计划会有什么效果。这也是贯穿本书的一个主题。穷人饮食习惯的另一个解释是，在他们的生活中，还有比食物更重要的东西。

大量记录显示，发展中国家的穷人会花很多钱来置办婚礼、嫁妆、洗礼等，这很可能是怕丢面子的结果。印度婚礼的花费是众所周知的，不过也有一些不那么令人愉快的场合，如一个家庭被迫举办一场奢侈的聚会。在南非，在大量老人及婴儿出现死亡的时期，人们制定了葬礼应花多少钱的社会规范。[31] 根据传统，人们只需将死去的婴儿简单埋葬，但要为死去的老人举办隆重的葬礼，葬礼所需费用为死者一生的积蓄。由于艾滋病毒的泛滥，很多年轻人还没来得及为自己积攒葬礼费用，便要撒手人寰了，而他们的家人迫于传统仍要大操大办。对于刚刚失去了一个未来劳动力的家庭来说，可能需要为葬礼花费 3 400 兰特（购买力平价约 825 美元），或者该家庭 40%的年收入。在举行这样一场葬礼之后，这个家庭显然没有多少可用的积蓄了，更多的家庭成员则会抱怨“吃不饱饭”。即使死者生前没有挣过钱，情况也是一样的。这表明，葬礼的花费是导致贫穷的主要原因。葬礼所花的钱越多，人们来年就会变得越沮丧，而他们的孩子就越可能被迫辍学。

因此，无论是瑞士的国王，还是南非基督教协会（SACC），都在努力调整葬礼的支出，这一点也在情理之中。2002 年，瑞士国王发布禁止葬礼铺张浪费的条令，宣称如果发现哪个家庭为办葬礼而宰了一头牛，他们必须再上交一头牛。[32] 南非基督教协会则表现得更加严肃，他们呼吁整顿葬礼产业，认为这是在向那些入不敷出的家庭施加压力。

然而，将钱花在食品以外的地方或许并不完全出于压力。在摩洛哥的一个偏远山村，我们遇见了一个叫欧查 · 姆巴克的人。我们问他，如果有更多的钱，他会用来做什么，他说会用来买更多的食品。我们接着问他，如果有更多更多的钱他会买什么，他说会买更多好吃的食品。于是，我们开始为他和他的家人感到遗憾，因为在我们坐着的房间里，我们注意到了一台电视机、抛物面天线及 DVD 播放机。我们又问他，如果他觉得一家人都吃不饱的话，为什么还要买这些东西呢？他笑着回答道：“哦，电视机比食物更重要！”

在摩洛哥的这个村子待了一阵子之后，我们很快明白，为什么欧查会那样想。村子里的生活十分乏味，没有剧院，也没有音乐厅，甚至没有可以坐下来看看行人的地方。而且，村里也没有多少活儿可干。欧查和他的两个邻居（采访时他们一直在一起）一年只干了约70天的农活儿，还有约30天的建筑活儿。一年中，他们除了照顾自家牲畜，就是等着拿到干活儿挣的钱，这使他们有大量的时间看电视。这三个男人都住在小房子里，没有可用水，卫生条件也不好。为了让自己的孩子接受教育，他们拼命地找工作。不过，他们家里都有电视机、抛物面天线及DVD播放机，还有移动电话。

总体来说，穷人的首要选择显然是，让自己的生活少一点儿乏味。这可以是一台电视机，也可以是一点儿特别的食品，比如一杯加糖茶。就连帕克·索林都有一台电视机，不过我们见到他时，那台电视机出了毛病。节日或许也可以从这一角度来看待。在没有电视机和收音机的情况下，我们很容易理解，为什么穷人要常常进行某种特别的家庭庆祝，比如说一场宗教仪式，或是为女儿办一场婚礼。在我们对18个国家调查所得的数据中，穷人在没有收音机或电视机的情况下，可能在节日上花的钱更多。在印度的乌代布尔，几乎每个人家里都没有电视机，极度贫穷的人将自己14%的预算花在了节日上（包括世俗的及宗教的场合）。相反，在尼加拉瓜，56%的农村家庭有收音机，21%的家庭有电视机。在那里，我们几乎听不到有哪个家庭为庆典而花钱。[33]

人类对于美好生活的基本需求，或许可以解释为什么印度的食品消费一直都在下降。今天，电视信号可以覆盖一些偏远地区，即使在一些偏远的农村，人们也可以买到更多的东西。移动电话几乎无处不在，用国际标准来衡量，话费还特别便宜。这也可以说明，为什么有些国家的国内经济十分繁荣，大量消费品也都很便宜（比如印度和墨西哥），但这些国家的食品消费却是最低的。印度的每个村庄至少都有一个小商店，大多数情况下会有好几个，在那里可以买到袋装的洗发液，按支销售的香烟，便宜的梳子、钢笔、玩具或蜡烛；而在像巴布亚新几内亚这样的国家，食品消费占每个家庭预算的70%以上（在印度是

50%），穷人们能买到的东西可能会更少。这一现象在奥韦尔的《通向威根码头之路》一书中也有所涉及，他描述了穷人是怎样逃避沮丧的：

> 他们不会迁怒于自己的命运，而是通过降低标准来增强自己的忍耐力。然而，他们却不一定因此而专注必需品，也不一定会排斥奢侈品。因此，在长达 10 年的极度沮丧期内，所有廉价奢侈品的消费都有所提高。[34]

这些“嗜好”并非那些行为不慎重之人的冲动消费，而是他们经过深思熟虑而作的选择，不管内心的冲动如何驱使他们、外界如何对他们施压。欧查·姆巴克的电视机并不是赊账买的——他为此攒了几个月的钱。印度母亲也是一样，她们会提前 10 年或更长的时间，开始攒钱为自己 8 岁大的女儿准备婚礼，在这里买一件小首饰，在那里买一个不锈钢水壶。

我们眼中的穷人世界，常常是一片失去机遇的土地。我们会好奇，为什么他们不把买那些东西的钱攒下来，将钱投入到真正能使他们过得更好的地方？然而，穷人会更加怀疑那些想象中的机遇，怀疑其生活产生任何根本改变的可能性。他们的行为常常反映出这样一种想法，即任何值得做出的改变都要花很长时间。这也可以解释，为什么他们只关注当前，尽可能把日子过得愉快，在必要的场合参加庆祝活动。

基于营养说的“贫穷陷阱”真的存在吗？

我们以帕克·索林及其观点开启这一章，他认为自己陷入了基于营养说的“贫穷陷阱”。从表面上看，他的主要问题可能不是缺少卡路里。Rakshin 计划使他得到了一些免费的大米，他的兄弟有时也会帮帮他。在其他时间里，他应该有体力到田间或建筑工地干活儿的。我们对相关证据的解读表明，大多数成年人，即使是非常贫穷的人，也是处于“贫穷陷阱”地带之外的：他们很容易就能吃够干好体力活儿所需的食物。

帕克 · 索林的情况或许就是如此。这并不是说他没有陷入贫穷，问题可能在于他失去了工作，而且他的年龄太大，已不适合再到建筑工地当学徒。此外，他的沮丧无疑使他的处境变得更为糟糕，他几乎什么也做不了。

基于营养说的“贫穷陷阱”的基本机制似乎不适用于成人，但这并不意味着，穷人在营养方面没有问题。他们的问题或许并不在于食物的数量，而在于食物的质量，特别是微量营养素的缺失。营养充足可能会为两类人带来更多的好处，即未出生的婴儿和幼儿，因为他们还不能自主选择食物。实际上，父母收入与其子女未来收入之间，可能也存在着一种S形曲线关系，这与子女在童年期间的营养摄入有关。这是因为，如果孩子在子宫内或童年早期吸收了充足的营养，那么他/她以后每年都会挣到更多的钱：经过一生的积累，这个孩子就会受益匪浅。例如，我们在前面提到过，肯尼亚对儿童作抗蠕虫预防，我们对其长期影响进行了研究。研究结果表明，接受两年而非一年治疗的儿童（因此其两年来的营养状态更好）一生收入为购买力平价 3 269 美元。童年时期营养上的小投入会在以后产生大影响（在肯尼亚，抗蠕虫每年花费购买力平价 1.36 美元；在印度，一包碘盐价格为购买力平价 0.62 美元；在印尼，加铁鱼酱价格为购买力平价 7 美元)。这表明，各国政府及国际机构需要就食品政策进行彻底反思。这对美国农民来说可能是个坏消息，但解决办法并非提供更多粮食那么简单，尽管大多数食品安全计划目前都着意于此。穷人喜欢补贴的粮食，但我们前面谈到过，给他们提供更多的援助并不能使他们吃得更好。而且，他们主要的问题不在卡路里，而是其他营养成分。此外，仅仅靠给予穷人更多的钱，可能也不足以解决问题。即使收入增加，短期内他们可能也不会达到更好的营养状态。正如我们在印度看到的那样，穷人即使在自己收入增加的情况下，也不会吃得更多更好；除了食物之外，他们需要面对太多其他的压力和欲望。

相反，对儿童及孕妇的直接营养投资，会产生巨大的社会回报。这方面的措施包括，向孕妇及儿童父母发放强化食品，对儿童进行学前或在校的抗蠕虫预防，向他们提供富含微量营养素的膳食，或者鼓励父母为补充营养而消费。在有些国家，所有这些措施都已得到实行。肯尼亚政府目前对在校儿童提供系统化的抗蠕虫预防；哥伦比亚政府会在学前孩子的膳食中加入微量营养素；在墨西哥，社会福利机构为家庭提供免费的营养补充。食品技术领域的首要任务是，在人们喜爱的食物中加入额外的营养素，生产出一些富含营养、美味可口的适于在各类环境中种植的新品种粮食，同时还要提高生产力。我们在世界各地确实看到了一些这样的实例，其推动者都是国际微量营养素行动组织（Micronutrient Initiative）和国际农作物强化组织（Harvest Plus）等机构。近期，乌干达和莫桑比克引进了各类适合非洲的橘子味土豆（β-胡萝卜素更丰富）。[35] 目前，几个国家（包括印度）已批准使用一种富含铁和碘的新型食盐。然而，在很多情况下，食品政策只停留在这样一种想法上，即穷人需要的只是便宜的粮食。

第三章

提高全球居民健康水平容易吗？

健康常常被寄予厚望，但又不免会给人带来失望。然而，“好摘的果子”似乎有很多，从疫苗到蚊帐，都是一些低成本却可以挽救生命的东西，但很少有人会采取这样的预防性措施。在大多数国家，政府医务人员负责提供基本的保健服务，但他们常常因不称职而受到责备。我们会看到，这种责备也不无道理。而另一方面，医务人员坚持认为，那些“好摘的果子”比看上去难摘多了。

2005 年冬，在印度西部美丽的乌代布尔城，我们与一些政府医疗机构的护士进行了一次气氛活跃的交谈。她们对我们非常失望，因为我们谈到的项目会加大她们的工作量。在我们交谈的过程中，其中一位护士忽然发起了脾气，她直言不讳地说：“这种工作其实一点儿意义都没有。”曾经有个患痢疾的小孩来看病，护士们能给孩子母亲的只有一盒口服补液[①]。然而，大多数母亲都不相信口服补液可以治病，她们想得到自己认为能够治病的药——一剂抗生素或一次静脉注射。护士们告诉我们，一旦一位母亲从医疗所拿走的是一包口服补液，那么她永远都不会再来了。每年，护士们都会看到很多儿童死于痢疾，但她们

① 口服补液，也称ORS，是一种混合盐、糖、氯化钾及兑水抗酸剂的儿童口服剂。

觉得自己无能为力。

在每年900万死于5岁前的儿童中，大多数都是来自南亚及撒哈拉沙漠以南非洲地区的贫穷儿童，而且约每5名儿童中就有一个死于痢疾。相关部门正在努力开发并分发一种抗轮状病毒的疫苗，这是一种能引起痢疾的病毒。然而，已经有三种“神药”可以挽救大多数儿童的生命了，即用来净化水的消毒剂，还有糖和盐（口服补液的主要成分）。只需用100美元购买一个家用氯包，就能够预防32个痢疾病例。[1] 脱水是痢疾致死的一个主要病因，而口服补液是一种可以有效预防脱水的药。

然而，无论是消毒剂还是口服补液，都未被广泛使用。在赞比亚，由于国际人口服务组织（Population Service International，简称PSI）的努力，消毒剂的价格很便宜，而且已得到了广泛使用。PSI是一家专门在全球以补贴价格销售消毒剂的大型组织。只需800克瓦查（购买力平价为0.18美元），一个6口之家就能够买到足够的消毒剂，用于净化水源，这样他们就不会因水传播而患上痢疾。不过，只有10%的家庭使用消毒剂。[2] 在印度，据联合国儿童基金会（UNICEF）称，在5岁以下的儿童痢疾患者中，只有三分之一服用了口服补液。[3] 痢疾是一种可以预防的疾病，通常用开水、糖和盐就能进行治疗，那么为什么每年还有约150万儿童死于痢疾呢？

消毒剂和口服补液并不是什么特例，还有其他相对“好摘的果子”可以改善人们的健康状况，挽救很多生命。那些方法简单、廉价，如果恰当地利用，就能够节省大量资源（如减少额外工作日、减少抗生素的使用、增强体质等）。除了挽救生命，这些方法还可以为自身埋单。然而，太多这种“果子”都未被摘下。原因并非人们不关心自己的健康，他们不但关心，而且还为此投入大量资源，他们只是把钱花在了别的地方，比如，并非任何时候都适用的抗生素、为时已晚的外科手术等。为什么要这样做呢？

健康陷阱

在印尼的一个村庄，我们遇见了伊布·艾姆塔特，一位竹篮织工的妻子。2008年夏天，她的丈夫因眼睛有点儿问题而不再工作。伊布没有办法，只好借了40万印度尼西亚盾（购买力平价74.75美元），10万用来为她丈夫买药治病，30万用于在她丈夫恢复期间购买食品（她7个孩子中的3个还和他们生活在一起）。他们每月要为贷款支付10%的利息。然而，当我们见面时，他们欠下的利息越来越多，已经积累到100万印度尼西亚盾（购买力平价187美元）；于是，放债人威胁说要拿走他们所有的东西。更糟糕的是，她的小儿子最近被诊断患了严重哮喘。由于这个家庭已经债台高筑，她已经拿不出钱为儿子买药治病了。我们拜访时，这个孩子一直和我们坐在一起，每过几分钟就会咳嗽一次；他已经不能再按时上学了。这个家庭似乎掉进了一个典型的"贫穷陷阱"之中——父亲的病使他们陷入了贫穷，导致孩子的病没钱治，从而耽误了上学，他的未来也因此笼罩在贫穷的阴影之下。

健康确实可能产生很多不同的陷阱。例如，由于生活在有害的环境中，工人可能会无法正常工作，儿童可能会因病无法正常上学，孕妇可能会生下不健康的婴儿。每一种情况都可能使当前的不幸转化成未来的贫穷。

值得庆幸的是，如果情况真是这样，我们或许只需要努力一把，就可以让一代人在一个健康的环境里成长、工作，将他们从陷阱中解救出来。杰弗里·萨克斯的观点就是这样的。他认为，世界上大多数最贫穷的人或整个国家，都掉进了一个健康陷阱之中。他常常以疟疾为例，有些国家大部分人口都受到了疟疾的影响，这些都是较为贫穷的国家（平均来说，在科特迪瓦或赞比亚这样的国家，受疟疾影响的人口占50%或以上，人均收入仅为无疟疾病例国家的三分之一）。[4] 而且，正因为如此贫穷，这些国家采取疟疾预防措施的难度才会更大，从而导致其一直贫穷下去。然而，据萨克斯称，这也意味着，在这些国家进行旨在控制疟疾的公共健康投资（如分发蚊帐，使人们在夜间远离蚊虫的困扰）将会产生很高的回报：人们得病的概率会减小，工作会更加努力，收入会因此而增加，足以用来支付这些外来投资。从第一章中S形曲线的角度来说，受疟疾困扰的非洲国家都位于曲线的左半部分，因为这些国家的劳动力因疟疾而身体衰弱，工作效率极低。因此，这些国家没有消除疟疾所需的资金。不过，如果有人为抗击疟疾而出资，那么这些国家最终就会移到曲线的右半部分，走上繁荣之路。同样，这一理论也适用于贫穷国家的其他多发疾病，这就是萨克斯《贫穷的终结》（*The End of Poverty*）一书中所传达的乐观信息的核心。

怀疑者们很快指出，目前尚不清楚那些滋生疟疾的国家贫穷的原因是否在于疟疾，就像萨克斯所认为的那样；或者这些国家无力消除疟疾，也许只是说明它们的管理能力很差。如果是后一个原因，那么除非改善管理体制，否则仅仅靠消除疟疾，或许还不能完全解决贫穷问题。

现有证据究竟支持谁的观点？活跃分子还是怀疑者？我们对多个国家成功抗击疟疾的案例进行了研究，每份研究都对该国疟疾高发地区与低发地区进行了对比，并对抗疟活动前后出生于该地区的儿童进行了检查。所有的研究结果都表明，在那些疟疾高发地区，出生于抗疟活动之后的儿童与出生于疟疾低发地区的儿童相比，二者的人生成就（如教育或收入）是基本一致的。这有力地表明，消除疟疾的确会减少长期贫穷现象的发生，尽管效果不像杰弗里·萨克斯所说的那样大。一项针对美国南部（1951 年之前一直受疟疾困扰[5]）及几个拉丁美洲国家抗疟活动的研究表明，与患过疟疾的儿童相比，未患过疟疾的儿童长大后每年的收入要多 50%。[6] 类似的研究结果还出现在印度、[7] 巴拉圭和斯里兰卡，不过收入增加的幅度因国家而异。[8]

这一结果表明，投资预防疟疾的经济回报可能会非常高。在肯尼亚，一个经过杀虫剂处理的蚊帐最多花费 14 美元，而效力却达 5 年之久。我们来作一个保守的估计，一个肯尼亚儿童从出生到 2 岁一直睡在这种蚊帐中，那么他较之其他儿童感染疟疾的概率会减少 30%。在肯尼亚，成年人的年均收入为购买力平价 590 美元。因此，如果疟疾真的会减少肯尼亚 50% 的收入，那么 14 美元的投资将会为30%人口增收295美元，而如果没有蚊帐，这些人就可能会感染疟疾。儿童成年后的全部工作时间每年都会带来88美元的收益——足够每个家长为其子女买一辈子的蚊帐，彻底改变他们的生活。

还有很多其他高效健康投资的例子，可用纯净水及公共卫生就是其中之一。总体来说，根据2008年世界卫生组织和联合国儿童基金会的数据，约13%的世界人口缺乏改进的水源（通常指自来水或水井），而约四分之一的人口没有可用的安全饮用水，其中有很多都是穷人。[9] 在我们针对18个国家的研究数据中，在农村极度贫穷的人口中，具备家用自来水条件的人口比例为1%（印度的拉贾斯坦邦和北方邦农村）到36.8%（危地马拉）不等。虽然情况因国而异（就农村中产阶级来说，从巴布亚新几内亚的低于3.2%到巴西的80%），但对于更富裕的家庭来说，这一比例一般会更高。此外，无论是穷人还是中产阶级，城市地区的这一比例都会较高。在穷人的世界里，良好的卫生设施简直少得可怜——世界上42%的人口没有家用卫生间。

大多数专家一致同意，家用自来水及卫生设施会给健康带来很大影响。一项研究表明，由于自来水、良好的卫生设施及水源氯化的推广，1900~1946年间的婴儿死亡率下降了约四分之三，使同期死亡率总体减少了几乎一半。[10] 此外，童年期间的痢疾复发会永久伤害孩子的身体及认知上的发育。据估计，通过用管道向家庭输送无污染的氯化水，痢疾病例可减少95%。[11] 劣质水和死水也是其他主要疾病的一个来源，如疟疾、血吸虫病及沙眼，[12] 这些疾病都可能导致儿童死亡，或降低他们长大后的工作效率。

然而，人们普遍认为，每个家庭每月花费20美元用于支付自来水及卫生设施的费用，对于大多数发展中国家来说都太贵了。[13] 印度奥里萨邦的格莱姆维卡斯是一家非政府组织，它认为，可以通过更廉价的方式取得这一成果。该组织的首席执行官乔·马蒂斯是一个性格幽默的人，做事习惯于另辟蹊径，在出席瑞士达沃斯世界经济论坛的全球富豪年会时，他穿了一身手织的棉布衣服。马蒂斯很早就是一名社会活跃分子，12岁时就组织工人到他父亲的农场抗议。20

世纪 70 年代初期，他就同一群左翼学生一起来到了奥里萨邦，参加一场龙卷风大灾后的救援工作。在紧急救援工作结束之后，为了帮助奥利亚村贫穷的村民，他决定留下来，看看能否找到一些更持久有效的办法。最终，马蒂斯决定从改善水和卫生条件做起。这一问题既是一个日常难题，也是他开启长期社会变革的一次机会。他在奥里萨邦向我们解释说，水及卫生设施是社会问题。马蒂斯坚持认为，在格莱姆维卡斯负责的所有村子里，每个家庭都应该与一个总水管连接，再通过管道将水输送到每个家庭，包括由同一系统连接的卫生间、水龙头及浴室。对于上层阶级家庭来说，这意味着与下层阶级家庭分享水源。在这一想法刚刚提出时，奥里萨邦的很多人都无法接受。非政府组织花了很长时间，才得到一个村子全体村民的同意，而有些村子最终还是拒绝了。不过，非政府组织所坚持的一贯原则就是，除非得到一个村子所有村民的同意，否则他们是不会在那里开展工作的。在最终达成一致意见的情况下，有些上层阶级家庭首次参与了这种由一个社区所有人参与的活动。

一旦一个村子同意配合格莱姆维卡斯的研究，为期一两年的建筑施工就会启动。只有在每个家庭都配好自来水及卫生间之后，这个系统才会开始运转。同时，对于每月来卫生所治疗疟疾或痢疾的人，格莱姆维卡斯都会收集他们的信息。这样一来，只要水流动起来，该组织就可以直接观察到一个村子的情况。结果证明，效果十分显著：几乎一夜之间，痢疾重症病例减少了一半，疟疾病例也减少了三分之一，而且这一效果能持续好几年。每个家庭每月为此支付的费用（包括维护费用）为 190 卢比（现价为 4 美元），仅为这种系统正常价格的 20%。

当然，避免痢疾还有更廉价的方法，如在水中加入消毒剂。其他廉价而有效的医用或公共卫生方法包括发放口服补液、给儿童接种疫苗、发放抗蠕虫药剂、婴儿出生 6 个月之内由母乳喂养；还有一些常规的孕期保健方法，如给孕妇打破伤风针，发放防夜盲症的维生素B、防贫血的铁片及加铁面粉等，这些都是“好摘的果子”。

能够找出这些方法，都要归功于杰弗里 · 萨克斯的乐观与耐心。在萨克斯看来，有一种基于健康的“贫穷陷阱”，但我们可以向穷人提供“梯子”，帮他们逃离这些陷阱。如果穷人买不起梯子，那么世界上的其他人都会伸出援手。这也是格莱姆维卡斯在奥里萨邦所做的，帮助村子进行管理、补贴水系统的花费等。几年前，乔·马蒂斯告诉我们，当发放官坚持要村民将受赠物品全价买下时（幸运的是，该基金会随后改变了在这一问题上的观点），他觉得自己必须拒绝比尔和梅琳达·盖茨基金会（Bill & Melinda Gates Foundation）的资助。马蒂斯称，虽然健康福利潜在的价值的确很大，但村民们每月根本拿不出 190 卢比——格莱姆维卡斯只是要村民们向村基金会支付一定数量的钱，使村里的水系统得到良好维修，并可以随着村子的发展而服务于更多的家庭。至于其余的必要款项，非政府组织会从世界各地的捐赠者那里筹集。萨克斯认为，这才是合理的方式。

为什么不更多地使用这些方法呢？

没有充分利用的奇迹

然而，萨克斯的理论存在一个缺陷，即穷人处于基于健康的“贫穷陷阱”之中，用钱就可以把他们救出来。其中有些方法十分廉价，即使是非常贫穷的人都负担得起。例如，母乳喂养根本无须任何花费。然而，根据世界卫生组织的统计，全世界只有不到 40%的婴儿得到了 6 个月的母乳喂养。[14] 再以饮用水为例，我们看到，通过管道将水输送至各个家庭每月花费 190 卢比（包括排污费用），也就是每年 2 280 卢比。根据购买力平价计算，约为 30 万克瓦查。不过，贫穷的赞比亚村民可能拿不出这么多钱。然而，只需拿出这笔钱的 2%，一个赞比亚的 6 口之家就能够买到足够的消毒剂，用于净化他们全年的饮用水：国际人口服务组织经销的一种品牌的消毒剂只需花费 800 克瓦查（购买力平价 0.18 美元），就能够使用一个月。这种方式可以避免 48%的小孩患上痢疾。[15] 赞比亚人都知道消毒剂的好处，如果问他们什么可以用来净化饮用水，98%的赞比亚人都会提到消毒剂。尽管赞比亚是一个非常贫穷的国家，花800克瓦查买一瓶可用一个月的消毒剂，这真的不是很贵——仅购买食用油一项，一般家庭每周都会花掉4 800克瓦查（购买力平价1.10美元）。然而，实际使用消毒剂进行水处理的人只有10%。作为一次实验中的一部分，有些家庭会得到一张打折优惠券，可以凭券以700克瓦查（购买力平价0.16美元）买下一瓶消毒剂，而只有50%的人愿意去买。[16]然而，当这一价格下降到300克瓦查（购买力平价0.07美元）时，愿意购买的人数出现了大幅增长。不过令人惊讶的是，即使如此，仍有四分之一的人不愿购买。

蚊帐的需求量同样很低。在肯尼亚，杰西卡·科恩和帕斯卡利娜·迪帕创建了一个非政府组织，名为TAMTAM（一起对抗疟疾），该组织在肯尼亚的产前诊所发放免费蚊帐。[17]从某种意义上来说，国际人口服务组织曾在同样的诊所以补贴价格（非免费）提供蚊帐，科恩和迪帕想看看她们的组织是否有用，于是设计了一个简单的测试：她们随机在不同的诊所提供价格不等的蚊帐，有些地方是免费的，另外一些则采用国际人口服务组织的补贴价格。结果与消毒剂的实验十分相似，她们发现，人们对于蚊帐的价格十分敏感，几乎所有人都会去领取免费的蚊帐。但就国际人口服务组织的价格（约购买力平价0.75美元）来说，人们对于蚊帐的需求已经接近于零。迪帕在不同的村镇重复这一实验，但允许人们回家拿钱（而不是当场购买），更多的人以国际人口服务组织的价格购买了蚊帐。不过只有在蚊帐的价格接近于零时，人们的需求量才会成倍增长。[18]

更令人困扰的是，人们虽然对蚊帐的价格很敏感，但对收入却并不敏感。要想移到S形曲线的右半部分，开启一种良性循环，即通过收入增长来改善健康状态，那么一个人因避免疟疾而增长的收入，应足以为其子女购买蚊帐，从而让他们也远离疟疾。我们还讨论过，通过购买蚊帐而降低患上疟疾的危险，可使人们年均增收15%。然而，即使收入增加15%足以买下一床蚊帐，但与其他人相比，收入增加15%的人购买蚊帐的可能性只有5%。[19]换句话说，分发免费蚊帐远远不能保证下一代睡在蚊帐中，只能使睡在蚊帐中的人数稍有增加，即从 47% 增加到 52%，距消除疟疾还差得很远。

低需求量表明，健康问题依旧难以得到根本性的解决：逃出“贫穷陷阱”的“梯子”是存在的，但并非总是放在正确的地方，而且人们似乎不知道怎样踏上“梯子”，或者他们甚至根本不想那样做。

改善健康的愿望

纯净水、蚊帐、抗蠕虫药片或强化面粉，尽管这些东西会给人们的健康带来很大好处，但人们似乎不愿为此花太多的金钱或时间。那么，这是否意味着，穷人不关心自己的健康？有证据显示，结果恰恰相反。当被问及最近一个月以来是否感到“担心、紧张或不安”时，印度乌代布尔及南非农村约四分之一的穷人回答“是”。[20] 这一比例比美国的还要高。而且，这种压力常常来源（乌代布尔 44% 的案例）于人们自身或其亲属的健康。在我们针对 18 个国家的研究数据中，很多国家的穷人会将自己手中的大部分钱花在健康上。在印度农村，对于那些极度贫穷的家庭来说，他们平均会将每月预算的 5% 花在健康上。在巴基斯坦、巴拿马及尼加拉瓜，这一比例为 3%~4%。在大多数国家，超过四分之一的家庭每月至少会找一次保健人员。穷人还会花很多钱来参加单一的保健活动：在乌代布尔的穷人家庭中，8% 的家庭每月有记录的保健花费超过 5 000 卢布（购买力平价 228 美元），几乎是一般家庭这项预算人均月消费的 10 倍，而有些家庭（占 1%）则会花掉 26 倍于月人均的预算。当碰到严重的健康问题时，贫穷家庭会节衣缩食、卖掉资产或借高利贷。在乌代布尔，我们采访了三个家庭，他们目前都在还贷款，而他们当初借钱正是为了解决健康问题。这些贷款大部分都来自于放债人，贷款利率非常高：每月 3%（每年 42%）。

钱什么也没换来

因此，问题并不在于穷人为健康花了多少钱，而是他们的钱究竟花到哪儿去了。他们常常把钱花在昂贵的治疗上，而不是廉价的预防上。为了降低保健费用，很多发展中国家建立了正式的预检分诊系统，使穷人可以就近享受（常常是免费的）基本医疗服务。最近的保健中心一般都没有医生，但那里的人员都经过训练，可以处理简单的病例，并对更严重的疾病进行检查。重症患者会被送到更高层级的医疗单位。在有些国家，这一系统由于缺乏人力，发展得较为缓慢。不过，在很多国家（如印度），医疗设施是可用的，人员配备也是充足的。即使在地域偏远、人烟稀少的乌代布尔地区，一个家庭只需步行 1.5 英里（约合 2.4 公里），就可以找到一个医疗分支机构，那里会有经过培训的护士。然而，根据我们收集的数据，这个系统并没有起到多大作用。穷人大多会避开免费的公共医疗系统。我们采访了一个极度贫困家庭的普通成年人，他每隔两个月会去一次医院，其中去公共医疗机构的次数还不到四分之一，而超过一半次数去的是私家医疗机构，其余则是求助于以驱邪为主的传统治疗法。[21]

乌代布尔的穷人似乎选择了双重昂贵的计划：治疗，而不是预防；治病找私人医生，而不是政府免费提供的医生和护士。不过，如果私人医生更有资质的话，这种选择也合情合理，但情况似乎并不是这样的：只有约半数的私人“医生”有医学专科文凭（包括非正统学位，如印度中药医学学士和尤纳尼医学学士），还有三分之一的私人医生根本没受过任何专科教育。那些所谓的“医生助手”的情况甚至更糟，她们中的大多数人都会给病人看病，但三分之二的人都没有正规的医学资质。[22]

用当地的话来讲，像这种无资质的医生被称为“孟加拉医生”，因为印度最早的一家医学院就在孟加拉邦，那里的医生从印度北部绕道而来，寻找可以让他们实践医术的地方。这一传统还在延续——这样的人还会出现在村子里，手中除了听诊器和一袋子常用药，几乎没有其他东西了。无论他们来自哪里，他们都自称是“孟加拉医生”。在我们采访时，有个人告诉我们他是怎样成为医生的：“我高中毕业后找不到工作，就决定当一名医生。”他郑重其事地向我们展示了他的高中文凭，他曾学过地理、心理学和梵文（古印度语）。然而，“孟加拉医生”并不只出现在农村。一项研究发现，在印度德里的贫民窟，只有 34% 的“医生”拥有正式的医学学位。[23]

当然，没有学位并不一定就不称职，这些医生很可能专门学过怎样处理简单的病例，并向重症患者提出到一家正规医院就医的建议。与我们交谈过的另一位“孟加拉医生”（他的确来自孟加拉）很清楚自己的能力——他会根据病情需要，拿出常用感冒药和抗疟疾药，可能还有一些抗生素。如果病情看起来很难处理，他就会建议病人去初级医疗中心（PHC）或是私人医院。

然而，遗憾的是，这种自我意识并不是普遍存在的。吉努·达斯和杰夫·哈默是世界银行的两位经济学家，他们从印度德里市区出发，想看看医生们实际上到底了解多少。[24] 他们选择了各类医生（政府的和私人的，有资质的和没资质的），给他们每人 5 个与健康有关的“小场景”。例如，想象一个有痢疾症状的儿童患者，医生应对此采用的治疗方法是，先提几个问题，弄清楚这个孩子是否有发高烧或呕吐的症状，如果答案是否定的，那么就可以排除那些较为严重的疾病，开一些口服补液。另一个场景是关于一位孕妇的，她带有明显的子痫前期症状，这是一种可致命的疾病，需要立即转到医院进行治疗。我们将医生的提问与解答方式同标准方式进行对比，列出每一位医生的称职度指数。令人惊讶的是，这一实验中的平均称职度指数非常低。即使是最优秀的医生（100 名中的前 20 名），连一半该问的问题都没问。而最糟糕的医生（最后 20 名）只提出了六分之一该问的问题。此外，根据专家组的评估，这些医生中大多数人给病人的建议，很可能都不会起到正面作用。那些无资质的私人医生是最糟糕的，特别是那些工作在贫穷社区的私人医生。最好的是那些有资质的私人医生，而公立医院的医生则处于中等水平。

另外，还有一个常见的明显失误：医生一般会诊断不足、用药过度。根据在乌代布尔的健康调查，我们发现，在一名病人去私家诊所看病的次数中，注射占 66%，静脉输液占 12%，而检查只占 3%。治疗痢疾、发烧或呕吐的常见方法是开点儿抗生素或类固醇，或者这两样药都开点儿，而且常常采用注射的形式。[25]

在大多数情况下，这不仅是不必要的，而且还具有潜在危害。首先是针头消毒的问题。我们有几位朋友曾在德里郊区的一个小村庄开了一所小学校，那里有一位医生资质不明，却为很多病人看过病。在他的诊所外面，放着一个始终装满了水的大鼓，上面连着一个小水龙头。每当一位病人离开之后，这位医生就会走到外面，让大家看到他用大鼓里面的水清洗针头。他用这种方式表明，他是非常小心的。我们不知道，他是否真的给某个人用过那个注射器，但乌代布尔的医生们都会谈到这位医生——他重复使用未经消毒的针头，结果使整个村子的人都染上了乙肝。

抗生素的滥用增加了抗药性细菌产生的可能性，尤其是由于很多医生都习惯于替病人省钱，他们所建议的疗程比标准的疗程要短。[26] 纵观发展中国家，我们看到，抗生素的耐药性呈上升趋势。同样，在几个非洲国家，由于药剂量的不正确、病人的不配合，导致可以抵抗主流药物的疟原虫种的出现，最终形成了一次公共健康危机。[27] 此外，类固醇的滥用所造成的潜质危害更大。在调查过印度等国穷人的研究人员当中，凡是 40 岁以上的都会想起这样的情景，他们曾万分惊讶地发现，有些人看起来比实际年龄要老得多。过早衰老的原因很多，但类固醇的滥用肯定是其中之一——而且这不但会使患者的面容老化，还会使他们的寿命缩短。药物的短期效果会使病人迅速感觉良好，他不知道接下来会发生什么，于是便高高兴兴地回家了。

这究竟是怎么回事？为什么穷人有时会拒绝便宜而有效的、能大大改善人们健康的方法，非要花很多钱去买那些毫无帮助的、很可能有害的东西？

政府该受到责备吗？

因为，很多有效的成果都是通过预防取得的，而这一领域的主导者长久以来都是政府，但政府总是将简单的事情变得不那么简单。我们看不到政府提供更多的预防保健，原因有二：政府保健服务者的高缺席率，以及动力的缺乏。

一些政府保健中心在工作时间也常常是关闭的。在印度，当地卫生站应一周工作 6 天，一天 6 个小时。然而，在乌代布尔，我们一年中每周都会在工作时间随机采访 100 多家医疗机构，结果发现，在 56%的时间里，这些机构都处于关闭状态。其中只有 12%是因为医护人员在附近的居民家里帮忙；在余下的时间里，根本看不到护士的踪影。在其他地方，这种护士缺席的情况也会频繁出现。2002~2003 年，世界银行在孟加拉、厄瓜多尔、印度、印尼、秘鲁及乌干达展开了一项关于缺席的调查。调查结果显示，保健工作人员（医生和护士）的平均缺席率为 35%（印度为 43%）。[28] 在乌代布尔，我们发现，这种缺席同样是无法预测的，穷人很难求助于这些机构。私人机构可以保证医生在岗，如果医生不在，那么他就没有收入。而政府工作人员即使不在岗，也会得到一份收入。

此外，即使政府医疗机构的医生及护士在岗，他们也不会用心医治病人。为了对同一组医生（回答场景问题的医生）进行调查，达斯和哈默研究组的一位成员跟踪每位医护人员一整天。每当一位病人来看病，研究人员都会对其情况进行详细的记录，包括医生问了几个关于病史的问题、诊断的过程、开了什么药方，还有（私人部分）看病花了多少钱等。我们通过该研究了解到了印度医疗（公立及私人）的整体情况，结果是令人惊愕的。达斯和哈默将其称为“3-3-3”规则：平均互动只有 3 分钟；医生只问病人 3 个问题，偶尔会作一些检查；然后，病人会拿到 3 种药（医生常常直接开药，不写药方）。病人转诊很少见（少于全部时间的 7%）；只有在约一半时间里，病人才能拿到诊断说明，而只有三分之一的医生会给予病人一些后续指导。然而，这似乎并不算什么，公共部门比私家机构的情况更糟。公共医务工作者诊治一个病人平均只花 2 分钟，问不了几个问题，而且在大多数情况下，他们连碰都不会碰病人一下。通常，他们只是问问病人哪儿不舒服，然后根据病人自己的判断进行治疗。几个国家的情况皆是如此。[29]

因此，答案或许比较简单：人们尽量避免到公立医院就医，因为这个系统根本就运转不起来。这或许也可以解释，为什么政府系统提供的其他服务（如接种疫苗和孕妇产前检查）都未得到充分利用。

不过我们知道，这并不是问题的全部。蚊帐并非专门由政府发放，净化水所需的消毒剂也不是。而且，即使政府医护人员真的投入工作，需要其服务的病人也不会有所增加。赛娃曼迪是一家非政府组织，该组织与当地几家机构共同付出了约 6 个月的努力，有效地减少了医护人员的缺席率——在岗的概率由不乐观的 40% 上升到了 60%。然而，这并没有增加前来就诊的患者的人数。[30]

在赛娃曼迪的另一次活动中，组织者们在相同的几个村庄按月组织村民接种疫苗。这一活动是针对该地区的疫苗接种率极低而发起的：在该非政府组织参与前，不到 5% 的儿童接受过世界卫生组织和联合国儿童基金会规定的基本的接种服务。鉴于接种疫苗可以挽救生命（每年估计有 200 万~300 万人死于疫苗可预防的疾病），而且价格低廉（对于村民来说是免费的），这似乎应该成为每位家长的优先选择。人们普遍认为，接种率低一定是由于护士的过失而造成的。母亲们带着她们的孩子长途跋涉到了卫生站，却找不到护士，难免心生厌烦。

2003 年，为了解决这个问题，赛娃曼迪决定成立自己的医疗团队。通过广泛的宣传，医疗活动每月定期准时举行，这一点也得到了我们的数据证实。于是，接种率出现了一定程度的提高：医疗团队所在的村庄，平均 77% 的儿童都至少接受了一次接种。不过，完成整个疗程仍是个问题。总体来说，在对照村庄里，接种率为 6%；而在医疗团队的村庄里，接种率却上升至 17%。然而，即使私家免费的高质量接种服务在自家门前就可以享受到，仍有五分之四的儿童没有接受完整的接种。

因此，我们必须考虑这种可能性，即如果人们不去公立医院，或许是因为他们对那里的服务（包括接种）并不感兴趣。为什么穷人对保健的要求如此之高，却对预防性的服务（尤其是医学为之发明的那些便宜有效的成果）置之不理？

免费意味着没用？

如果人们不利用廉价的预防手段来改善他们的健康，原因是否恰恰在于这些手段是廉价的？

这并不像看上去那样令人难以置信。单纯的经济理性表明，费用一旦支付或“沉没”，将不会对使用产生任何影响。然而，很多人常常表示，经济理性把这一点搞错了。实际上，存在着一种“心理沉没成本”——人们更有可能会利用他们为之支付很多钱的东西。此外，人们可能会根据价格来判断质量：恰恰是由于某物品是廉价的，人们便有可能认为它没有价值。

所有这些可能性都很重要。因为在健康领域，即使是研究自由市场的经济学家，也一直是支持补贴的。因此，大多数廉价的成果都是低于市场价的。其中的逻辑很简单：一顶蚊帐不仅可以保护睡在其中的一个孩子，其他孩子也因此而不会被这个孩子传染上疟疾。一个护士治疗痢疾时用口服补液，而不是用抗生素，就能防止抗药性的传播。一个孩子因接种了疫苗而避免染上流行性腮腺炎，这也会使他/她的同学得到保护。如果这些手段更廉价，可以保证更多人对其加以使用，那么每个人都会从中受益。

另一方面，如果人们受到沉没成本的影响，这种补贴的手段会适得其反——使用率将变得更低，因为价格太低了。在《白人的负担》[31]一书中，威廉·埃斯特利好像已经说明了这种情况。他举了这样一些例子，比如人们将补贴的蚊帐当作婚纱。还有人提到马桶被用作花盆；甚至把避孕套当作气球。

然而，目前有大量严谨的实验表明，人们不怎么使用那些免费得到的东西的传闻有些言过其实了。有几项研究对此进行了检验，结果并没有发现这方面的证据。回想科恩和迪帕的TAMTAM实验，结果表明，在蚊帐很廉价或免费时，人们更有可能会将其买下。这些补贴的蚊帐实际上是否会被利用？为了弄清楚这一点，在首次实验结束的几周之后，TAMTAM派出检查人员，对曾以各种补贴价格购买蚊帐的人进行实地家访。他们发现，60%~70%曾买过蚊帐的妇女确实都在使用。在另一次实验中，随着时间的推移，蚊帐的使用率上升至90%左右。此外，他们还发现，花钱买下蚊帐的人与免费得到蚊帐的人，二者在蚊帐的使用率上没有差别。在其他一些情况中也发现了同样的结果，即可以排除补贴降低使用率的可能性。

然而，如果原因不是补贴，那会是什么呢？

信念？

阿比吉特成长在一个父母来自印度两端的家庭，他的母亲来自孟买。在母亲的娘家，一种叫作“印度薄饼”的未发酵面包是餐桌上的必备食物，这种面包是用小麦和小米做成的。阿比吉特的父亲来自孟加拉邦，那里的人们每餐都要吃很多大米饭。在怎样处理发烧的问题上，这两个地区的看法也截然不同。马哈拉施特拉邦（首府为孟买）的每一位母亲都知道，大米可以快速地退烧。然而，在孟加拉邦，发烧时大米是禁用的：如果孟加拉邦人想说某人退烧了，那么他会说，“他今天能吃大米了”。这种自相矛盾的现象曾令6岁的阿比吉特迷惑不解，于是他问自己那位来自孟加拉邦的婶婶，婶婶告诉他这与信仰有关。

更通俗地说，信仰即信念与原理的组合，这显然是我们掌控健康系统的一个重要部分。我们知道，医生开的药可以治好身上的疹子，而不是应该用水蛭，除此之外我们还了解什么呢？在大多数情况下，我们谁都没见过这样的一种随机测试，即一些肺炎患者会得到抗生素，另一些拿到的却是水蛭。的确，我们甚至没有任何直接证据，可以证明这种测试曾经存在过。我们可以确定的是一种信念，即药物是经过食品药品监督管理局（FDA）或其他类似机构认证的。我们的想法是，如果没有经过某种测试，这种抗生素是不会出现在市场上的。然而，这种想法有时是错误的，因为医学测试的操作是有财务奖励的。我们信任食品药品监督管理局对于这些研究可信度的确认，因此认为这种抗生素是安全有效的。

当然，这并不是说，我们相信医生处方的决定是错误的，而是突出这样一个事实，即对于大量的信念及原理，我们几乎没有任何直接的证据可以证明。当这种信任在富国出于某种原因而减弱时，我们会看到针对传统做法的激烈反应。例如，尽管权威医学小组多次确认疫苗是安全的，但美国和英国的很多人都拒绝让自己患麻疹的孩子接种疫苗，因为他们认为这会导致孩子们患上自闭症。美国的麻疹病例正在增加，不过其他地方也是一样。[32] 想一想穷国普通公民的情况。西方国家的人们可以随时洞悉世界顶尖科学家们的观点，即使他们很难依此做出选择；对于几乎没什么信息来源的穷人来说，他们的选择该有多难呢？人们会根据自己的理解做出选择，但如果大多数人连基本的高中生理知识都不具备，就像我们看到的那样，他们就没理由去相信医生的能力与专长，因而他们的决定在很大程度上就是无的放矢。

例如，很多国家的穷人似乎都持这种理论，即将药物直接输送至血液是很重要的——因此，他们都愿意输液。要想驳倒这一似是而非的理论，你需要了解，身体是怎样通过消化道吸收营养的，针头为什么要进行高温消毒。换句话说，你至少要具备高中水平的生理知识。

更糟糕的是，了解保健知识不仅对穷人来说很难，对其他每个人来说也都一样。[33] 如果病人坚信自己需要打针才能好转，要让他们认识到自己的错误几乎是不可能的。由于大多数需要看医生的疾病都很难不治而愈，因此在打完一针抗生素之后，病人很可能会感觉好一点儿。这自然会使病人产生虚幻的联想：即使抗生素对治疗这种疾病没有任何效果，他们也会将病情的好转归功于它。相反，如果将结果归因于无所作为，那就不太正常了：如果一位流感患者去看医生，医生什么也没做，病人后来感觉好转，那么他就会认定，自己病情的好转与那位医生没有关系。因此，病人不会感谢那位医生，而是觉得自己这次是幸运的，如果以后又病了，一定要换一位医生为自己看病。这会导致一种倾向，即在无秩序的私人市场上寻求过度的药物。而且，在很多情况下，开药的与看病的是同一个人，人们会找药剂师寻求医嘱，私人医生自己也会储存并销售药品。

要想通过经验了解接种或许更难，因为接种不是为了解决一个存在的问题，而是为了预防未来可能会发生的问题。如果一个孩子接种了麻疹疫苗，那他就不会患上麻疹。然而，并非所有未接种的孩子都会感染麻疹（尤其是他们周围携带潜在感染源的人进行过接种）。因此，我们很难将接种与无病二者明确地联系起来。此外，接种只能预防某些疾病，还有很多其他疾病无法预防。而没受过教育的父母并不一定能够理解，为什么他们的孩子接种后仍未能避免一些疾病。因此，当孩子接种后仍然得了病，家长就会觉得自己受了骗，可能决定以后都不再让孩子接种了。还有一点他们可能也不理解，为什么基本的接种体系需要很多次不同的注射——在两三次注射之后，父母们就可能会觉得已经足够了。对于健康的运转方式，人们很容易产生错误的观念。

脆弱的信念与必要的希望

穷人之所以会坚持那些看起来漏洞百出的信念，还有一个潜在的原因：在他们无能为力的情况下，希望变得至关重要。曾与我们交谈过的一位“孟加拉医生”向我们说明，他在穷人的生活中扮演了什么样的角色：“穷人根本就治不起大病，因为那会花很多钱，比如化验、住院，所以他们得了点小病就会来找我，我会给他们开点儿药，让他们感觉好一点儿。”换句话说，即使他们知道解决不了什么大问题，但还是要为自己的健康做点儿什么，这很重要。

实际上，较之发烧或痢疾这样的疾病，穷人为一些有可能致命的症状（如胸痛、尿血）而去看医生的概率要小得多。德里的穷人为短期病痛而花的钱与富人差不多，但富人在慢性病上会花更多的钱。[34] 不过，这可能是出于另外一个原因，即胸痛有可能会发展成博帕病（一位年长一些的妇女曾向我们解释过博帕病和医生病这两种概念——她坚信，博帕病是由鬼魂引发的，因此应由传统医生来治疗）。胸痛同中风一样，大多数人都无法承担治疗费用。

或许出于同样的原因，在肯尼亚，人们对治疗艾滋病的传统医生及传道士的需求一直很大。毕竟，采用对抗疗法的医生其实也做不了什么（至少在抗反转录病毒药物变得更廉价之前），那么何不试试传统医生的草药和咒语呢？请他们来花不了多少钱，而且至少病人能感觉到他们做了什么。由于一些症状和随机感染都是循环往复的，人们便相信了（至少在短期内）这种传统方式的效果。

这种病急乱投医的做法不仅存在于贫穷国家，对于那些穷国中的少数富人及第一世界的公民来说，当碰到无从医治的疾病时，他们也会采用这种方式。在美国，抑郁和背痛是人们缺乏理解、身心俱疲的两大症状。因此，美国人常常去看精神病医师、精神治疗者或瑜伽训练班及按摩师。由于这两大病症都是反复无常的，因此患者会经历从希望到失望的过程，每次他们都愿意相信（至少是暂时的）某种新药一定会起作用。

与真正坚定的信念相比，基于方便与舒适的信念或许更加灵活。我们在乌代布尔了解到，大多数去博帕的人都会去找孟加拉医生，还会去公立医院，他们似乎不会停下来想一想这两种代表着截然不同且相互矛盾的信念体系的区别。

他们的确会谈到博帕病和医生病，但当一种疾病很难治愈时，他们似乎不再认为这二者是有区别的，而是会二者兼用。

赛娃曼迪发现，即使医疗团队每月运转良好，仍有五分之四的儿童没有接受完整的接种，于是该机构便考虑该怎样提高接种率。这时，赛娃曼迪总会想到信念对于人们的意义。有些地方专家称，这一问题深深地植根于人们的信念体系。他们指出，疫苗接种在传统的信念体系中没有地位——在乌代布尔的农村及其他一些地区，传统的信念认为，儿童之所以会死去是因为他们在公共场合看到了邪恶的眼睛。因此，在孩子出生后的一年里，父母是不会把他们带到外面的。鉴于这一点，持怀疑态度的专家们会说，如果不首先改变村民们的信念，要想劝服他们让自己的孩子接种疫苗，那是极为困难的。

尽管这些观点十分有力，但当赛娃曼迪在乌代布尔建立医疗团队之后，我们仍然成功地劝说了赛娃曼迪的首席执行官尼力玛·科顿做了这样一个实验：向每次接种的人提供 2 磅达尔①，如果能够完成全部接种，这个人还会得到一套不锈钢餐盘。起初，赛娃曼迪负责健康计划的医生并不愿意做这个实验。一方面，贿赂人们去做该做的事似乎是不对的，他们应该学会了解什么是对健康有益的。另一方面，我们所建议的奖励似乎算不上什么：如果人们不愿让自己的孩子接种，那么即使这样做会带来巨大好处，他们也不会改变原来的想法。例如，如果他们相信带自己的孩子外出会造成伤害，那么 2 磅达尔（购买力平价仅 1.83 美元，还不到在工地干一天活儿所挣工资的一半）是劝诱不了他们的。我们和赛娃曼迪的人很早就认识了，因此我们劝服了他们，这是一个值得一试的小实验，于是他们成立了 30 个附带奖励的团队。结果，这些团队取得了巨大的成功。团队所在村庄的疫苗接种率增长了 7 倍，上升至 38%。在 6 英里之内所有临近的村庄，疫苗接种率也大大地提升了。赛娃曼迪发现，赠送达尔其实反而降低了每次接种的成本，因为通过提高疫苗接种率，带薪护士一直处于繁忙状态。[35]

① 达尔，即干豆。当地的一种主食。——编者注

在我们所评估的活动中，赛娃曼迪的疫苗接种计划是令我们印象最深刻的一个，而且可能也是挽救了最多生命的一个。因此，我们正与赛娃曼迪及其他机构展开合作，致力于在其他地方重复这一实验。有意思的是，我们遇到了一些阻碍。有些医生指出，38%的人的疫苗接种率离80%~90%的群体的免疫要求还差得很远，高接种率会使整个社区的人得到全面保护。世界卫生组织的目标是，每个国家实现90%的基本接种率，每个省市实现80%的接种率。对于医疗机构的某些工作人员来说，如果不能使一个社区得到全面保护，它就没有理由向某些家庭提供补贴，让他们做对自身有好处且应该做的事。能够实现全民接种固然很好，但这种"所有还是没有"之争只具有表面意义而已：即使我自己的孩子去接种，对于彻底消除这种疾病也没什么用处，但这样做不仅可以保护我的孩子，还可以保护他周围的人。[36] 因此，通过提高全面接种率来对抗一些基本疾病，即从6%提高至38%，仍然会产生巨大的社会效益。

最终，无论是主流政治"左"派还是"右"派，对于接种奖励的不信任都可归结为一个信仰问题：不要贿赂别人去做你认为他们应该做的事。对于"右"派来说，这样做是一种浪费；而对于传统的"左"派（包括大部分公共卫生群体及赛娃曼迪的良医）来说，这样做无论是对于奖品，还是得到奖品的人来说，都是一种贬低。相反，我们应专注于劝服穷人，让他们了解接种疫苗的好处。

我们认为，在思考接种及其他类似问题上，这两种观点都有失偏颇。原因有二：第一，实验表明，至少在乌代布尔，穷人似乎是相信一切的，但他们的很多信念并不坚定。他们不会因害怕邪恶的眼睛而拒绝接受达尔，这就意味着，他们其实知道自己无法对疫苗的费用与好处进行评估。当他们知道自己想要的是什么时——举一个令人遗憾但很重要的例子，比如说将自己的女儿嫁给门当户对的人——他们并不容易贿赂。因此，尽管穷人的某些信念很坚定，但如果认为这是一成不变的，那就大错特错了。

第二，"右"派和"左"派似乎都认为，行动都带有目的性：如果人们相信接种的价值，他们就会让自己的孩子接种。这并非永远都是正确的，但其中的含义十分深远。

新年新愿望

疫苗接种遇到的阻力并不是很大，这表现在，在没有达尔奖励团队的村庄，77%的儿童都首次接受了疫苗接种：即使没有任何奖励，人们一开始似乎也愿意进入接种流程。问题在于，怎样使他们完成整个流程。这也正是全部接种率未超过 38%的原因——奖励机制使人们来接种的次数增多，但不足以使他们完成全部 5 次接种，而那份免费的不锈钢餐盘似乎也不起作用了。

或许，这一问题的产生出于同一个原因：年复一年，我们都很难坚持实行自己的新年新愿望（比如定期去健身馆），尽管我们知道健身会使我们远离心脏病。心理学研究目前已可解释一系列的经济现象，表明我们对当前与对未来的看法是截然不同的（即所谓的“时间矛盾”概念）。[37] 当前的我们是冲动的，很大程度上由感性与即时欲望支配：花一点点时间（排队等着给自己的孩子接种）或放弃一点点舒适感（肌肉需要被唤醒）都是我们当前需要经历的，较之在没有迫切感的情况下去想这些事（比如，在吃完一顿圣诞节午餐之后，我们会因吃得太饱而放弃马上运动的想法），当前的这种感觉更令人不愉快。当然，我们非常渴望得到那些“小奖品”（糖果、香烟等）；但当我们为将来而计划时，那种渴望的快感似乎就不那么重要了。

我们倾向于推迟小额度的花费。那么，这就不是由今天的我们花的，而是由明天的我们花的。关于这一概念，我们在后面的章节中还会提到。贫穷的家长可能完全相信接种的好处——但这些好处只能在未来的某个时刻实现，而费用却需要今天来支付。从今天的角度来看，等待明天是合情合理的。遗憾的是，当明天成为今天，相同的逻辑便会重现。同样，我们可能会推迟购买一床蚊帐或一瓶消毒剂，因为我们的钱当前有更好的用途（比如说，有人在街上卖诱人的海螺馅饼）。这个道理可以说明，为什么一点点花费使人们对采用挽救生命的方法犹豫不决，为什么小小的奖励可以鼓励人们使用这种方法。2 磅达尔之所以有用，因为这是母亲今天就可以拿到的东西，可以抵消她为孩子接种疫苗所付出的代价（花了几个小时带孩子抵达医疗团队所在地，接种有时会引发低烧）。

如果这种解释没错的话，我们就可以看到一种新的基本原理，用于规范一些具体的预防性保健行为，或是提供超越传统争论的一些经济奖励，使我们的社会有理由补偿或加强那些有利于他人的行为。罚款或奖励可以促使人们采取某种行动，这是他们心中向往的却总是在拖延的行动。更通俗地讲，时间矛盾是一个有力的论据。要使人们尽可能轻松地去做“正确的事”，或许应给予他们足够的自由去选择。理查德·泰勒和卡斯·桑斯坦二人，一位是芝加哥大学的经济学家，一位是该大学的法律学者，在二人所著的畅销书《助推：事关健康、财富与快乐的最佳选择》（*Nudge: Improving Decisions About Health, Wealth, and Happiness*）①中，他们推荐了大量这方面的参考办法。[38] 其中一种重要的概念就是“默认选项”：政府（或善意的非政府组织）应将他们认为有利于大多数人的选择定位为默认选项，如果人们愿意的话，他们就会积极地朝这个目标行动。当然，人们有权选择自己想要的，但要为此而花一点儿钱。结果，大多数人最终都会选择默认选项。小小的奖励（如接种疫苗而赠送的达尔）也是点拨人们的另一种方式，这给了他们一个今天就行动的理由，避免了他们无限期的拖延。

关键的挑战在于，设计适合发展中国家国情的“助推物品”。例如，用消毒剂净化水所面临的主要问题是，你需要时刻记着这件事：首先需要购买消毒剂，然后在任何人饮水之前，将适量的消毒剂滴入水中。由此可见自来水的巨大好处——家里可直接饮用经过消毒的水，用不着我们去想这件事。那么，在没有自来水的地方，我们怎样提醒人们为自家的饮用水消毒呢？迈克尔·克雷默和他的同事想到了一个办法：提供一种叫作“转一圈”的免费释氯器，安装在村庄的水井旁边，每个人都会在这里取水，释氯器的把手每转一圈都会释放适量的氯元素。这使氯化水的过程变得极为容易，很多人每次取水时都会往水中添加消毒剂。因此，在所有随机对照实验证实的干预手段中，这是预防痢疾的一种最廉价的方式。[39]

① 本书中文简体版于 2009 年由中信出版社出版。——编者注

不过，有一次我们并没这么幸运。当时我们与赛娃曼迪设计了一个加铁面粉的计划，用以应对蔓延的贫血症。在制订这一计划时，我们设置了一个内在的“默认选项”：一个家庭需要一次决定其是否参与。此后，参与家庭所使用的面粉将永远是加铁面粉。然而，遗憾的是，磨坊主（无论他们为多少面粉加铁，都只收取统一的费用）所提供的奖品是以相反的“默认选项”为前提的：除非家庭提出要求，否则不给面粉加铁。我们发现，这点小小的加铁费用，足以使大多数人灰心丧气。[40]

助推还是说服?

在很多情况下，“时间矛盾”会阻碍我们将目的转化为行动。然而，在接种的具体例子中，我们很难相信，如果人们不了解接种的好处，那么“时间矛盾”本身就足以让他们无限期地延迟决定。对于那些一味拖延给自己孩子接种疫苗的家长来说，他们实际上是在不断地欺骗自己。他们不仅要决定下个月去医疗团队，还要确保自己下个月一定会去。我们有些天真且过于自信地以为，自己有能力在未来做正确的事。然而，如果父母们真的相信接种的好处，他们似乎不会一个月接一个月地欺骗自己，假装自己真的会在下个月付诸行动，等到整整两年过去才发现为时已晚。我们稍后会提到，穷人可以找到强迫自己省钱的方法，这需要具备十分灵活的经济头脑。如果他们真的相信，接种疫苗就像世界卫生组织所说的那样完美，他们可能就会想出方法，克服自身拖延的天性。更合理的解释就是，他们之所以会拖延接种，是因为他们低估了接种的好处。

无论出于何种原因，有些家庭还是不确定自己是否应采纳一些建议，这时助推或许可以发挥更大的作用。因此，预防性保健就成为这种政策的最佳候选：好处只能在未来兑现，而且无论如何都很难了解这些好处到底是什么。幸运的是，助推可能有助于说服，并由此启动一个良性的反馈循环。还记得赠送给贫穷肯尼亚家庭的蚊帐吗？我们曾就此事争论过，第一床蚊帐使得到蚊帐的孩子多挣到一些钱，但这些钱不够他再给自己的子女买蚊帐：即使蚊帐可以使一个孩子的收入增长15%，但这只会将他们再买蚊帐的概率提高5%。然而，收入的多少并不是问题的全部：一个家庭可能会注意到，在使用了蚊帐之后，孩子生病的次数少了。此外，他们可能还会了解到，蚊帐使用起来很简单，睡在蚊帐中也并非像他们起初想的那样不舒服。帕斯卡利娜·迪帕在一次实验中对这一命题进行了验证：找到那些曾以很便宜的价格或免费得到蚊帐的家庭，还有那些曾以全价买下蚊帐的家庭，再次向他们出售蚊帐，结果大多数人都没买。[41] 迪帕发现，较之曾以全价买下第一床蚊帐的家庭，曾免费或在大减价时获得蚊帐的家庭，更有可能会再买一床蚊帐（即使他们已经有了一床蚊帐）。此外，迪帕还发现，那些免费得到蚊帐的人，他们的朋友和邻居也更有可能会为自己买一床蚊帐。

我们的看法

穷人所陷入的困境与我们其他人的困扰似乎是一样的——缺乏信息、信念不坚定、拖延。的确，我们并不贫穷，受过良好的教育，见多识广，但我们与穷人的差别其实很小，因为我们的认识比我们想象中的要少得多。

我们的真正优势在于，很多东西是我们在不知不觉中得到的。我们住在有自来水的房子里，不用想着每天早晨往水里加消毒剂。下水道自行运转，我们甚至不知道是怎样运转的。我们大都相信医生会尽力为我们服务，公立医院会告诉我们该做什么，不该做什么。我们别无选择，只能让孩子接种疫苗（公立学校不接收未接种疫苗的孩子）。即使我们出于某种原因没给孩子接种疫苗，他们可能也会安全无恙，因为其他所有人都接种过了。如果我们去健身房，我们的保险公司会奖励我们，因为他们担心没有奖励我们会不去。而且，或许最重要的是，我们大多数人都无须担心是否有下一顿饭吃。换句话说，我们几乎用不着自己有限的自控及决断能力，而穷人则需要不断运用这种能力。

我们应该认识到，谁也没有那么明智、耐心或博学到能够为自己的健康做出正确的决定。同样，对于那些生活在富裕国家的人来说，他们周围充满了无形的助推力，而贫穷国家保健政策的首要目标应该是，让穷人尽可能容易地获得预防性保健，并规范病人所能享受的医疗服务的质量。鉴于人们对价格的高度敏感性，这些国家的政府应免费提供预防性服务，或是奖励那些利用这种服务的家庭，使其尽量成为自然的“默认选择”。免费的释氯器应放在水源旁边；给自己孩子接种疫苗的家长应得到奖励；学校里的孩子们应得到免费的抗蠕虫药片和营养增补剂；至少在人口密集地区，水利及卫生设施的公共投资应立即启动。

作为公共卫生投资，通过减少疾病与死亡、提高人们的收入，很多这类补贴的价值都超出了其自身的成本——不再反复患病的孩子可以上更长时间的学，因而可以在成年后挣更多的钱。不过，我们并不可以就此认为，这一切在没有干预的情况下会自然而然地发生。即使在预防性措施十分廉价的情况下，如果关于其好处的信息不完善，再加上人们当前的习惯，他们愿意为之付出多少努力、投入多少钱都会受到限制。而如果那些措施不那么廉价的话，他们要面对的问题自然是钱。从治疗的角度来看，这一挑战是双重的：既要确定人们可以获得自己所需要的药品，还要限制他们获取不需要的药品，从而防止药物依赖性的增长。在发展中国家，由谁来开展实践并充当医生的角色，这似乎是大多数政府都难以规范的。因此，要减少抗生素耐药性的蔓延及强效药的滥用，唯一的方法或许就是，尽最大努力控制这类药品的销售。

这一切听上去都颇具家长式风气，不过从某种角度上来说，事实的确如此。对于生活在安全而干净的家中、躺在舒适沙发上的我们来说，痛斥家长式作风的危害、告诉自己该为自己的生活负责是轻而易举的。对于我们这些生活在富裕世界的人来说，我们目前不正是这种家长式作风的永久受益者么？我们深深扎根于这一体系而浑然不觉。这个体系不仅可以将我们照顾得更好，而且我们也不需要去思考生活中的其他问题。然而，我们仍然有责任向人们传授公共卫生知识。我们确实欠每个人（包括穷人）一个尽可能清晰的解释，告诉他们为什么接种疫苗如此重要，为什么他们需要完成整个接种疗程。不过，我们应该真正认识到，仅凭信息并不能取得成功。这就是事物本身的规律，对于穷人来说是如此，对于我们也是一样。

第四章

全班最优

2009 年夏天，在印度卡纳塔克邦的那甘纳吉村，我们见到了 40 岁的寡妇珊塔玛，她是 6 个孩子的母亲。珊塔玛的丈夫 4 年前死于急性阑尾炎，她没有保险，家里也拿不到任何抚恤金。三个年长一点儿的孩子都上了学，至少上到了八年级，但另外两个小一点儿的孩子（一个 10 岁男孩和一个 14 岁女孩）都辍学了，女孩在邻居家地里干活儿。我们认为，由于父亲的去世，孩子们被迫辍学，年龄大一点儿的孩子便开始干活儿挣钱。

然而，珊塔玛纠正了我们的想法。丈夫去世后，她便将家里的地租了出去，自己开始干临时工，挣的钱足以满足一家人的基本需求。珊塔玛的确让女儿去田里干活儿，但那是在她辍学之后，因为珊塔玛不想让她待在家里没事儿干。其余的孩子都在学校上学——在三个年龄大一点儿的孩子中，有两个在我们见面时还是学生（最大的女儿 22 岁，已经结婚了，很快就会生下她的第一个孩子）。我们了解到，她的大儿子在最近的城镇雅吉尔上大学，将来准备成为一名老师。两个小一点儿的孩子之所以辍学，是因为他们自己不想去上学。村庄附近有几所学校，包括一所公立学校和几所私立学校。那两个孩子原本上的是公立学校，但他们经常逃学，最终母亲放弃了让他们上学的打算。在我们采访期间，那个 10 岁男孩一直和他的母亲在一起，嘟囔着上学没意思。

由此可见，他们不是上不起学。在大多数国家，上学是免费的，至少上小学是如此。所以，大多数孩子都有学可上。然而，我们在全球所开展的各种调查显示，儿童辍学率在14%~50%之间。[1] 辍学往往并不是由于家里出现了紧急情况，有时可能是健康原因所引起的，比如在肯尼亚，孩子们会因接受抗蛔虫治疗而耽误几天课。[2] 尽管如此，辍学情况或许还能反映出，孩子们并不想上学（这可能很普遍，我们大多数人都会想起自己小时候的这种状态），而且他们的父母似乎也无力或不愿让他们去上学。

对于某些批评家来说，这也意味着，全面提升教育的努力遭遇了巨大的失败：如果没有强大的潜在教育需求，那么建立学校、聘用教师又有什么用呢？相反，如果人们对技术有真正的需求，那么对于教育的需求自然就会显现，供应便会随之而来。然而，这一乐观看法似乎与珊塔玛孩子的故事不相符。卡纳塔克邦的首府是印度的IT中心班加罗尔，它对人才的需求量自然很大。珊塔玛一家中有一位未来的教师，他们意识到了教育的价值，因此愿意进行教育投资。

发展中国家的学校对学生不具有吸引力既不是因为入学难或缺乏人才需求，也不是因为家长拒绝让自己的孩子受教育。那么，阻碍究竟源自哪里呢？

供求之战

教育政策就像援助一样，一直是激烈的政策之争的主题。正如援助一样，争论的焦点并不在于教育本身是好是坏（每个人或许都会同意，受教育总比不受教育要好），而在于政府是否应该干预以及如何进行干预。而且，尽管教育与援助所产生的具体原因不同，但二者内部的分界线实际上处于同一位置，提供援助的乐观主义者们一般都是教育干涉主义者，而提供援助的悲观主义者们一般都支持自由放任的教育政策。

长久以来，大多数政策制定者（至少是国际政策领域）一直认为，教育其实很简单：我们要先将孩子们带进教室，最好由一位训练有素的老师任教，剩下的事情就好办了。这类人强调“供应学校教育”，我们将他们称为“供应达人”。这里借用的是印度的一个俗语——“供应商”（西印度语中的这类绰号有拉克达瓦拉——木材供应商、达路瓦拉——酒品供应商、邦度瓦拉——枪支贩卖者等），以便与供应经济学派区分开来。该学派的经济学家认为，英国经济学家凯恩斯的观点是错误的，实际上，他们在很大程度上反对任何形式的政府干预。

或许，在联合国千年发展目标中，我们可以看到关于供应达人立场的最清晰的表述。联合国千年发展目标是世界各国于 2000 年取得共识的 8 个目标，预计在 2015 年之前实现。其中第二、第三个目标分别是，“确保到 2015 年世界各地的儿童，无论男孩还是女孩，都能够完成小学教育的全部课程”以及“到 2005 年，争取消除初中等级教育中的性别歧视，并在 2015 年之前消除各级教育中的性别歧视”。大多数国家的政府似乎已经接受了这一观点。在印度，目前 95%的儿童可以在距家不到半英里的学校上学。[3] 几个非洲国家（包括肯尼亚、乌干达和加纳）已开始提供免费的初级教育，大批孩子进入学校。联合国儿童基金会指出，在 1999~2006 年间，撒哈拉沙漠以南非洲地区的小学入学率由 54%上升至 70%，在东亚及南亚则由 75%上升至 88%。全球学龄儿童的辍学人数由 1999 年的 1.03 亿减少到了 2006 年的 7 300 万。在我们针对 18 个国家的调查数据中，即使是那些极为贫穷的人（每天生活不足 99 美分的人），其子女入学率目前也在 80%以上（被调查国家中至少有 9 个国家是这样）。

虽然普及中等教育（9 年级以上）并非联合国千年发展目标的一部分，但这方面也取得了一定的进展。1995~2008 年之间，撒哈拉沙漠以南非洲地区的中学入学率由 25%上升至 34%，南非由 44%上升至 51%，东亚则由 64%上升至 74%。[4] 不过，中学的学费也变高了：聘用教师需要更多的钱，因为这些教师必须是更有资质的；而且对于父母及其子女来说，他们放弃的收入及劳动市场经验有更大价值，因为十几岁的孩子已经可以干活儿挣钱了。

让孩子上学是非常重要的一步，这正是学习的起点。然而，如果孩子们在学校里学不到什么东西，那么上学对他们来说就毫无用处。有些奇怪的是，学习的问题并未被摆在国际声明中十分突出的位置：千年发展目标中并没规定孩子们必须在学校里学到东西，只是说他们应完成基本的课程。2000 年，塞内加尔首都达喀尔的全民教育峰会由联合国教科文组织发起，在峰会的会后公报中，提升教育质量的目标被排在了第六名，即第六个目标。这其中的隐含意义或许是，学到什么没有入学重要。然而，遗憾的是，事情并非那么简单。

2002~2003 年，由世界银行发起的世界缺席调查秘密派出一些调查员，到 6 个国家的公立学校进行抽样调查。他们的基本结论是，孟加拉、厄瓜多尔、印度、印尼、秘鲁及乌干达的教师平均每 5 天就会缺席 1 天，其中印度和乌干达的教师缺席率是最高的。此外，印度的调查显示，即使教师在校并授课，他们也经常在喝茶、读报或是和同事聊天。总体来说，印度公立学校 50%的教师都在上课时间缺席。[5] 在这种情况下，怎么能指望孩子们学习呢？

布拉翰（Pratham）是印度一家专门致力于教育的非政府组织，该组织于 2005 年决定进行深入研究，查明孩子们究竟在学些什么。布拉翰成立于 1994 年，其创立者为化学工程师马达夫 · 查万。查万拥有美国教育背景，他在创立布拉翰时怀着一种坚定的信念：所有儿童都应该学会阅读，并通过阅读来进一步学习。该组织成立之初，查万在联合国儿童基金会的援助下，将这家位于孟买的小小的慈善机构。发展成了印度最大的一家非政府组织，或许也是全球最大的非政府组织之一：布拉翰的计划涉及约 3 450 万印度儿童，而且目前正深入到世界其他地区。在《年度国家教育报告》（*ASER*）的指导下，布拉翰在印度的 600 个地区建立了志愿者小组。这些小组在每个地区都随机选择了几个村庄，对每个村庄的 1 000 多名儿童进行了测试——参加测试儿童总数为 70 万——并总结出了一份成绩单。印度计划委员会副主席蒙特克 · 辛格 · 阿卢瓦利亚看到了这份报告，但他从中所读到的却令他心情沉重。7~14 岁年龄组中接近 35%的孩子读不出一个简单的段落（一年级水平），而几乎 60%的孩子读不出一个简单的故事（二年级水平）。只有30%的孩子会做二年级的数学题（基本除法）。[6]这些数字令人十分震惊——在第三世界国家中，小男孩和小女孩们在自家的摊位或商店里帮忙，总是在没有纸笔的情况下作一些更复杂的计算。难道学校让孩子们变得不会学习了？

并非政府中的所有人都像阿卢瓦利亚先生一样豁达。泰米尔纳德邦政府就拒绝相信政府的表现如《年度国家教育报告》所暗示的那样糟糕，于是便组织自己的团队再次展开测试。很遗憾，测试结果只是印证了原有的数据。1月，在印度的一次年度活动上，ASER的测试结果被公之于众。报刊对可怜的测试分数表示沮丧，学者们在专题小组会上讨论着那些数据，问题并没有得到解决。

遗憾的是，印度并非个案，其邻国巴基斯坦、遥远的肯尼亚，以及其他几个国家也得出了同样的结果。在肯尼亚，效仿ASER的尤维佐调查发现，27%的5年级孩子读不出一个简单的英文段落，23%的孩子读不懂斯瓦西里语（小学的两种教学语言），还有30%的孩子不会做基本除法。[7]在巴基斯坦，80%的三年级孩子读不懂一年级的课文。[8]

需求达人案例

一些批评家（包括威廉·埃斯特利）认为，除非有明确需求，否则根本没有必要提供教育。对于需求达人来说，这一结论涵盖了几十年来所有教育政策的缺点。在他们看来，教育质量之所以低下，原因就在于家长们对教育不够重视，他们觉得教育真正的好处（即经济学家所谓的“教育回报”）并不多。当教育回报足够高时，根本无须政府的推动，入学率自然会提高。人们会把自己的孩子送到专门的私立学校，如果私立学校学费太贵的话，他们就会要求当地政府建立学校。

需求的作用确实很重要。入学率与教育回报率息息相关：在印度的“绿色革命”期间，成为一名成功的农夫需要更高的技术水平，因此学习的价值也有所上升。在一些更适合播种“绿色革命”所引进的新种子的地区，其教育水平也得到了很大的提升。[9] 近期，离岸呼叫中心便是个典型的例子。在欧洲及美国，人们常常指责这种呼叫中心减少了当地的工作机会，但它却大大增加了印度年轻女性的就业机会，从而成为印度一次小规模社会革命的一部分。2002 年，加利福尼亚大学洛杉矶分校的罗伯特 · 延森与一些这样的呼叫中心合作，随机选择了印度北部 3 个城邦很少有人去招聘的几个村庄，在那里组织针对年轻女性的招聘会。结果在意料之中，较之其他一些未实施这种招聘方式的随机选择的村庄，这些村庄业务流程外包中心（BPOs）的年轻女性的就业率得到了提升。更为显著的是，这部分地区原本可能是印度歧视女性现象最严重的地区，但在招聘工作启动三年之后，招聘点所在村庄中 5~11 岁女孩入学的概率提高了 5%。这些孩子的体重也有所增加，这表明家长们将他们照顾得很周到：他们发现，让女孩受教育同样会带来经济价值，因此乐于投资。[10]

在受过教育的劳动力供应方面，家长们有能力应对变化。因此，对于需求达人来说，最好的教育政策就是没有教育政策。只要找到一些急需人才的行业，让投资于这些行业变得富有吸引力，那么就会出现对受过教育的劳动力的需求，增加这方面的供应压力。这样，争论便会继续下去，因为家长们开始真正关心教育，他们会向教师施压，让教师根据他们的需要授课。如果公立学校不能提供高质量的教学，私立学校市场便会趁势形成。有人称，这个市场上的竞争会让家长们得到适合他们孩子的高品质教学。

需求达人观点的核心是，教育不过是另一种形式的投资：人们投资于教育，就像投资于任何其他领域一样，目的是挣到更多的钱，增加未来的收入。将教育看成一种投资所带来的一个明显问题就是，做出投资的是家长，而未来获得收益的是他们的孩子。而且，尽管实际上很多孩子会为他们的父母带来投资“回报”——给他们养老，但很多孩子并不愿那样做，甚至“不履行义务”，将他们的父母遗弃。即使有的孩子很孝顺，但这也并不一定意味着，他们因多上了一年学而多挣的那一点点钱，能够转化成父母们的收益——我们常常会看到一些心生悔恨的父母，他们的孩子非常富有，可以在外面自立门户，却让他们晚景悲凉。保罗·舒尔茨是耶鲁大学的一位经济学家，在谈到自己的父亲——著名经济学家及诺贝尔奖得主西奥多·舒尔茨时说，父母曾经反对他上学，因为他们想让西奥多留在农场。

的确，孩子学习成绩好，家长也会为之自豪（他们喜欢与邻居分享这种快乐）。从这个意义上讲，即使家长从孩子那里得不到一分钱，他们或许也觉得这样做是值得的。因此，从家长的角度来看，教育不仅是一种投资，而且还是他们赠送给孩子的礼物。然而，另一方面，大多数家长都有权支配他们的孩子——由他们来决定谁去上学，谁留在家里或是出去工作，以及他们的收入如何支配。有些并不重视教育的家长很在意孩子长大后会回报给他们多少钱，这样的家长或许会在孩子 10 岁时就让他辍学，并安排他出去工作。换句话说，教育的经济回报（其衡量尺度为受教育孩子的额外收入）固然很重要，但其他很多因素或许也不容忽视，比如我们对未来寄予的希望，对自己孩子的期望，以及对自己的孩子是否宽容。

“没错，”供应达人说道，“这就是有些家长需要点化的原因。儿童有权利享受正常的童年及充分的教育，一个文明的社会不能允许这一权利被父母的冲动或贪婪所剥夺。”要降低送孩子上学的费用，建立学校、聘用教师是必要的一步，但这或许还远远不够。这一道理解释了为什么大多数富裕国家都强制规定：当孩子达到一定年龄时必须送他们上学，除非父母能证明他们可以在自己家里教育孩子。然而，这在国力较为有限、义务教育难以强化的情况下，显然是行不通的。在这种情况下，政府必须从经济角度考虑，让父母觉得送孩子上学是值得的。这就是教育政策所选择的新工具背后所折射出的理念：有条件现金转移。

有条件现金转移的奇特历史

圣地亚哥·莱维是波士顿大学的经济学教授，1994~2000 年期间任墨西哥财政部副部长，主要任务就是改革错综复杂的福利体系，其中包括几个截然不同的计划。莱维认为，如果将福利金与人力资本投入（健康与教育）相结合，培养身心健康、受过良好教育的一代人，那么无论是从短期还是长期的角度来看，今天花掉的钱都将有助于消除贫穷。这一想法激发了一种新的名为“进步”的教育计划的产生，这是一个“有附带条件的”转让计划，也是第一个有条件现金转移（CCT）计划：贫穷家庭会得到某些救助，但前提是他们的孩子定期上学，而且这个家庭得采取预防性保健措施。如果孩子上了中学，或者女孩也上了学，那么家长就会得到更多的钱。为了使该计划合法化，这笔钱被当作一种“补偿”支付给一些家庭，补偿他们因让孩子上学而非工作所损失的工资。然而，实际上，无论家长怎样看待教育，只要让他们觉得如果不送孩子上学就会受损失，该计划就会达到点化他们的目的。

圣地亚哥 · 莱维还有另一个目标——确保该计划不会因政府的换届而受影响，因为每届总统常常会取消其前任的所有计划，并制订自己的新计划。莱维认为，如果这一计划取得了巨大的成功，新政府就不会轻易取消它。因此，莱维首先制订了一个试点计划，只面向随机选择的一组村民，这样便可以清晰地比较他们与其他村民的情况。该实验毫无疑问地表明，这一计划的确大大提升了入学率，尤其是中学的入学率。女孩的中学入学率由67%上升到了约75%，男孩则由73%上升到了约77%。[11]

这展现出了一次成功的随机对照实验的说服力，但这也仅仅是这类实验的首批成果之一。政府换届时，这一计划也幸存了下来，只不过更名为“机会项目”。然而，莱维或许没有预料到，他带来了两个新的传统。第一，有条件现金转移计划如雨后春笋般漫布整个拉丁美洲，随后又蔓延至世界的其他地区。纽约市市长迈克尔 · 彭博也采用了这一计划。第二，当其他国家启动自己的有条件现金转移计划时，他们常常会开展一组随机对照实验，用来评估这项计划。在某些测试中，有条件现金转移计划呈现出多种多样的特征，这将有助于人们了解怎样更好地实施该计划。

矛盾的是，在马拉维，正是这些实际应用案例使我们得以反思这一教育计划的成功。它的制约性体现在，光增加收入是远远不够的，家长也需要得到一种激励。研究人员及从业者们由此发问，无条件现金转移计划是否能取得与有条件现金转移相同的效果？世界银行的一项研究极具煽动性，它表明，制约性似乎根本不重要——研究人员向有学龄女孩的家庭提供 5~20 美元（按购买力平价计算）的现金。在一组对象中，现金转移的前提条件是孩子要入学；在第二组对象中，现金转移没有任何条件；第三组对象（对照组）则没有现金转移。这一实验的效果非常明显（一年之后，对照组孩子的辍学率为 11%；而其他两组孩子的辍学率只有 6%），有条件现金转移与无条件现金转移的效果是相同的。[12] 这表明，家长不需要被迫送孩子上学，他们只是需要经济上的援助而已。[13]

有几个因素或许可以说明，为什么现金转移在马拉维产生了一定作用：或许是家长们付不起学费，或许是他们不能放弃自己孩子可以挣到的钱。当然，借钱供自己 10 岁的孩子上学，并指望他在 20 岁时能挣到钱，这简直就是一个白日梦。现金转移可以使家长们摆脱极度贫困的状态，或许也拓宽了他们的思想空间，让他们拥有更长远的人生观：教育必须现在投入，而这部分费用要等到孩子长大以后才能得到补偿。

所有这些原因都使得收入与教育息息相关：贾马尔将受到的教育不如约翰多，因为他的父母更贫穷，即使两人受教育的回报一样多也是如此。的确，在我们针对 18 个国家的调查数据中，我们发现，随着调查的深入（从每天生活不足 99 美分的人，到每天生活费为 6~10 美元的人），教育费用在生活费用中所占的份额也有所增加。如果每个有收入家庭的儿童人数随收入而大幅度减少，那么每个孩子的教育花费比总花费增长得更快。这与教育只是一种投资的情况恰恰相反，除非我们愿意相信，穷人没有受教育的能力。

这一点很重要，因为如果父母的收入对是否进行教育投资很关键，那么有钱人家的孩子即使无任何天赋，也可以受到更多的教育，而天资聪颖的穷人家的孩子则有可能会被剥夺受教育的权利。因此，让市场操纵一切，并不能让每个孩子（无论他来自哪类家庭）根据自己的能力接受教育。除非我们能够完全消除收入差距，否则公共供应方的干预就是必要的，这种干预可以使教育变得更廉价，使我们更容易实现这一社会目标：确保每个孩子都能得到一次机会。

自上而下的教育政策有用吗？

然而，问题在于，尽管从原则上看完美无缺，但这种公共干预是否切实可行呢？如果家长们根本不关心教育，那么这种自上而下的教育推动只会浪费资源，这会不会太冒险了？例如，埃斯特利在《在增长的迷雾中求索》一书中称，非洲国家的教育投资对这些国家的发展毫无助益。

同样，回答这个问题的最佳方式是，研究特定国家在实施这种政策时所遇到的具体情况。值得庆幸的是，尽管教育质量低下，但学校还是有用的。在印度尼西亚 1973 年第一个石油繁荣时期之后，时任该国总统的苏哈托将军决定大规模修建学校。[14] 这是一个自上而下的刺激供应计划：学校的建立遵循着这样一个规则，即优先考虑失学儿童人数最多的地区。如果这些地区没有学校，就说明人们对教育不感兴趣，那么这个计划就是一次可悲的失败。

实际上，总统特别基金计划是一次巨大的成功：为了评估该计划，埃斯特利找到了一些成年人（可以受益于新建学校的年轻人）和更年长的一代人（他们的年龄已使他们错失到这些学校上学的机会），并对二者的收入进行了比较。埃斯特利发现，相对于年长的一代，在建立了更多学校的地区，年轻人的收入要高得多。通过教育对收入的影响，埃斯特利总结出，因新学校的建立而每多接受一年小学教育的人，其收入将提高约 8%。这一针对教育回报的估算，与美国的普遍情况十分类似。[15]

另一个自上而下的经典计划就是义务教育。1968 年，台湾地区制定了一项法律，要求每个孩子必须接受 9 年的教育（之前的法律规定为 6 年）。对于孩子们的学校教育以及他们的就业前景，这项法律都具有重要而积极的影响，对女孩来说尤为如此。[16] 教育的好处不仅在于金钱——在台湾地区，这一计划对儿童死亡率的影响也很大。[17] 在马拉维，那些因有条件现金转移计划而没有辍学的女孩，其怀孕的概率也有所降低。在肯尼亚也是如此。[18] 目前，一个对此方面颇有研究的重要团体正致力于验证教育的深远影响。

此外，这一研究还总结出，教育的方方面面都使人受益匪浅。那些喜欢阅读的人会轻松阅读报纸和公告栏，从而得知他们何时会从一项政府计划中受益。接受中级教育的人更有可能得到一份正式的工作，即使没有得到这样一份工作，他们也能把自己的生意做得更好。

这两种在哲学层面上相互对立的策略似乎再次失去了重点，供应策略与需求策略没有理由互相排斥。供应本身就会带来好处，但需求也很重要。的确，当城里出现了合适的工作机会，有的人虽未接受自上而下的教育，但也找到了受教育的途径；而对于其他人来说，来自他们居住区域所建学校的援助是至关重要的。

这一切并非意味着，自上而下的教育策略一定会带来很多好处。我们看到，学生们的确在公立学校里学到了东西，但公立学校的教育质量并不乐观。基于需求的方法是否会更有效？私立学校就是由需求推动的标准策略——即使有免费的公立学校，家长们仍会花费他们辛辛苦苦挣来的钱，将他们的孩子送入一所私立学校。难道说私立学校破解了教育质量的问题？

私立学校

很多人都认为，在完善教育体系的过程中，私立学校应发挥重要的作用。近期通过的印度《教育权利法案》得到了政界（包括“左”派，全世界的“左”派一直都反对将市场力量引入教育领域）强有力的支持。这就是所谓的凭证私有化的一个体现——政府给予公民“凭证”，用来支付私立学校的学费。

在教育专家提出警告之前，全球很多雄心勃勃的低收入家长已经决定，即使省吃俭用，也必须将自己的孩子送入私立学校。一个惊人的现象由此产生，整个南亚及拉丁美洲出现了很多廉价的私立学校。这些学校每月的学费仅为1.5 美元。而且，它们一般都很低调，常常是以某人家里的几个房间作为教室，老师通常都是一些当地人，因找不到其他工作而决定办学校。一项研究表明，在巴基斯坦的一个村庄里，能够准确反映私立学校供应情况的是，该地区以前是否建过一所女子中学。[19] 有些受过教育的女孩会寻找本村的挣钱机会，她们中有很多人都在村里当教师，进入教育领域。

尽管这些女孩的资质令人怀疑，但私立学校常常比公立学校效率更高。世界旷工调查发现，在印度，在公立学校教师出勤率较低的村庄，私立学校存在的概率更大。此外，与同一村庄的公立学校教师相比，私立学校教师于指定日在校的概率平均高出 8 个百分点。上私立学校的孩子学习成绩也会很好。ASER 称，2008 年，印度 47%的公立学校五年级学生达不到二年级的阅读水平，而私立学校同等水平学生的这一比例仅为 32%。在巴基斯坦学校学习及教学成就（LEAPS）调查中，与公立学校的孩子相比，私立学校的孩子在上三年级时，英语水平就已超前 1.5 年，数学水平超前 2.5 年。的确，那些决定将孩子送入私立学校的家庭或许是出于经济原因，但这并不能完全解释，为什么私立学校对于富裕家庭来说也很有吸引力：私立学校学生与公立学校学生在学习成绩上的差距，近乎10倍于最富阶层孩子与最穷阶层孩子之间的平均差距。在同一家庭里，即使这一差距没有那么大，[20]（这一点或许有些高估了教育的回报，因为父母可能会将最有天赋的孩子送进私立学校，或是以其他方式帮助这个孩子），上公立学校的孩子与上私立学校的孩子之间，仍然存在明显的差距。[21]

因此，私立学校的孩子比公立学校的孩子学到的更多。然而，这并不意味着，私立学校的教学质量完美无缺。在比较私立学校的教学质量与经过简单干预后的教学质量时，我们已经看到了私立学校的缺陷。

布拉翰与私立学校

布拉翰是一家著名的非营利教育机构，该机构负责ASER的运营。该中心不仅揭露了教育系统的缺陷，而且还尝试去解决这些问题。在过去 10 年中，我们一直与该机构合作，几乎参与了其儿童教学及阅读教学的每一项新计划的评估。2000 年，在印度西部城市孟买及巴罗达，ASER正式开始运营。在那里，布拉翰实行了其所谓的“儿童之友”计划。该计划从每个班里选出20个最需要帮助的孩子，将他们送到“儿童之友”——由团队中的一位年轻女性负责，研究他们各自具体的弱点。尽管经历了一场地震及地区动乱，该计划对这些孩子测试的结果仍取得了很大的收益——在巴罗达，私立学校所获的平均收益幅度几乎是印度的两倍。[22]然而，与普通私立（或公立）学校的教师相比，这些“儿童之友”所受过的教育要少得多——他们很多人只上过10年学，外加在布拉翰受过一周的培训。[23]

鉴于这些结果，很多组织都宁愿固守已有的成就，但布拉翰却并非如此。原地踏步绝不是布拉翰创立者查万的性格。精力充沛的鲁克米尼·班纳吉也是一样，他一直推动着布拉翰的迅速发展。布拉翰对更多儿童进行研究的一种途径就是，找一些组织接管该计划。北方邦是印度最大的一个邦，也是最穷的邦之一。在北方邦东部的江布尔区，布拉翰的志愿者们走遍一个又一个村庄，对那里的儿童进行测试，并鼓励整个机构都参与进来，看看孩子们知道什么，不知道什么。在孩子犯错误时，家长们的第一反应常常是打自己的孩子——但后来，机构里出现了一组志愿者，他们时刻准备着帮助这些小弟弟和小妹妹们。志愿者们大多为年轻的大学生，傍晚，他们在附近的居民区里开课。布拉翰为这些志愿者们提供一周的培训，除此之外并没有其他补偿。

我们也对这一计划进行了评估，结果令人十分惊讶：在计划结束时，所有参与该计划的孩子都已经认识字母了，而他们在计划实施之前还不会阅读（相反，在年底之前，对照村庄认识字母的孩子仅有40%）。那些最初仅能读懂字母的孩子，在参加了该计划之后，能读懂短篇故事的概率比没参加计划时提高了26%。[24]

近期，布拉翰将其关注点转移到了与公立学校体系的合作之上。比哈尔邦是印度最穷的一个邦，也是教师旷工率最高的一个邦。布拉翰为中小学生组织了一场救助性的夏令营，邀请一些公立学校教师前来授课。这一评估结果令人十分震惊：这些备受批评的公立学校教师其实教课了，而且收益也可与江布尔夜课所获得的收益相媲美。

布拉翰的实验结果使得印度乃至全球的很多学校都正在与这个组织联系。目前，加纳正在对该计划的一个版本进行测试，这是一次大规模的随机对照实验，是一个研究小组与政府之间的合作。他对那些正在寻找第一份工作的年轻人进行培训，然后让他们到学校里提供救助性教育服务。塞内加尔及马里的教育部代表团参观了布拉翰的活动，并考虑在本国复制这一计划。

这不禁让人觉得，如果那些志愿及半志愿教师可以创造这么大的成效，那么私立学校显然可以采取同样的做法，而且还应做得更好。然而，我们得知，在印度的私立学校，有三分之一的五年级学生还达不到一年级的阅读水平。为什么会这样呢？如果公立学校教师的教学水平很高，为什么我们在公立学校体系中看不到这一点呢？如果孩子们很容易取得较高的学习成就，为什么家长们没有需求呢？为什么在布拉翰的江布尔计划中，只有13%不具备阅读能力的孩子参加夜校呢？

毫无疑问，市场没有发挥其应有的作用。或许，私立学校之间缺乏一定的竞争压力，或者家长们没有获取足够的指导信息。稍后，我们将探讨几个更广泛的问题，如政治经济等。这些问题或许可以说明，为什么公立学校的教师表现得这么差。不过，教育所特有的一个关键问题就是，对于教育成果的具体期望会歪曲家长们的需求。这种期望包括公立及私立学校的价值、孩子们的成就，以及随之而来的巨大浪费。

期望的诅咒

虚幻的S形

几年前，在乌代布尔农村地区，我们在由赛娃曼迪管理的一个民间学校组织了一次亲子拼贴画活动。我们提供了一堆五颜六色的杂志，让家长们从中剪出一些图片，以表现他们对于教育的想法，以及教育能给他们的孩子带来什么。这一活动的构想是，让家长们在自己孩子的协助下完成一张拼贴画。

结果，家长们完成的拼贴画看上去都大同小异：拼贴画上密密麻麻地布满了黄金及钻石首饰，还有各种时下流行的名车模型。实际上，杂志中还有其他可用的图片——宁静的乡村景象、渔船、椰子树等。然而，如果他们的拼贴画中所表现的元素是真实的话，那么这些元素一定不是教育的全部。家长们似乎总将教育看成一种让自己孩子获取大量财富的方式。对于大多数家长来说，他们期望中的致富途径就是一份政府工作（如教师），其次是某种办公室工作。在马达加斯加，640 所学校的学生家长们曾回答过这样一个问题，即孩子们上完小学之后应怎样谋生、上完中学之后又该怎样谋生。70%的家长认为，一名中学毕业生会得到一份政府工作，而实际上只有 33%的中学生得到了这种工作。[25]

然而，能够上到六年级的孩子为数并不多，更别说通过毕业考试了。目前，这种水平是任何要求教育背景的工作的最低资质。而且，家长们并非没有完全意识到这一点：在马达加斯加，当家长们回答对于教育回报的看法时，他们一般都能做出正确回答。但是，他们对于教育优势和劣势的回答却有些极端——他们将教育看成一种彩票，而不是一种安全的投资。

帕克·苏达诺是印尼万隆西卡达斯贫民窟一个收废品的人，他实事求是且言简意赅地告诉我们，他是这一带出了名的“最穷的人”。当我们 2008 年 6 月见到他时，他的小儿子（9 个孩子中最小的一个）就要上中学了。苏达诺认为，小儿子上完中学之后，很可能在附近的商城找到一份工作，他的另一个儿子已经在那儿上班了。这样的一份工作，小儿子早就应该得到了——但不管怎样，苏达诺认为让他上完中学是值得的，即使这让他少拿了 3 年的工资。苏达诺的妻子认为，这个孩子或许还能上大学，而苏达诺觉得这不过是一个白日梦——他认为，小儿子仍然有机会得到一份办公室工作，从安全及体面的角度考虑，这是可能得到的最好的工作。对于苏达诺来说，碰碰运气是值得的。

家长们会认为，前几年的教育付出比以后的教育付出少得多。例如，马达加斯加的家长们认为，每一年的小学教育会使一个孩子增收6%，每一年的初中教育增收12%，而每一年的高中教育则会增收20%。我们在摩洛哥发现了类似的情况。那里的家长们认为，每一年小学教育可以使一个男孩增收5%，每一年的中学教育则增收15%。而女孩在这种情况中的差别则会更明显。在家长们看来，每一年的小学教育对女孩几乎没有任何价值——仅为其增收0.4%，但每一年的中学教育则可以为其增收17%。

据估计，每一年的教育实际上都会按比例或多或少地增加收入。[26] 而且即使对于未得到正式部门工作的人来说，教育似乎也是有好处的。例如，相对于没受过教育的农民来说，受过教育的农民在“绿色革命”期间挣的钱要多。[27] 此外，还有其他一些非经济利益。换句话说，家长们看到的是一条实际不存在的S形曲线。

这条S形曲线表明，除非家长们愿意平等地对待每一个孩子，否则他们只能孤注一掷，将所有希望都寄托在他们认为最有前途的那个孩子身上，确保这个孩子接受足够的教育，而不是将教育投资分摊给所有的孩子。在珊塔玛（她的两个孩子都没有上学）家附近，即那甘纳吉村里，我们见到了一个拥有7个孩子的农户家庭。家里除了最小的那个12岁男孩，其他孩子上学都没超过两年。他们对公立学校的教学质量不满意，因此这个12岁孩子只在那里上了一年学，然后就转学到村里的一家私立寄宿学校上7年级。孩子一年的学费会超过这个家庭农作物总收入的10%，这项投入对一个孩子来说已经很大了，显然，他们供不起全部7个孩子上学。这个幸运男孩的母亲向我们解释到，他是家里最聪明的孩子。用“笨”或“聪明”这样的字眼来形容自己的孩子，特别是当着孩子们的面，那情形就像选出一位世界冠军（并让家里其他人都支持这位冠军）似的。这种想法会催生一种特殊形式的同胞竞争。布基纳法索的一项研究发现，智力测验得分高的孩子，更有可能被学校录取，但当他们的兄弟姐妹得分高时，他们入学的概率就会降低。[28]

在哥伦比亚的波哥大城，一项关于有条件现金转移的研究发现了将所有资源花费在一个孩子身上的合理性依据。该研究的资金有限，家长们可以选择任何一个适龄孩子参加抽签，中签的孩子只要按时上学，其家长就可以得到一个月的现金转移。中签者越按时上学，就越有可能在下一个学年继续学业。在该研究的另一个版本中，现金转移的条件是上大学。在这种情况下，中签者更有可能会上大学。令人不安的一个发现是，有些家庭让两个或更多的孩子参加抽签，其中只有一个孩子中签了，那么与孩子都未中签的家庭相比，这些孩子上学的概率会有所降低。家庭收入的增加固然不会对此造成影响，却会让没中签的孩子从中受益。一个冠军产生了，所有的资源便集中到了他（或她）的身上。[29]

误解也是个关键问题。实际上，教育应该不存在“贫穷陷阱”：教育的每个阶段都是有价值的，但家长们认为教育的回报呈“S”形，这在无意识中营造着一个“贫穷陷阱”，进而催生一个真正的“贫穷陷阱”。

精英学校体系

不仅家长们将希望寄托于孩子毕业考试的成功，整个教育体系都包含着这种思想。学校的课程及结构常常可以追溯到殖民时期，那时学校的目标是培养出当地的精英，成为殖民统治集团的有效盟友，建立殖民者与当地人的不同等级。尽管新生大量涌现，教师们仍然认为自己的使命是为艰难的考试培养最优秀的学生。在大多数发展中国家，教师的作用就是保证学生顺利进入下几个学年或大学学习。与此相关的一种残酷压力是使课程“现代化”，更具有科学性，并且变成更厚更沉的课本——因此，印度政府目前将一二年级学生书包的总重限制在 6.6 磅（2.72 千克）。

有一次，我们跟随布拉翰的成员来到印度西部巴罗达的一所学校，他们的到访已经得到了事先通知，一位教师显然想留下一个好印象：他在黑板上写出一串十分复杂的数字，巧妙地列出了欧几里得几何学中一个著名的定理，随后对图表进行了长时间的讲解。所有孩子（三年级学生）都整齐地坐在地板上，表现得很安静。有的孩子可能想在自己的小石板上写数字，但粉笔的质量太差了，根本写不出来。显然，他们都不知道发生了什么。

那位老师也不例外。我们见过很多这种类似的例子，即发展中国家的教师具有精英偏见。在与帕斯卡利娜·迪帕和迈克尔·克雷默的合作中，埃斯特利对肯尼亚的一个班级进行了重新安排，利用多余的一个教师将学生们分成两组。这一区分使孩子们学到了以前没学过的知识。于是，教师们通过抽签被随机安排到“高级”或“低级”学区。被安排到“低级”学区的教师常常很沮丧，他们从授课中什么也得不到，还会因自己的学生成绩差而备受指责。因此，他们也相应地调整了自己的行为：我们在随机访问中发现，与被安排到“高级”学区的教师相比，被安排到“低级”学区的教师教课的概率更低，他们更有可能会在办公室里喝茶。[30]

问题并不在于学生们没有雄心壮志，而是家长们对于学生们能够取得好成绩的期望不高。我们曾前往喜马拉雅山印度段的山区，对犹他拉坎德孩子们进行测试。那是一个秋高气爽的日子，不免让人觉得测试是一件烦人的事——参加测试的孩子肯定是这么想的。当我们问他是否上学时，他用力地点了点头；当我们告诉他，我们还会问他一些问题时，他似乎也很配合。但当测试者递给他一张表格时，他毫不犹豫地将目光转向了别的地方——一个 7 岁孩子常常会这样做。测试者尝试着让他看一眼表格，许诺给他几张漂亮的图片，再讲一个好听的故事，但他似乎心意已决；他的母亲一直嘟囔着鼓励的话，不过她的努力显然缺乏热情，这表明她不希望孩子改变主意。在测试结束之后，当我们走向车子时，一位腰间系着满是灰尘的短腰布（当地农民系的一种缠腰带），身穿一件黄色T恤衫的长者与我们同行，他说“我们这种家庭出来的孩子……”，让我们去猜他的后半截话。我们在一位母亲的脸上见过同样的忧郁，很多母亲的脸上都有这种表情。她们想说，我们其实是在浪费自己的时间。

在谈及关于穷人的话题时，我们常常会提到某种过时的社会决定论，例如，与阶级和种族相关的问题。20 世纪 90 年代晚期，吉恩·德勒兹带领一个小组，就印度的教育状况撰写了一份报告，即印度的《基础教育公开报告》（*Public Report on Basic Education Revisited*），其中一个发现就是：

> 很多教师非常不愿意到偏远或“落后”的村庄去，一个现实原因就是交通不便，或是偏远村庄的生活设施太差……另一个常见原因是，他们不熟悉当地村民，据说那些村民常常把钱都用来喝酒，这些人根本没有受教育的潜质，或是“行为举止就像野蛮人一样”。偏远及落后地区常常被看作是教师的耕耘得不到收获的地方。

一位年轻的教师甚至告诉我们，自己根本无法与“粗俗父母的孩子”进行交流。[31]

为了证实这种偏见是否会影响教师对待学生的行为，教师们在一项研究中被要求为一组考试评分。他们并不认识那些学生，但随机选出的半数教师都被告知一个孩子的全名（包括种姓），其余都是匿名的。研究人员发现，平均而言，相对于教师们看不到学生所处阶层的情况，他们在得知学生所处阶层时给予底层学生的分数更低。然而，有意思的是，这样做的并非是来自上层的教师。来自底层的教师实际上更可能给予底层学生更低的分数，他们一定认为这些学生是拿不到好成绩的。[32]

过高的期望加上信心的缺失，会造成十分危险的结果。我们看到，相信S形曲线使人们选择放弃。如果教师和家长不相信孩子能够跨过顶峰，进入S形曲线的陡峭部分，那么孩子自己或许也不会尝试：教师会忽视成绩落后的孩子，家长也不再对孩子的教育感兴趣。然而，这种行为会产生一个本来不存在的“贫穷陷阱”。如果他们放弃了，他们永远也不会发现，这个孩子或许能取得好成绩。相反，那些认为自己的孩子能取得好成绩的家庭，或是不愿让自己的孩子缀学的家庭，一般都是精英家庭，他们最终会证实自己“较高”的期望。阿布比特小时候的一位老师回忆说，他上一年级的时候成绩较差，而每个人都认为，这是因为他学得比全班同学都快，因而感到厌烦了。于是，阿比吉特被转到了二年级，但很快他的学习成绩又落后了。老师甚至把他的作业本藏了起来，怕成绩好的学生看到后会质疑他是怎么跳级的。如果阿比吉特的父母不是学者而是工人，那么他肯定早就被送去接受救助性教育或是勒令退学了。

孩子们在评估自己的能力时，也会运用这种逻辑。社会心理学家克劳德·斯蒂尔展示了他所谓的美国“刻板印象威胁”的力量：那些未被告知数学能力差的女士，在数学测试中的成绩会更好；非裔美国人如果一开始就必须在试卷上填写自己的种族，那么他们的测试成绩则会更差。[33]继斯蒂尔的研究之后，来自印度北方邦的两位世界银行的研究人员让他们自己的低阶层孩子与高阶层孩子竞赛猜谜。[34]他们发现，只要阶层不被突显出来，低阶层孩子与高阶层孩子做得一样好，而一旦低阶层孩子得到提醒，意识到他们正在与高阶层孩子竞争（方法很简单，即在比赛之前问他们的全名），他们的表现就会差一些。作者称，部分原因可能是，他们担心比赛组织者的评判会有失公平，但也可能是这种“刻板印象威胁”的一种内化体现。如果一个孩子听不懂老师讲课的内容，觉得学习的内容很难，那么他可能会责怪自己，而不是老师，最终可能认为自己不是块学习的料，他会彻底放弃学习，在上课时做白日梦，就像珊塔玛的孩子一样拒绝去上学。

学校为什么会失败？

在很多发展中国家，课程与教学针对的都是精英，而不是一般学生。这样做的目的在于，通过提供额外的投入改善学校的功能，但这种努力往往都是徒劳的。20 世纪 90 年代初，迈克尔·克雷默试图在发展中国家寻找一个简单的测试案例，旨在对该国的政策干预进行一次初度随机评估。在第一次尝试中，他想找到一个没有争议的案例，这样，干预才会产生明显的效果。课本似乎是完美的选择：肯尼亚西部的学校（开展这项研究的地方）几乎没有课本，因此几乎所有人都一致认为，课本是最重要的投资。研究人员从 100 所学校中随机挑选了25所，并将课本（官方指定的课本）发放到这些学校中。令人失望的是，收到课本的学生与没收到课本的学生，二者的平均测试分数并无多大差别。然而，克雷默及其同事发现，在收到课本的学校里，一开始成绩很好的孩子（研究开始之前测试分数接近最高分的学生）取得了显著的进步。问题的本质显现了。肯尼亚的教学语言是英语，课本也自然是英文课本。然而，对于大多数孩子来说，英语只是他们的第三语言（排在当地方言及肯尼亚斯瓦西里语之后），他们的英语说得很差。因此，对于大多数学生来说，英文课本的用处并不大。[35] 在很多地方，各种形式的此类实验相继展开（从发放活动挂图到提高教师比例）。但是，在教学方法或鼓励机制没有改变的情况下，新的投入收效甚微。

现在我们应该明白，为什么私立学校在普通学生教育方面表现一般——他们的重点在于，为某种艰难的公共考试培养最优秀的孩子，因为那是通往更大成功的踏脚石。这种考试需要有超前的学习能力以及全面的教学大纲。然而，大多数学生的学习都跟不上，这一现实虽然令人遗憾，却是不可避免的。阿比吉特在加尔各答所上的学校实行一种较为开放的政策，即每年开除班里成绩最差的学生，因此到了毕业考试的时候，该班便可以实现一个完美的通过率。肯尼亚的小学也采取同样的策略，至少从六年级起是这样的。因为家长们也支持这种政策，他们没理由向学校施压，去改变这种行为。家长就像所有其他人一样，都希望学校向孩子们提供他们心目中的那种“精英式”教育——不过，他们根本无法实际检验这种教育，更不去想他们的孩子能否真正从中受益。例如，英语教学特别受南亚父母们的欢迎，但对于不会说英语的家长们来说，他们无法得知教师是否在用英语教学。同样，家长们对夏令营和夜校也几乎不感兴趣——对于那些没有“中签”的孩子们来说，这又有什么意义呢？

我们还可以看到，为什么布拉翰的暑期补习班会提高学生的成绩。公立学校教师似乎懂得怎样去教成绩较差的孩子，他们甚至愿意在暑假期间为此投入努力，但在常规的学年期间，这并不是他们的工作内容——他们一般是这样认为的。近期，同样是在比哈尔邦，我们对布拉翰的一项鼓励计划进行了评估。培训教师利用他们的材料，培训志愿者做教师助理，从而将救助性教育计划全面应用到公立学校中。在那些教师与志愿者都接受了培训的（随机选择的）学校中，效果非常明显，与我们之前看到的布拉翰实验结果一样成功。然而，在只有教师接受了培训的学校里，结果却几乎没有发生任何改变。那些在夏令营中表现较好的教师们，在此次计划中却表现平平：官方的教学方法以及过于注重教学大纲带来了很多限制，这似乎造成了一个很大的障碍。对此，我们不应将全部责任都推到教师身上。根据印度新的《教育权利法案》，完成规定课程是法律中所要求的。

从更广泛的社会层面来看，这种思想及行为体系意味着，大多数学校体系都有失公平，还很浪费资源。有钱人家的孩子不仅可以去教学质量更高的学校，还可以在学校里享受很好的待遇，从而使他们的潜力得到真正的挖掘。穷人家的孩子只能去教学质量较差的学校，这样的学校一开始就会表明，除非这些孩子表现出某种超凡的天赋，否则他们就会被开除，而实际上孩子们只能默默忍受，直至退学。

这就造成了巨大的人才浪费。在那些中途退学及从没上过学的人中，很多（或许大多数）都是某种错误评估的受害者：家长们放弃得过早，教师们从没真正教过他们，或是学生们缺乏自信。其中一些人完全具备成为经济学教授或工业巨头的潜质，但最后他们却成了劳工或是小店主；如果他们幸运的话，可能会成为某公司的初级职员。他们的真正位置多半已被一些平庸的孩子所占据，因为那些孩子的父母有能力用钱为其赚取每一个成功的机会。

我们都知道一些伟大科学家的故事，从爱因斯坦到印度的数学天才拉马努金，他们二位都没有接受过正规的学校教育，却都非常有名气。而拉曼公司的故事则表明，这种经历或许并非只限于少数的优秀人士。20 世纪 70 年代晚期，一位名叫拉曼的泰米尔工程师在迈索尔创立了拉曼公司。该公司制造工业用纸制品，如电力变压器所用的纸板等。一天，拉曼在工厂门口发现了一个名叫兰加瓦米的年轻人，他是来求职的。这个年轻人说自己来自于一个十分贫穷的家庭，有一定的工程教育背景，但他只有一张资格证书，没有取得相应的大学学位。由于他坚持说自己的工作能力很强，拉曼对他进行了一次快速智力测验。测试结果令拉曼印象深刻，于是他决定将这个年轻人留下来，以协助自己解决问题。一开始他还需要拉曼的指导，后来逐渐开始独立完成任务，并能想出很有创意的解决方案。拉曼的公司最终由瑞典的跨国公司巨头ABB（艾波比股份有限公司）收购——目前是ABB全球（包括在瑞典的）众多分公司中效率最高的。兰加瓦米虽然没有工程学位，却成为工程领域的带头人。他的同事克里斯那查理也是被拉曼发现的——他以前是个木匠，几乎没有接受过任何正规的教育——而他目前是该公司一个主要部门的经理。

阿伦是拉曼的儿子，他在公司被收购前曾接管公司一段时间，目前他与在拉曼公司时的几个手下共同经营着一个小型研发公司。他的核心研究小组共有4人，其中有两人连中学都没有读完，其他两人也不具备工程师的资质。阿伦说，他们都非常聪明，但刚开始时，他们没有信心将自己的想法说出来。在这种情况下，其他人怎么能了解他们的想法呢？正因为公司的规模较小，需要完成很多研发工作，他们才被发现。即便如此，要发掘他们的能力，还需要通过大量耐心的工作及不断的鼓励。

这一模式显然并不容易复制。问题是，人才的发掘不存在捷径，除非有人愿意花费大量时间，去研究教育体系应该做的事情——给予人们足够的机会展示自己的长处。然而，拉曼公司并非唯一一个认为自己有很多人才仍未被发现的公司。印孚瑟斯公司是印度的IT巨头之一，已建立了自己的测试中心，应聘者（包括那些没有正式资质的人）可以走进中心，接受一次智力及分析能力（而不是课本）测试。测试成绩优秀的人可以成为实习生，优秀的实习生便可以得到一份工作。对于没接受过正规教育的人来说，这一可选方案为他们带来了一线希望。在全球经济衰退时期，印孚瑟斯公司关闭了其测试中心，这在当时的印度是头版新闻。

不现实的目标、不必要的悲观预期，以及不恰当的教师鼓励机制，导致发展中国家的教育体系没能完成自身的两大任务——给予每个人一套健全的基本技能及发掘人才。然而，从某些方面来看，提供高质量的教育变得越来越艰难。纵观全世界，各国的教育体系正面临着极大的压力。入学率比资源增长得更快，而随着高科技领域的发展，全球对于有教学经验者的需求也有所增加。现在，这些人都去当程序员、计算机系统管理员及银行家了。因此，找到中级以上的优秀教师将成为一个很大的难题。

有什么解决办法吗？还是说这个问题太难办了？

教育重建

一个千真万确的好消息是，我们现有的一切证据都有力地表明，确保每个孩子都能在学校里学好基本知识不仅是可能的，而且很容易实现，但前提是人们能够专注于此。

以色列一个著名的社会实验表明，很多学校都能够做到这一点。1991 年，15 000 名贫穷的埃塞俄比亚犹太人及其子女，在一天之内离开了亚的斯亚贝巴（埃塞俄比亚首都），疏散到以色列各地。这些犹太孩子的父母们平均都上过一两年学，他们的孩子与其他以色列孩子一起上小学。还有一组家庭的孩子既有来自俄罗斯的定居者，也有刚从那里移民而来的，他们的父母平均上过 11.5 年学。两组孩子的家庭背景差别极大。几年之后，当 1991 年入学的孩子即将中学毕业时，两组人的差别缩小了很多。一直上到了十二年级的埃塞俄比亚孩子占总数的 65%，而从俄罗斯移民而来的孩子的这一比例稍高，为 74%。结果显示，即使是家庭背景及早期生活条件稍差的孩子，也可以通过教育来提升自己，至少在符合条件的以色列学校中是这样的。[36]

一些成功的实验给我们带来了很多关于如何创造这种条件的启发。第一个因素就是，关注基本技能并坚持这样一个信念：只要每个孩子及其老师付出足够的努力，他们就能掌握这些技能。这不仅是布拉翰计划的一个基本原则，也是一种态度，与美国特许学校“不要找借口”的意味类似。[37] 这些学校包括“知识就是力量（KIPP）”计划学校、哈莱姆儿童地带等，主要面向贫穷家庭的孩子（尤其是黑人孩子），其课程侧重于基本技能的牢固掌握，以及不断测量孩子的认知水平，因为如果没有这样的判断，他们就不可能对孩子们的进步进行评估。

通过对奖励入学赢家与输家的对比研究后，我们发现，这些学校的办学效率很高。对波士顿特许学校的一项研究表明，通过将特许学校的规模扩大 4 倍，同时保持现有的学生人数不变，可将全市黑人与白人孩子在数学测试分数上的差距缩减 40%。[38] 这种机制三是我们在布拉翰计划中看到的：在一般学校体系中迷失的孩子（在进入特许学校之后，他们的考试分数落后于其他孩子）又得到了一次机会，很多人都抓住了这次机会。

还有一项关于布拉翰计划的研究表明，培养一位合格的救助性教师相对容易，至少就低年级教学来说是这样的。这无疑是个好消息。能够成为这类老师的志愿者一般都是大学生，或是经过 10 天教学培训的人。此外，他们的教学内容并不仅限于阅读及基础数学的教学。比哈尔邦的这一计划安排志愿者们走进教室，教那些在学习时能充分发挥自己阅读能力的孩子，布拉翰将其称为“阅读式学习”，也就是更基础的“学会阅读”的续篇，其效果十分显著。特许学校主要聘用充满活力的年轻老师，他们对中小学孩子的学习帮助很大。

而且，通过对课程及学生进行分组，让孩子们以适合自己的进度学习，确保落后的学生专注于基本知识，这样做可以实现巨大的收益。追踪学生学习进度的目的也在与此。在肯尼亚，前面提到的一项研究将一个班的学生分成两组，并对两种不同的实验模式进行比较。在第一种模式中，孩子们被随机分到一个教室里，而在另一种模式中，他们则被以知识水平的高低进行分组。此时，教师们可以更好地了解他们的需要，每一知识水平的孩子都会取得进步。而且，这种效果是持久的：到三年级期末时，在一年级和二年级时被追踪的学生，其学习成绩一直领先于未被追踪的学生。[39] 或者，我们还可以找到其他一些因材施教的方法。其中一种可能性就是，将年级之间的界限变得更具灵活性。如果一个孩子根据年龄应该上五年级，但他需要完成二年级的某些课程，那么他就可以先上二年级而不会觉得难为情。

一般来说，要改变一个人不切实际的期望，我们还需要做很多事情。马达加斯加的一项计划告诉家长们，让家庭背景与他们相似的孩子多上一年学，其家庭的平均收入就会提升，孩子的成绩也会受到很大的积极影响。有些家长发现自己低估了教育的好处，教育为其带来的收益可达到原来的两倍。[40] 在多米尼加共和国的一项早期研究中，高中生也取得了类似的成果。[41] 由于教师向家长传递信息是完全免费的，目前在所有经过评估的干预方法中，这是已知的提高考试分数的最廉价的方式。

尽量设定一些更为直接的目标，对于教师及学生来说都未尝不是个好办法。这样一来，每个人都不会太过专注于难以定性的多年以后的成果。肯尼亚的一项计划提供购买力平价 20 美元的年度奖学金，获得者是在一次考试中得分排名前 15%的女孩。该计划不仅使女孩们更努力地学习，还促使教师更努力地工作（帮助女孩）。这意味着，男孩们即使没有奖学金，也会更努力地学习。[42] 在美国，对实现长期目标（如得高分）的孩子给予奖励并没有效果，但对他们增加阅读量给予奖励却被证实非常有效。[43]

在当今世界，好老师很难找到，信息技术发展得越来越快，使用成本也越来越低，因此，更多地采取这种方式似乎是合情合理的。然而，教育部门对于在教学中使用技术的观点并不十分积极。但这种经验主要是基于富裕国家的，它们的计算机教学在很大程度上还有另一个选择，即找一位受过良好教育、充满活力的教师取而代之。正如我们看到的那样，这在贫穷国家并不容易做到。实际上，这种方式在发展中国家的应用效果虽然不明显，但仍透出了其积极的一面。2000 年年初，在印度巴罗达的一所公立学校，我们与布拉翰联手对该校的一项计算机辅助学习计划进行了评估。这项计划很简单，几组三年级和四年级学生按要求在计算机上玩游戏。游戏的主要内容就是解决逐渐难算的数学题，如果学生成功地算出每道题，他们就有机会射击外太空的垃圾（这一游戏很有挑战性）。尽管学生们一周只能玩两个小时的游戏，但这一计划对于提高其数学成绩起了不小的作用，效果相当于多年来各领域尝试过的最成功的教学干预法。总的来看，事实确实如此——最优秀的孩子做得更好了，成绩最差的孩子也取得了进步。这明显展现出了计算机作为一种学习工具的好处：每个孩子都能根据这一计划调整自身的学习节奏。[44]

降低家长们的期望、注重核心能力的开发、使用技术辅助或在必要时利用教师代替的教学方式，与某些教育专家的观点是相悖的。他们的反应或许可以理解——我们似乎是在建议一种双重教育体系。这一体系一方面是为富人的孩子设置的，他们无疑会在昂贵的私立学校里接受最高标准的教育；另一方面是为余下的孩子设置的。对此的反对意见并非毫无根据，但遗憾的是，这种差别已经存在。不同之处就在于，目前的体系似乎根本没为大部分孩子提供任何机会。如果课程得到彻底的简化，教师的职责被严格限定为让每个人都掌握一些知识，孩子们也可以根据自己的进度学习，在必要的时候重复学习，那么大多数孩子都能在上学的几年间学到点儿东西。此外，有天赋的孩子还有可能会在这一过程中发现自己的才能。不过，要想与那些上精英学校的孩子取得同样的成绩，他们的确还需要付出一定的努力。但如果他们学会相信自己，他们就可能抓住一次机会，当这一体系愿意帮助他们实现其目标时尤为如此。[45] 要想建立一个能够向每个孩子提供机会的学校体系，首要的一步或许就是，认识到学校的服务对象是其现有的学生，而不是他们可能想要的学生。

第五章

帕克 · 苏达诺的大家庭

桑贾伊 · 甘地是印度总理英迪拉 · 甘地的小儿子，也是她的法定继承人。不幸的是，桑贾伊 1981 年死于一场坠机事故。他认为，人口控制是印度发展计划的一个重要部分。在所谓的非常时期（1975 年年中~1977 年年初），人口控制成为桑贾伊多次公开露面所探讨的一个主题。在这一时期，民主政权瓦解，桑贾伊虽然没有任何官职，却公开地活跃于政治领域。"'计划生育'政策必须得到'最高的重视'，"他在一次简短的讲话中说道，"如果人口继续以现有速度增长，那么我们的一切工业、经济及农业发展都将毫无意义。"[1]

印度的计划生育具有悠久的历史，该政策始于 20 世纪 60 年代中期。1971 年，喀拉拉邦推出流动节育服务，这种"节育阵营"法成为桑贾伊 · 甘地制订非常时期计划的基石。尽管在他之前的大多数政客都认识到，人口控制是一个重要的问题，但桑贾伊 · 甘地无论是在热情度上，还是能力（及意愿）上，都将这一问题提升到了前所未有的高度，为实行他所选择的政策扫清了很多障碍。1976 年 4 月，印度内阁通过了一项正式的国家人口政策声明，要求采取大量措施鼓励计划生育，其中非常显著的一个措施就是，对于同意做节育的人给予丰厚的经济奖励，如多付一个月的工资或优先进入福利分房名单。更可怕的是，政府居然授权每个城邦制定强制节育法（对象为子女超过两个的人）。尽管只有一个城邦提议制定这项法律（但未通过），但各个城邦都因此受到了一定的外界压力，纷纷列出节育名额并努力加以实现。除了三个城邦之外，其他所有城邦都“自愿”选择了比中央政府设定的更高的目标，即在1976~1977年之间，力争实现860万次节育。

一旦提出来，这一定额便不能被忽视。北方邦政府给其主要手下发电报称，“通知每个人，如果不能实现月度目标，他们不仅会被停发工资，还会被停职，受到最严厉的惩罚。立即通知整个机构，继续通过无线电每日向我及部长秘书报告执行进度。”直至乡村级别的每位政府职员（包括铁路稽查员及学校教师）都要了解当地的目标。教师会对学生家长进行走访，并告诉他们，如果他们不同意做节育，他们的孩子以后就有可能不被学校录取。有些人乘火车不买票——这是当时穷人的普遍做法——除非他们选择节育，否则将会受到严厉的惩罚。毋庸置疑，这种压力有时还会蔓延至其他领域。尤他瓦是首都德里附近的一个穆斯林村落，一天晚上，该村所有男村民都被警察召集到一起，警察假装送他们到警察局接受罚款，实际上是送他们去做节育。

这一政策似乎已经实现了其短期目标，不过这种激励政策可能会导致实际节育数量的误报。1976~1977年间，报告称825万人做了节育，而其中650万人都显示是在1976年7~12月做的。到1976年年底，21%的印度夫妇都做了节育。不过，该计划不可避免地侵犯了公民的自由，激起了广泛的民愤。1977年，印度最终举行了选举，辩论的一个主题就是关于节育政策的讨论，其口号最具纪念意义——Indira hatao，indiri bachao（大意是“节制性欲，远离印度”）。人们普遍认为，英迪拉 · 甘地之所以会在1977年的大选中失败，部分原因就在于这一计划使其失了民心。因此，新政府立即推翻了这一政策。

这一举措包含着一种历史学家所喜欢的讽刺意义，即从长远角度来看，桑贾伊 · 甘地反而促进了印度人口的快速增长，这一点不难理解。由于非常时期的大肆宣扬，计划生育政策在人们的心中留下了阴影，并且长期存在——有些城邦（如拉贾斯坦邦）仍然本着自愿的原则推广节育政策，但除了当地的卫生机构，似乎没有人对此感兴趣。然而，对于国家动机的普遍怀疑，似乎也成了非常时期最顽固的“残留物”。例如，人们仍然常常听说，贫民窟及村里的人拒绝注射小儿麻痹症滴剂，因为他们认为这是给孩子做节育的一种秘密手段。

这一特别情况及中国所推行的独生子女政策，都是加强人口控制措施方面最有名的例子，其实大多数发展中国家都有某种形式的人口政策。1994 年《科学》杂志上刊登的一篇文章称，人口理事会（The Population Council）的约翰·邦加茨预计，到 1990 年，第三世界 85%的人口所生活的国家中，其政府都会明确表示人口过多，需要通过实行计划生育政策予以控制。[2]

今天，整个世界都在担心人口增长问题，这方面的确存在着很多原因。杰弗里·萨克斯在其《共同财富》（*Common Wealth*）一书中谈到了这些原因，其中最明显的一个因素就是人口增长对环境的潜在影响。[3] 人口增长会增加二氧化碳的排放量，并导致全球变暖。在世界上的某些地区，饮用水逐渐减少，部分原因也在于人口的增长。同时，人口增长还意味着对粮食的需求加大，因此需要使用更多的水用于灌溉（70%的淡水可用于灌溉）。据世界卫生组织估计，全球五分之一的人口生活在淡水稀缺的地区。[4] 这是极其严峻的问题，但那些想多要几个孩子的家庭却并不把这当回事，或许这就是政府出台某种人口政策的原因。问题在于，要想制定一种合理的人口政策，我们需要搞清楚为什么有些人会生那么多孩子：他们自己不能控制生育吗（如采取避孕措施），还是他们不想节育？他们做出这种选择的理由是什么？

人口多的家庭错在哪里？

发达国家的人口增长速度较慢。例如，埃塞俄比亚妇女的的总生育率①为每

① 总生育率，也叫总和生育率，指该国家或地区的妇女在育龄期间，每个妇女平均的生育子女数，不代表妇女们一生的生育子女数。国际上一般以妇女 15~44 岁或 15~49 岁为育龄期。——编者注

个妇女生6.12个孩子，其贫穷程度是美国的51倍，而美国的总生育率仅为2.05。

这种有力的联系使很多人（包括那些学者及政策制定者）相信，托马斯·马尔萨斯18世纪所提出的那个古老观点是正确的。他认为，国家拥有多少资源基本上是固定的（他擅长以土地为例），因此人口增长一定会使国家变得更穷。[5]根据这一逻辑，黑死病在1348~1377年间导致了英国一半人口的死亡就应归因于随后的高薪时期。近期，也就是艾滋病泛滥非洲的时期，伦敦经济学院的经济学家阿尔文·扬重申了这一观点。他在一篇题为“死者的礼物”（*The Gift of the Dying*）的文章中称，非洲未来的几代人将受益于因这种传染病而导致的生育率降低。[6]这一生育率的降低既有直接原因，即人们不愿进行未受保护的性生活，也有间接原因，即劳动力的减少使更多女性选择工作，而不是生孩子。扬估算，在未来几十年，南非人口的减少足以抵消很多艾滋孤儿缺乏适当教育所带来的影响。由于艾滋病毒的直接影响，南非的富裕程度将增加5.6%。他通过观察进行了总结，这无疑是为了他那些过分挑剔的读者，“人们不能无休止地哀叹发展中国家的高人口增长率的灾难，又总结说人口不增长同样是一场经济灾难”。

扬的文章引发了一场激烈的争论。争论的焦点就在于，艾滋病毒是否真的导致了生育率的降低。细致的后续研究否定了这一观点。[7]然而，人们大多愿意接受扬的另一观点——降低生育率可以使每个人变得更富有。

不过，这一观点并非如听上去那么明确。毕竟，与马尔萨斯最初提出其论题时相比，今天地球上的人口已增长了很多倍，而且我们大多数人也比马尔萨斯时代的人更富有。马尔萨斯的理论中并没有涉及技术进步这一因素，但它确实帮助人们发掘了很多潜在资源。在人口增加的情况下，更多的人会寻求新的想法，因而技术突破或许更容易实现。的确，在人类史上的大多数时期，人口越多的地区或国家往往发展得比其他地区快。[8]

因此，仅靠理论不太可能解决问题。当今生育率较高的国家更穷这个事实并不完全因为生育率高。真正的原因可能是，生育率高恰恰是由贫穷引起的，或是有第三个原因导致了高生育率及贫穷。经济迅速增长的时期常常伴随着生育率的急剧下降（如20世纪60年代的朝鲜和巴西），即使这一“事实”并不是绝对的。难道很多家庭在经济快速增长时就开始少生孩子，还是由于他们没时间照顾那么多孩子？或者生育率的降低让他们节省了一部分资源用于其他投资？

同样，如果想弄清这一问题，我们就要转换视角，先将大问题放在一边，专注于穷人的生活与选择。首先，我们看看家庭内部的情况：大家庭更穷的原因是其人口太多？他们对于子女教育及健康的投资能力较低？

桑贾伊·甘地的一个著名口号就是，“一个小家庭才是一个快乐的家庭”。通常，这句口号后面还附上了一张卡通图片，上面画着一对笑呵呵的夫妇带着两个胖嘟嘟的小孩。在20世纪70年代末期的印度，这是极为常见的。诺贝尔经济学奖得主加里·贝克对此有一个极具影响力的论断。贝克称，每个家庭都面临着一种所谓的“质与量的取舍”，也就是说，一旦有了更多的孩子，每个孩子的“质”就会降低，因为父母为每个孩子投入的食物及教育资源就会更少。[9]当父母相信（无论是对是错）为最有“天赋”的那个孩子投入更多是值得的时，情况尤为如此。我们已经谈到，这正是S形曲线所反映的情况。这样一来，很多孩子最终会失去决定其命运的机会。如果生在大家庭的孩子接受适当的教育、营养及医疗的概率较小（经济学家称之为“人力资本投入”），如果贫穷家庭更有可能成为大家庭（比如说他们无力承担节育费用），这就产生了一种跨代传递贫穷的机制，即贫穷父母会生育更多的贫穷子女。这种“贫穷陷阱”或许能为某种人口政策提供根据，即杰弗里·萨克斯在《共同财富》一书中提出的论点。[10]但这是真的吗？生长在较大家庭的孩子具有明显的劣势？在我们对18个国家的调查数据中，我们发现，生于大家庭的孩子一般接受的教育较少，但不一定各地都一样——印尼农村[11]、科特迪瓦及加纳[12]就是例外。然而，即使是在这种情况下，也并不存在这样的假设，即由于一些孩子的兄弟姐妹很多，所以他们注定要贫穷，并且受的教育较少。原因也可能是，有些贫穷家庭不仅孩子较多，对教育也并不十分重视。

要想验证贝克的理论并弄清这样一个问题，即家庭人口的增加是否会导致孩子人力资本投入的减少，研究人员尝试研究一些实例。在这些实例中，人口的增加在某种程度上已失去了控制。研究结果令人惊讶：在这些案例中，他们并没有发现任何证据可以证明，生在较小家庭的孩子接受了更多的教育。

鉴于全球大多数穷人不使用增育的方法，家庭之所以会意外地生下更多孩子，还有一种情况就是生了双胞胎。例如，一个家庭计划生育两个孩子，但产妇在第二次生产时生下了一对双胞胎，这样第一个孩子就比预期多了一个兄弟姐妹。性别构成是另一个原因。很多家庭常常想要一个男孩和一个女孩。这就意味着，与已经有了一双儿女的家庭相比，如果一对夫妇两次生育的孩子属于同一性别，那么他们就可能会计划再要一个孩子。[13] 如果第一胎是个女孩，她有了一个妹妹，那么与有一个弟弟的女孩相比，前者更可能会有两个或更多兄弟姐妹，因为在子女性别选择技术发明之前，生男生女是没法预测的。以色列一项专门调查家庭大小变化原因的研究表明，大家庭对于子女的教育并无不利影响，即使对于以色列的阿拉伯穷人来说也是如此，这不免有些令人出乎意料。[14]

南希 · 钱对中国独生子女政策的效果进行了调查，她发现了一个更具争议性的结果：在某些地区，这一政策较为宽松，允许第一个孩子为女孩的家庭再生一胎。南希发现，由于实行了这一政策，那些多了一个兄弟姐妹的女孩与独生子女相比，接受了更多的教育，[15] 这显然有违贝克的理论。

另一项证据来自孟加拉的蒙塔拉伯。这一地区实施了一项全世界最具影响力的计划，内容与自愿计划生育有关。1977 年，141 个实验村中有一半村子被选中接受一项集中计划生育服务计划，即计划生育及母婴保健计划（FPMCH）。每隔两周，一位训练有素的护士会前往已婚育龄妇女的家中，提供计划生育上门服务，但前提是这些妇女愿意接待她。此外，护士还会提供产前保健及疫苗接种服务。这一计划大大减少了出生人口数，或许这并不令人惊讶。到 1996

年，与未实行这一计划的地区相比，实施这一计划的地区 30~55 岁的妇女平均少生了 1.2 个孩子。这一计划还导致婴儿死亡率减少了四分之一。由于该计划的直接干预，儿童的健康状况有所改善，因此儿童存活率的提高便与生育率无太大的关联了。不过，尽管生育率有所下降，但由于儿童健康的投资加大，到 1996 年时，无论是男孩还是女孩，其身高、体重、入学率或上学年限都没有发生明显变化。同样，质–量关系似乎没能发挥作用。[16]

当然，这三项研究或许并不能成为定论，我们还需要展开更多的研究。但就目前来说，我们对于有关证据的解读不同于萨克斯《共同财富》中的论点，即尚无有力证据表明，更大的家庭对孩子不利。就这点而论，我们很难证实，全套的计划生育措施可以避免儿童生长在大家庭。

然而，大家庭对孩子无不利影响，这似乎也有些违背常理：如果同样的资源要由更多人来分享，最终有些人就会得到更少。如果孩子没受委屈，究竟是谁吃亏了呢？一个可能的答案就是，母亲。

哥伦比亚的Profamilia生育计划项目表明，这个问题的确令人担心。该项目由年轻的产科医生费尔南多 · 塔马约于 1965 年创立，是几十年来哥伦比亚的主要避孕措施提供单位，也是全世界历史最悠久的计划生育项目之一。到 1986 年，53%的哥伦比亚育龄妇女使用的避孕工具，主要是通过Profamilia获得的。在青春期就通过该计划了解计划生育的女性，其上学的时间更长，而且在正式部门工作的概率更大。[17]

与此类似，受益于蒙塔拉伯计划的孟加拉妇女在身高和体重上均优于对照组，她们赚的钱也更多。避孕措施使妇女对自身育期有了更大控制权——她们所能决定的不仅是可以生几个孩子，以及什么时候生。而且，有明确的证据显示，过早怀孕对于母体健康非常不利。[18] 此外，过早怀孕或结婚常常会导致辍学。[19] 然而，将计划生育定位为保护母亲的社会愿望衍生了很多问题：如果妇女不介意在错误的时间怀孕，这一切又怎么会发生呢？更为普遍的是，家庭怎样做出节育的决定？妇女在这类决定上有多大控制权？

穷人在生育决定上有控制权吗？

穷人或许无力控制自己的生育，一个原因就是，他们可能接触不到一些现代的避孕措施。根据联合国千年发展目标进展的官方报告，通过满足现代避孕"未满足的需求"，能将每年的意外怀孕次数从 7 500 万次减少至 2 200 万次，每年可减少 27%的产妇死亡率。[20] 与更加富有及受过教育的妇女相比，贫穷及未受过教育的妇女使用避孕措施的概率更小。此外，近 10 年来，贫穷妇女对于现代避孕措施的使用率并没有提高。

然而，使用率低并不一定意味着缺乏获取渠道。在计划生育领域，我们也看到了活跃于教育领域的那种供需之战。而且，或许并不令人惊讶的是，供应达人与需求达人常常是同一组人。供应达人（如杰弗里 · 萨克斯）强调获取避孕措施的重要性，他们指出，使用现代避孕措施的人生育率要低得多；需求达人反驳说，这一关联只能反映出这样一个事实，即想降低生育率的人大多能找到正确的避孕法，无须外界的帮助，因而仅仅拓宽获取避孕措施的渠道并无多大用处。

为了确认哪种说法更接近于事实，唐娜 · 吉本斯、马克 · 皮特及马克 · 罗森茨魏希不辞辛苦，找出了印尼几千个地区在 1976、1980 及 1986 年的计划生育诊所数量，并将这方面的数据与乡村级生育调查数据进行对比。[21] 结果他们发现，诊所较多的地区生育率较低。然而，他们还发现，随着时间的推移，生育率的降低与诊所数量的增加并无关联。他们进而认为，计划生育设施会在人们需要的地方提供，但这些设施对于生育率的变化并没有直接影响。在这一局中，需求达人得 1 分；供应达人得 0 分。

蒙塔拉伯计划一直是供应达人的代表作。他们声称，提供避孕措施可以发挥作用，至少这是一个仍须讨论的证据。我们看到，1996 年，实验区的 30~55 岁妇女比对照区妇女平均少生 1.2 个孩子。但蒙塔拉伯计划所做的不仅仅是提供避孕措施，其中一个主要环节就是，一位女性保健工作者每隔两周为足不出户的妇女提供上门服务，打破了对某些地区避孕问题讨论的禁忌。（因此，这一计划的花销很大——当时世界银行的一位经济学家兰特·普里切特估计，与典型的亚洲计划生育项目相比，蒙塔拉伯计划为每位育龄妇女每年提供的花费要比原来花费多出35倍。[22]）因此，该计划直接改变了理想的家庭子女数量，而不是给他们提供某些可以控制生育的工具，这似乎是合理的。此外，自1991年起，该计划实施区域的生育率不再下降，与未实施计划地区之间的差距也开始缩小。1998年，也就是我们记录数据的最后一年，计划实施地区的生育率为3.0%，对照区为3.6%，而孟加拉其他地区则为3.3%。[23]蒙塔拉伯计划或许只是增强了节育的趋势，该国其他地区也发生了类似的现象。因此，双方在这一局最多也就打了个平手。

关于哥伦比亚Profamilia计划的研究也认为，该计划对于总生育率几乎没有任何影响。Profamilia计划使妇女一生仅仅少生约0.05个孩子，低于20世纪60年代以来总生育率降低的10%。在这一局中，需求达人得2分；供应达人得0分。

因此，这一数据似乎公平地将胜利送到需求达人的手中：避孕渠道或许可以向人们提供比现有选择更方便的节育方式，让他们感到满意，但这似乎并不能降低生育率。

性、校服与大款

然而，扩大避孕渠道的好处在于，帮助青少年推迟怀孕期。Profamilia计划在哥伦比亚做到了这一点，它帮助妇女找到了更好的工作。遗憾的是，在很多国家，青少年被禁止获取计划生育服务，除非他们的父母提供正式许可。青少年的避孕需求最有可能得不到满足，主要是因为，很多国家不承认青少年性行为的合法性，或者认为青少年控制能力不强，不能正确使用避孕措施。结果，在很多发展中国家，尤其是撒哈拉沙漠以南的非洲及拉丁美洲，青少年的怀孕率极高。世界卫生组织称，科特迪瓦、刚果及赞比亚的青少年怀孕率超过10%，而在墨西哥、巴拿马、玻利维亚及危地马拉，青春期女性的生育率在

8.2%~9.2%之间（美国是发达国家中青少年怀孕率最高的国家之一，每100名青春期女性的生育率为4.5%[24]）。此外，在这一问题及性传播疾病（包括艾滋病毒）的问题上，我们所付出的那点努力似乎并没切中要害。

埃斯特在肯尼亚发现了一个明确的例子，证明了这种错失良机的后果。在帕斯卡利娜·迪帕和迈克尔·克雷默的协助下，她对一些女学生进行了追踪调查，这些女学生的年龄在12~14岁之间，没怀过孕。[25]通过对她们进行一年、三年及五年的调查，她们的平均怀孕率分别为5%、14%及30%。青少年怀孕不仅本身令人不快，还标志着危险的性行为。在肯尼亚，这意味着怀孕者更容易染上艾滋病毒。肯尼亚解决这一问题的官方策略，也是民众团体、各类教堂及国际组织与政府协商的一种微妙权衡的行为，即强调禁欲是唯一安全的解决办法。其策略为：禁欲（Abstain）、忠贞（Befaithful）、使用避孕套（Condom）……否则你就会死去（Die）（简称“ABCD”策略）。在学校，孩子们接受的教育是避免婚前性行为，对于避孕套则不会加以讨论。美国政府多年来一直鼓励这一做法，并将预防艾滋病的经费专门用于禁欲计划。[26]

这一策略认为，青少年的责任心不强、不够理性，无法权衡性行为及使用避孕套的代价及好处。如果情况真的是这样，不接触性（或至少避免婚前性行为）则是保护他们的唯一方法。然而，埃斯特、帕斯卡利娜·迪帕和迈克尔·克雷默在肯尼亚开展的几个同期实验表明，事实恰恰相反，在选择性行为对象及性行为条件上，青少年往往会表现得十分谨慎。

在第一项研究中，为了对“ABCD”策略进行评估，研究人员随机选择了170所学校，安排教师接受关于“ABCD”课程教学的培训。结果并未出乎意料，这一培训增加了学校关于艾滋病教育的时间，但所报告的关于艾滋病性行为及认识并没有变化。此外，通过在干预实施后对他们进行一年、三年及五年的跟踪调查，无论是在教师接受了培训的学校中，还是在教师未接受培训的学校中，青少年的怀孕率都是相同的，这表明，危险性行为的范围并没发生任何变化。

在相同学校开展的另外两个策略也发挥了同样的作用。第二个策略只告诉女孩们一些她们不知道的知识，即较年长的男人比较年轻的男人更容易感染艾滋病毒，15~19 岁的女性感染艾滋病毒的概率是同龄男性的 5 倍。这似乎是由于年轻女性与感染率较高的年长男性发生性行为而引起的。"甜爹"计划只是告诉学生们，哪一类人群更容易感染艾滋病毒。其目的是减少女性与年长男人（即"甜爹"）的性行为，但有意思的是，该计划还旨在促进女性与同龄男性受保护的性行为。一年之后，在未接受该计划的学校里，女孩们的怀孕率为 5.5%；在接受了该计划的学校里，女孩们的怀孕率为 3.7%。这一比率的降低主要是由于，性伙伴为年长男性的女性的怀孕率减低了 67%。[27]

第三个计划只是通过提供校服，让女孩们更容易待在学校里。一年之后，在提供校服的学校里，女孩们的怀孕率从 14% 降至 11%。更明确一点儿说，那些因免费校服而待在学校里的女孩们，每三人中就有两人推迟了其初次怀孕的时间。令人好奇的是，只有在那些教师未接受新式性教育课程的学校里，才集中体现了这一效果。在那些提供艾滋病教育及校服计划的学校里，女孩们的怀孕率与未实行任何计划学校中的女孩并没什么差别。艾滋病毒教学课程并没有减少青少年的性行为，反而抵消了校服的积极作用。

将这些不同的结果整合起来，一个完整的图景便显现了出来。肯尼亚的女孩大都知道，未受保护的性行为会导致怀孕。但如果她们认为，一旦为有钱的"甜爹"生下一个孩子，那么他一定会负责任地照顾自己，因此怀孕或许也并不是什么坏事。实际上，对于买不起校服而不能留校的女孩来说，相对于那种未婚辍学女孩的一般结局——只是待在家里成为全家的负担，成家、生孩子或许是一个较有吸引力的选择。而较为年长的男性往往成为更具吸引力的伴侣（至少在女孩不知道他们更有可能携带艾滋病毒的情况下），因为年轻一点儿的男性还没能力成家。女孩们因校服而留在学校里，并因此而避免了怀孕，从而降低了生育率。但由于性教育计划鼓励结婚而不鼓励婚前性行为，因此这一计划只对那些为自己找丈夫（在一定程度上是位"甜爹"）的女孩有效，并会抵消校服的作用。

有一点毋庸置疑：在很大程度上，穷人（即使是少女）对于自身生育、性欲及节欲方式（或许是些不太好的方式）的选择都极为谨慎。如果明知怀孕对于自己来说代价很大，却仍然这样选择，那么这就说明她们是主动的。

谁的选择？

然而，当我们思考生育这一选择时，立即会产生一个问题，即生育是谁的选择？生育决定是由一对夫妇做出的，但女性最终将付出生孩子的大部分身体代价。毫无疑问，她们对于生育的选择与男人迥然不同。在一些关于理想家庭规模的调查中，男性和女性需分别回答一些问题。与自己的妻子相比，这些男性常常表示大家庭更理想，并且始终对避孕措施的要求较低，因此女人在家里有多大决定权就显得尤为重要。例如，一个女人比她的丈夫年龄小很多，接受的教育也少很多（这都是早婚所造成的后果），她会发现自己很难和丈夫对抗。这种情况似乎有一定的必然性，但这也取决于她能否找到一份工作、她是否有离婚的自由及离婚后的生存选择。当然，这种可能性还取决于她与丈夫所处的受公共政策影响的法律、社会、政治及经济环境。例如，在秘鲁，如果妻子拥有财产权的话，她所在的家庭就会拒绝生育（相对于那些女人没有财产权的家庭），不过财产权要写在妻子与丈夫的共同名下才可以。[28] 一种可能的解释就是，在女人有财产权的情况下，她就会在家中获得更多的话语权，因而在决定家庭成员数量上拥有更大的权威性。

夫妻之间的矛盾也表明，尽管避孕本身对于降低生育或许没多大作用，但避孕方法上的小小变化却可能产生不一样的效果。纳瓦·阿什拉夫和埃里克·菲尔德向赞比亚首都卢萨卡 836 位未婚女性提供了一种凭证，使她们可以与一位计划生育护士私人预约，免费享受一系列现代避孕措施。有些女性是自己来领凭证的，有些则是当着自己丈夫的面领取的。阿什拉夫和菲尔德发现，这两种情况的差别很大：与当着丈夫的面领证的妇女相比，单独领证的女性拜访计划生育护士的概率高出 23%，要求获得一种隐蔽避孕形式（注射避孕法或避孕品植入）的概率高出 38%，在 9~14 个月后意外分娩的概率降低了 57%。[29]

蒙塔拉伯计划比其他计划生育活动更频繁地改变生育选择，原因之一或许就是，通过对妇女进行家访（假定她们的丈夫不在家），女性保健工作者可以让她们在丈夫不知情时采取计划生育措施。相反，对于那些受限于足不出户的传统（一个女人被禁止单独出门）的女性来说，她们需要丈夫陪同自己去市中心接受服务，这种情况或许会使她们改变主意。

蒙塔拉伯计划效果显著（特别是在早期），一个可能的解释就是，该计划会加快社会变革。生育转型需要一定时间，原因之一在于，对于这个问题有发言权的不是夫妻，而是大众。生育在某种程度上是一种社会及宗教准则，违反这一准则就会受到惩罚（被排斥、嘲笑或宗教制裁）。因此，真正重要的是，社区如何定义这一行为。在实施蒙塔拉伯计划的地区，这种变化的速度比其他地区更快——社区保健工作人员一般都是受过良好教育、充满自信的女性，这不仅体现了一种新的准则，也为世界其他地区带来了改变准则的信息。

凯文·孟希对蒙塔拉伯计划中社会准则的角色进行了研究。他谈到，一位年轻女性这样描述自己与同龄人之间的讨论，“我们应该生几个孩子，哪种方法对于我们来说最合适……我们是否应采取计划生育措施……我们过去常常从用过（避孕方法）的人那里寻求答案，如果一对夫妇采取了这样的方法，这一消息就会迅速传播开来。”[30]

孟希发现，在实施蒙塔拉伯计划的村庄，都会有一位社区保健工作人员。在过去6个月里，如果同一宗教信仰的村民使用避孕措施的频率较高，那么女性自身采取避孕措施的概率也会更大。虽然村里的印度教徒及穆斯林都能接触到同一位保健人员，而且获取避孕措施的方式也是一样的，但当穆斯林看到其他穆斯林采取避孕措施时，他们便会照做，印度教徒也是如此。而印度教徒采用避孕措施却对他们的穆斯林邻居毫无影响，反之亦然。孟希认为，这一模式无疑意味着，女性会在社区内逐渐了解可接受的行为是怎样的。

在传统社会中，讨论社会准则的变换是一件非常复杂的事。例如，要提出某些问题并不容易（避孕会违反宗教教义吗？会不会让某人永久丧失生育能力？应到哪里获取避孕措施？），因为提问本身就反映出一个人的倾向。结果，人们常常从最不安全的渠道获取信息。在巴西这个天主教国家，计划生育并不为国家所提倡。然而，电视非常受欢迎，特别是环球频道黄金时间播出的肥皂剧。从20世纪70年代到90年代，收看环球频道的范围迅速扩大，肥皂剧的收视率也有所上升。20世纪80年代，肥皂剧进入热播时期，而剧中的人物无论是从阶级还是社会态度上看，都与普通巴西人相异：尽管普通巴西女性在1970年差不多都有6个孩子，但肥皂剧中大多数50岁以下的女性都没有孩子，其余的也只有一个孩子。一旦肥皂剧在一个地区出现之后，那里的新生儿人数便会急剧下降；此外，该地区有孩子的女性会根据肥皂剧中的主角，给自己的孩子起名字。[31] 肥皂剧呈现了一种迥异于巴西人所习惯的那种美好的生活方式，并产生了一些独具历史意义的结果。这并非完全出于偶然——在巴西刻板的社会中，对于很多有创新及进步思想的艺术家来说，肥皂剧最终成为他们的选择出路。

关于“穷人能控制其家庭决定吗？”这一问题，我们似乎可以从两个层面来解读。从最明显的层面来看，他们能控制——他们的生育决定是一种选择的产物，而且即使缺少避孕措施，似乎也不会构成一个太大的障碍。同时，他们无法立即控制的某些因素也影响了他们做出这种选择：女性或许会受到不得不生更多孩子的压力，这种压力来自于她们的丈夫、婆婆或社会准则。于是，一个不同于桑贾伊·甘地所采用的政策，也不同于当今善意的国际组织所制定的政策的结论产生了：增加避孕措施获取渠道并不足以解决问题。尽管有了巴西电视台的案例，但改变社会准则或许并没有那么简单，因为社会准则或许也是社会经济利益的体现。难道穷人要生很多孩子仅仅因为这是一种不错的经济投资？

养儿防老

对于很多父母来说，孩子就是他们的经济未来：一种保障政策、一款存储产品，也是某种福利彩票，这些东西被统统装进了一个大方便袋。

帕克·苏达诺是印尼西卡达斯贫民窟的一个收废品的人，他有9个孩子和一大堆孙子孙女。苏达诺将自己最小的孩子送到中学读书，他认为这是一次值得一投的赌注。我们问他，有这么多孩子他是否快乐，他回答说“当然”。他解释道，他的9个孩子中有几个混得不错，可以给他养老送终。不过，孩子越多，他们出问题的危险也就越高。实际上，帕克·苏达诺的一个孩子患有严重的抑郁症，在三年前就失踪了。苏达诺为此感到很难过，但至少还有8个孩子让他感到欣慰。

富裕国家的很多父母并不需要思考这些，因为他们有其他安度晚年的方式——他们有社会保险、共有基金及退休计划，还有公共或个人医疗保险。在接下来的几个章节中，我们将会详细地讨论，为什么像帕克·苏达诺这样的人无法享受这些服务。现在，我们评论的仅仅是，对于全球大多数穷人来说，子女（还有兄弟姐妹、表兄弟姐妹等）给父母养老的观念是极为平常的事。例如，2008年时，中国半数以上的老人和他们的儿女住在一起，而70%有七八个子女的老人与自己的孩子同住（这是在计划生育政策实施之前[32]）。年迈的父母还会定期收到来自儿女（特别是儿子）的经济援助。

如果孩子在某种程度上是一种长期保障方式，那么我们就可以预见到，当生育率有所下降时，财政储蓄就会增加。中国政府对家庭规模实行限制策略使我们看到了这种现象最为突出的实例。新中国成立后，中国政府鼓励生育；1972年，中国政府开始提倡计划生育；1978年，中国政府实行独生子女政策。在计划生育政策实施之后，阿比吉特及两位出生于中国的合作者——南希·钱（在独生子女时代出生的独生子）和孟欣（出生在独生子女政策实行前，有三个兄弟姐妹）对储蓄率进行了调查。[33] 与1972年之前生第一个孩子的家庭相比，1972年之后生第一个孩子的家庭平均少要了一个孩子，后者的储蓄率则比前者约高出10%。调查结果表明，在过去30年里，中国储蓄率的增长幅度达33%（家庭储蓄率从1978年的5%增长到1994年的34%）。这种现象在很大程度上可以解释为，因实施了计划生育政策而导致了生育率的下降；对于那些第一个孩子是女孩的家庭来说，效果尤为明显，这符合养儿防老的观点。

这一实验虽然有些极端，但影响深远，因为这次家庭规模的缩小范围广，具有突发性及非自愿性。不过，类似的情况在孟加拉的蒙塔拉伯地区也曾发生过。到 1996 年，与未普及避孕措施的村庄相比，在普及避孕措施的村庄中，每家每户的各类资产都得到了大幅增加（包括首饰、土地、牲畜及房屋的装修）。一般来说，与对照区相比，实验区每户家庭增加了价值 55 000 塔卡的资产（购买力平价为 3 600 美元，是孟加拉人均国民生产总值的 2 倍）。生育率与儿女交给父母多少赡养费之间，也存在一定的关联：实验区的父母平均每年从子女那里少收 2 146 塔卡。[34]

家庭规模与储蓄之间的有力联系，或许有助于说明这样一点，即孩子越少并不意味着他们越健康或受教育程度越高——如果孩子少的父母意识到他们将来只能得到较低的现金回报，那么他们就需要提前储蓄更多的钱，这会减少他们投资给孩子的钱。的确，如果给孩子投资会比其他金融资产投资（毕竟养个孩子并不那么费钱）产生更高的回报，那么从长远角度来看，孩子越少，家庭或许会越穷。

同样的逻辑告诉我们，如果父母对女儿会像儿子一样有用不抱希望——比如说，他们需要为女儿结婚准备嫁妆，或者因为女人一旦嫁人，经济就会受制于丈夫——父母对女儿的生活投资会更少。因此家庭不仅会选择要几个孩子最合适，还会选择其性别构成。我们一般认为，生男生女是我们无法决定的，但其实这是错误的：性别选择性堕胎目前十分普遍，而且还非常廉价，父母们可以选择是否要堕掉一个女胎。德里主要道路的分路标上，打着（非法）性别选择服务的广告标签：“现在花 500 卢比，今后节省 5 万卢比”（嫁妆）。而且，即使在性别选择性堕胎成为一种选择之前，在一大堆儿童病得不到妥善处理的环境中，人们总是有意无意地采取漠不关心的态度，这也是摆脱不想要的孩子的一种有效方式。

即使他们的孩子存活了下来，如果父母们偏爱男孩，那么他们或许会一直要孩子，直到生出足够数量的男孩为止。这就意味着，女孩一般都生长在较大的家庭，而且很多女孩都生在那种很想要男孩的家庭。在印度，女婴的母乳喂养期要比男婴短，也就是说，她们开始喝水的时间较早，可能会更快染上通过水传播的致命疾病，如痢疾等。[35]这是将母乳喂养当成一种避孕措施所产生的意想不到的效果。在生下一个女孩之后，父母更可能会早点儿停止母乳喂养，从而增加妻子再次怀孕的可能性。

无论歧视女婴的方式是怎样的，全球女孩的数量过少这一人类生物学始料不及的事实仍然存在。20 世纪 80 年代，在《纽约书评》（*New York Review of Books*）的一篇经典文章中，阿玛蒂亚·森计算到，全世界“女性缺口”数量达 1 亿。[36]这还是在性别选择性堕胎面世之前——自那以后情况越来越糟。在中国的某些地区，当今的男女比例为 124：100。1991~2001 年间（印度最新人口调查时期），印度 7 岁以下男孩与同龄女孩的比例从 105.8 ：100 上升至 107.8 ：100。旁遮普邦、哈里亚纳邦和古吉拉特邦是印度最富裕的三个城邦，而这里歧视女性的现象也最为严重。2001 年，这三个地区的男孩女孩比例分别为 126.1：100、122：100 和 113.8：100。[37]即使根据这些地区自身的报告（其中肯定有“水分”），堕胎的次数也特别多：在有两个女儿的家庭，6.6% 的怀孕会以人工流产而告终，7.2% 属于“自然”流产。

然而，在女孩更有价值的婚姻市场或劳务市场上，这就不会构成一个问题。在印度，女孩一般不会嫁给本村的人家。通常，大多数女孩都会嫁到距离村子不远不近的地方。结果，当这一婚姻“集中”地区的经济有所增长、更容易找到一个富裕家庭把女儿嫁掉时，我们可以看看发生了什么情况。安德鲁·福斯特和马克·罗森茨维格对此进行了研究并发现，当一个女孩的婚姻前景更明朗时，男女孩的死亡比例便会下降；相反，村里经济的增长导致男孩的投资价值更大时（因为他们都待在家里），男女孩之间死亡率的差距就会扩大。[38]

针对男孩女孩的相对价值，一个家庭会怎样对待女孩，或许最突出的表现来自中国，因为中国是男女孩比例失衡最严重的国家之一。在毛泽东时代，国家计划农业生产目标针对的是主要农作物。在早期改革时代（1978~1980 年），家家户户可以种植经济作物，包括茶叶和水果。在种茶方面，女人显然比男人效率更高，因为茶叶往往需要用灵巧的手指来采摘。相反，男人在种植水果方面比女人更有能力，因为他们更擅长担负重物。南希 · 钱指出，当我们对改革前后出生的孩子进行对比时，茶叶种植区域（一般为多雨的丘陵地带）的女孩数量有所增加，但在更适宜种植水果的地区，女孩的数量则有所减少。[39] 在并不适宜种植茶叶或水果的地区，农业收入在无任何性别区分的情况下全面增长，孩子们的性别构成并未发生任何变化。

这一切所体现的是，传统家庭的运行中暗含着积极与消极的暴力现象。直到最近，这一现象才开始引起大多数经济学家的注意——他们总是不愿打开那个藏有真相的“黑匣子”。然而，大多数社会都理解父母们的善意，他们想确保自己的孩子吃饱饭、有学上、懂社交，受到更全面的照顾，但也正是这些父母扼杀了自己小女儿的生命，对此，我们又能在多大程度上相信他们有能力做到这一切?

家庭

在推广自己的那些理论模式时，经济学家们常常忽视这样一个事实，即一个家庭与独身一人并不一样。我们将家庭看成是一个“单位”，认为家庭所做的决定来自一个人，一家之主会代表妻子和孩子做出一些决定，如家里该买些什么、谁去上学、上多久的学、谁来继承遗产等。他或许是无私的，但显然是全能的。然而，任何有过家庭的人都知道，这并不是真正的家庭运转模式。这种简化的模式具有误导性，忽视家庭内部复杂的动态变化会产生重要的政策性后果。例如，我们已经看到，给予女性正式的名下财产权对于其生育选择十分重要，这并不会改变她关于生几个孩子的想法，而会使她的想法变得更有分量。

这种最简单的模式忽视了家庭运转方式的重要方面，对这一点的认识使20世纪八九十年代的人们重新审视了这一问题：家庭决定被看作是家庭成员之间（或者至少是夫妻双方）谈判的产物。[40]夫妻双方讨论着该买什么、到哪儿去度假、谁应该干几个小时的活儿、生几个孩子，但他们的讨论方式会尽可能地照顾到双方的利益。换句话说，即使他们在怎样花钱方面有分歧，如果一方在不伤害另一方幸福的前提下可以更快乐，那么他们就会妥协并达成一致。这种家庭观念常常被称为“有效家庭”模式。这种模式让我们认识到，家庭有一定特殊的地方——毕竟，家庭成员并非是因为昨天才见面就被永久地拴在一起。因此，他们可以就其所有的决定进行讨论（这是符合他们的利益的），确保他们作为一个整体能够做得更好。例如，如果一家人开了一个小公司（农场或是小生意），他们应始终努力赚更多的钱，以使其他家庭成员获益。

克里斯托弗·尤拉在布基纳法索农村对这一推测进行了验证，那里的每一位家庭成员（丈夫和他的妻子，或几个妻子）都不在同一块地里干活儿。[41]在一个高效的家庭里，所有的投入（家庭劳力、化肥等）都应以使家庭整体收入最大化的方式，分配到各个不同位置的田地。相关数据也准确地反映出了这一观点。然而，与男性负责耕种的田地相比，由女性负责耕种的田地一般只能分到较少的化肥、男性及儿童劳动力。结果，这些家庭的产量一般都较低。在一块地里用一点儿化肥就能大大增产，但将用量增加到这一原始水平之上并没有多大用处。最有效的是，在每块地里都用一点儿化肥，而不是将所有化肥都用在一块地里。然而，布基纳法索家庭的大部分化肥都用在了丈夫耕种的地里：通过将部分化肥及少量劳动力分到妻子的地里，家庭便可以增产6%而不需额外投入。有些家庭实际上是在浪费钱，因为他们无法就如何有效地使用现有资源达成一致。

这其中的原因似乎也很明确：即使同属一个家庭，丈夫地里的产量似乎也决定了他的消费能力，妻子的情况也是一样。[42]在科特迪瓦，男女有种植不同作物的传统。男人种植咖啡和可可粉，女人种植香蕉、蔬菜及其他粮食作物。不同的作物受天气的影响也不同，降雨量大对于男人的作物来说或许是个好年头，而对于女人的作物来说则是灾年。在与尤拉共同开展的一项研究中，埃斯特发现，在男人的好年头里，男人在烟酒及个人奢侈品（如服装的传统饰品）上的消费更大；在女人的好年头里，虽然更多的钱也花在了女人喜爱的小东西上，但她们也会为家里买更多的食物。这些发现令人好奇的地方在于，夫妻似乎都不会给对方买“保险”。他们知道彼此将长期生活在一起，丈夫可以在自己的好年头里给妻子买点儿礼物，并在自己的坏年头里得到妻子的礼物。在科特迪瓦，这种非正式的“保险”在同族的家庭之间很常见，但他们为什么不在家庭内部实行呢？[43]

在那里，我们发现，每个家庭都不一样。在这类家庭中，还有第三个“成员”——不起眼的山药。它既有营养又便于储存，是该地区的一种主食。山药一般是男人种植的作物，但法国人类学者克劳德 · 梅拉苏表示，山药并非是男人可以随意卖掉或吃掉的一种作物。[44]它是一个家庭用于糊口的粮食，只有在需要支付孩子学费或药费时才能卖掉，不能用来买新衣服或香烟。而且，当山药收成较好时，一家人的确会消费更多的山药，这或许并不奇怪，但在购买粮食及教育上的花费也会增加。山药可以确保家里的每个人都吃饱饭、有学上。

因此，家庭的特点并不在于家庭成员间的契合度有多大，恰恰相反，他们会遵循社会承认的简单规则，如“你不应卖掉孩子的山药去买耐克牌衣服”，这种规则可以保证他们的基本利益，无须为此进行没完没了的谈判。从这一角度来看，其他一些发现也更有道理。我们看到，当女人在地里的耕作赚了更多的钱，一家人都会吃到更多的粮食。这或许源自梅拉苏所描述的另一个规则：真正负责养家糊口的是女人，丈夫会给她一定量的家用，她的任务就是想出怎样充分利用这些钱。

因此，家庭成员被一条纽带绑到了一起，但这一纽带并不是高效分享资源及责任的能力，而是一种不完整的、粗糙的且常常很松散的“契约”，其中规定了每位家庭成员对于其他成员的责任。这种“契约”或许需要得到社会的强化，因为孩子无法平等地与父母谈判，妻子也无法与丈夫公平地谈判，但社会的发展得益于家庭所有成员对于资源的公平分享。这种契约的不完整性或许反映出了强化较为复杂的事物的艰难性。谁也无法保证父母会喂饱自己的孩子，对于那些不负责任的父母，社会或许只能对其采取制裁或谴责措施。

靠社会准则对规则进行强化所带来的一个问题就是，社会准则会慢慢地改变，因此那些规则就会面临完全与现实脱钩的危险，有时甚至会带来悲惨的结果。2008 年，我们在印尼一个家庭中见到了一对中年夫妇，他们的家是一座绿白相间的竹楼，旁边还有一间更大的水泥房，那是他们女儿女婿的家，女儿在中东做女佣。这对夫妇显然很穷：丈夫总是在咳嗽，头疼也很严重，因此很难去找工作。不过，他看不起医生。夫妇俩的小儿子从中学辍学，因为家里无力承担他去市里的公共汽车费。还有一个 4 岁大的孩子，她看上去很健康、营养充足，穿得也很漂亮，脚上穿着一双闪闪发亮的鞋子。这是夫妇俩的外孙女，女儿不在时由他们负责照顾孩子。女儿会寄回孩子的生活费，但没有给夫妇俩赡养费。他们似乎是某种传统准则的受害者——结婚后的女儿不负责赡养她的父母，虽然这明显是不公平的，但祖父母仍然认为有责任照顾他们的外孙女。

尽管家庭中存在很多明显的限制，但社会也并没有提供抚养孩子的其他有效模式。而且，虽然终有一天，社会养老金计划及医疗保险会解放当今贫穷国家的老人，使他们不再依靠自己的孩子养老，但这并不一定会使他们（或他们的孩子）更快乐。政策的恰当地位并不是完成取代家庭的作用，我们有时还应避免政策的滥用。这对如何发挥家庭的功能是极为重要的。

例如，目前人们普遍认为，一些公共支持计划向妇女提供资金，如墨西哥的PROGRESA计划，这些计划或许有利于将资源分配给儿童。南非在种族隔离结束后，实行了一种慷慨的公共养老金制度，主要针对那些无个人养老金的 65 岁以上的男人和 60 岁以上的女人。在这些老人当中，很多都与他们的儿女及孙子孙女住在一起，家里的钱是公用的。然而，只有在祖母与孙女住在一起时，孙女才会受益——那些女孩一般都发育得很好。但获得养老金的祖父则不会起到这样的作用。还有，只有当女孩的外祖母获得这笔养老金时，这种效果才会显现。[45]

笔者倾向于认为，男人比女人要自私得多。然而，这或许恰恰体现了那些准则与社会期望，也就是我们认为在家庭决定上扮演重要角色的因素。或许，人们期望女人能将自己获得的意外钱财用来贴补家用，而并不期望男人这样做。如果情况真的是这样，那么不仅谁挣钱很重要，怎样挣钱也很重要：女人或许还未察觉，她们自己付出劳动所赚的钱"属于"其家庭或孩子。有些矛盾的是，或许恰恰是由于女性在家庭中的传统角色，公共政策才会倾向于她们。

现在，我们回到穷人是否想建立大家庭的问题上来。帕克·苏达诺想要9个孩子，他的大家庭并非由于缺乏自控力或避孕措施而形成的，也不是社会强加于他的一种准则（不过他曾做出的决定或许是基于这样的准则，而他的妻子并没有告诉我们她自己的想法）。同时，他相信，抚养9个孩子使他陷入贫穷。因此，他并非真的想要这么多孩子。他之所以需要9个孩子，是因为他不知道到底哪个孩子将来有能力给他养老。在一个理想的世界中，他宁愿少要几个孩子，好好地将他们抚养长大，而且他将来也不一定要依赖孩子们。

尽管美国很多老年人都愿意多花一点儿时间，同自己的孩子、孙子孙女在一起（如果电视剧中所演的值得相信的话），但他们也有自己的生活选择——这要归功于社会保险及医疗制度——这种选择对于他们的自尊心及自我认同感很重要。这也意味着，他们不需要生很多孩子，从而确保将来有人照顾他们。他们想要几个孩子就可以要几个，如果孩子们都不愿或不能照顾他们，公共福利制度则可以完成这一任务。

因此，最有效的人口政策或许就是，让人们觉得没必要生很多孩子（特别是儿子）。有效的社会保障体系（如医疗保险或养老金）或金融业的发展使人们能够受益于退休金，这会导致生育率的大幅度下降，或许还会减少歧视女性的现象。在本书的第二部分，我们将探讨怎样做到这一点。

第二部分

慈善机构

POOR
ECONOMICS
A Radical Rethinking of
the Way to Fight Global Poverty

第六章

赤脚的对冲基金经理

对于穷人来说，冒险不可避免，他们常常自己做着小生意，或是经营农场，或是做零工，基本上得不到任何就业保障。在这样的生活中，一场不好的突变会产生灾难性的后果。

2008年夏，在印尼万隆省的城市贫民区，伊布·蒂娜和她的残疾母亲、两个兄弟及4个孩子（3~19岁）住在西卡达斯的一间小房子里。三个小一点儿的孩子偶尔还会去上学，但最大的那个孩子已经辍学了。蒂娜的两个兄弟都未成家，一个是按日挣工资的建筑工人，另一个是出租车司机，他们挣的钱供一家人的花销，但似乎永远也不够交学费、不够给孩子买吃的穿的，也不够照顾生病的母亲。

然而，这并不是蒂娜生活的全部。她年轻时在一家服装厂上班，婚后便帮着丈夫打理服装生意，他们手下曾有4个员工，生意也做得不错。但他们信任的一个生意上的熟人给了他们一张2 000万印度尼西亚盾（购买力平价3 750美元）的空头支票，从此他们的麻烦就来了。他们报了警，而警察却向他们索要250万印度尼西亚盾的好处费，说是给了钱才同意着手调查。付了钱之后，警察的确逮捕了诈骗者，由于这个人承诺偿还欠款，因此只入狱一周便获释了。在偿还了蒂娜400万印度尼西亚盾之后（警察后来又要走了200万），诈骗者承诺将慢慢偿还余下的欠款，但此后他便杳无音信。蒂娜和丈夫交了450万的好处费，却只追回了400

万的欠款。

在接下来的三四年里，夫妇俩努力工作，试图东山再起，最终通过政府的一个借贷计划，从PUKK贷款了1 500万印度尼西亚盾（购买力平价2 800美元）。他们用贷款做起了服装生意，第一批大订单是短裤。于是，他们从服装厂购置了短裤，将短裤熨平并包装好，但这时订购商取消了订单，结果上千条短裤没人要，他们陷入了手足无措的境地。

一连串灾难给他们的婚姻造成了巨大压力，在第二次祸事之后不久，他们便离婚了。蒂娜带着4个孩子搬到了娘家，还带去了一大堆短裤。我们见到她时，她仍在努力平复自己内心的创伤，她说自己真的没有精力再做生意了。蒂娜认为，等她觉得好一点儿，她会利用母亲房子的一部分，开一家小的杂货店，或许专卖一些穆斯林节日穿的短裤。

更糟糕的是，蒂娜的大女儿需要特殊的照顾。4年前，大女儿曾遭到绑架，绑架她的是住在她家旁边一个无家可归的人。这个人几天后便放了她，但大女儿因此留下了心理阴影，从此便待在家里，既不去工作也不去上学。

蒂娜是否太倒霉了？从某种程度上看的确如此。她认为，女儿遭到绑架是一次意外事件（不过这还与她们家离铁路很近有关，那里常常住着很多无家可归的人），但她同样坚信，她生意上的厄运其实就是那些小企业主生活的写照。

贫穷的风险

一个国际金融领域的朋友总说，穷人就像对冲基金经理一样——他们的生活充满了风险，而唯一的不同点就在于二者的收入水平。实际上，他对于这个问题的估计过于保守了：与几乎所有的小业主及农场主不同，对冲基金经理不需要承担自己全部的损失。此外，穷人常常要为他们自己的生意筹集所有资金，这些资金要么来源于家里的积蓄，要么是从别处挪借的，而这种情况是大多数对冲基金经理无须面对的。

很多穷人都经营着自己的小生意或农场。在我们针对 18 个国家的调查数据中，平均 50%的城镇穷人从事着非农业工作，而从事农场生意的乡村穷人在 25%~98%之间（南非是一个例外，黑人人口有史以来一直被排挤在农业之外）。此外，很多这样的家庭也做非农业生意。而且，大部分由穷人耕种的土地都缺乏灌溉，这使耕种收入在很大程度上取决于天气。一场旱灾或是雨下得迟一点儿，都会导致未经灌溉的土地农作物歉收，半年的收入也成了泡影。

并非只有业主或农场主才需要承担收入风险。对于穷人来说，按天计算工资的零工也会带来一定的风险：在农村地区极度贫穷的人之中，半数以上是这样的零工。在城镇地区，零工的比例约为 40%。如果这种零工够幸运的话，他们可以在建筑工地或农场找到能持续几周或数月的工作，但通常只能找到几天或几周的工作。零工永远都不知道，手头的活儿干完之后还能不能找到别的活儿。如果生意上出了问题，这份工作立即就会消失，比如我们在第二章中提到的帕克 · 索林，他没过多久就失业了，其原因在于化肥价格和油价的上涨，以及农民劳动力人数的减少。因此，与固定工人相比，零工的工作日更少，很多零工一年也干不了几天活儿。印度古吉拉特邦的一项调查发现，零工平均每年工作 254 天（上班族为 354 天，个体户为 338 天），三分之一最底层的零工只工作 137 天。[1]

农业领域的大灾难，如 1974 年孟加拉的旱灾（工资相对于购买力下降了 50%，而且据估算，多达 100 万人死于这场灾难[2]），还有非洲的粮食危机（如尼日尔 2005~2006 年的旱灾），引起了媒体的高度关注，但即使是在正常年份，农业收入每年也会发生很大的变化。在孟加拉任何一个正常年头，农业工资可以高出或低于其平均工资水平的 18%。[3] 而且，国家越穷，这种变数就越大。例如，印度农业工资的变化幅度是美国的 21 倍。[4] 这并不奇怪：美国农民都有保险，他们可以获得补贴，并受益于规范的社会保险计划；即使在收成不好的年头，他们也不需要解雇自己的工人或降低工人的工资。

变化莫测的因素还不只这些，农产品价格的波动也很大。2005~2008 年，粮食价格出现了前所未有的增长。在全球金融危机时期，这一价格彻底瓦解，过去两年来只是涨到了危机前的水平。高粮食价格原则上会受到生产者（农村穷人）的欢迎，却会伤害到消费者（城镇穷人）。然而，2008 年夏，粮食及化肥的价格都破了纪录。与我们在印尼和印度交谈过的人都觉得，他们快撑不住了：农民们认为，成本涨得超过了价格；工人们抱怨说，他们找不到工作，因为农民们都在省钱；同时，城镇居民几乎买不起粮食了。问题并不仅在于价格水平，而是这种不确定性。例如，农民要花很多钱买化肥，但他们无法确定，农作物丰收时的价格是否还能保持较高水平。对于穷人来说，风险并不仅限于收入或食品，我们在前一章谈到的健康问题也是风险的一个主要来源。此外，还有政治暴动、犯罪（如伊布 · 蒂娜女儿的案例）及腐败的问题。

穷人的日常生活中充满了风险。矛盾的是，有些事件在富裕国家被认为是灾难性的，但这些事件似乎很少在这些国家发生。2009 年 2 月，世界银行总裁罗伯特 · 佐利克警告全球首脑们："全球经济危机将成为很多发展中国家的人类危机，除非他们采取有针对性的措施，保护社区中的弱势群体。尽管世界上的大部分地区都在专注于拯救银行及激励方案，我们不应忘记发展中国家的那些穷人，如果这些国家的经济发生变动，那些穷人受到的影响会大得多。"[5] 世界银行发言人在谈到这一主题时还说道，随着全球需求的下降，穷人将失去他们的农产品市场、在建筑工地的零活儿，以及他们在工厂里的工作。由于缺乏外部援助，并伴随着税收减少的压力，穷国政府将会削减对学校、健康设施及援助划的预算。

2009 年 1 月，我们和索米妮 · 森古普塔——当时《纽约时报》驻印度的记者——来到印度孟加拉邦玛尔达农村地区。她想写一篇关于全球危机怎样影响穷人的报道。森古普塔生长在加利福尼亚，但能说一口流利的孟加拉语。别人告诉她，德里很多建筑工地的大量工人都来自玛尔达。而且，森古普塔了解到，德里的建筑业发展得很慢。因此，我们来到了一个又一个村庄，问一些年轻人他们的迁移经历是怎样的。

每个人都认识迁移过来的人。很多人是为了回家过穆哈兰姆月①，印度很多的穆斯林都过这个节。每个人都很乐意和我们谈起他们的移居经历。很多母亲告诉我们，印度南部或北部的一些遥远的城市是什么样的，如卢迪亚纳、哥印拜陀和巴罗达，他们的儿子和侄子目前就在那儿生活和工作。当然，我们也听到了一些悲惨的经历——一个女人谈起，她儿子因患一种神秘的疾病而死在了德里——但她的口吻却很乐观。森古普塔问："市里能找到工作吗？""是的，市里有很多工作机会。""你听说过裁员吗？""没有，孟买没有发生裁员，一切都很好"……我们还来到了火车站，想看看是否有人因丢掉了工作而返乡。在那里，我们见到了三个正赶回孟买的年轻人。其中一个人从没来过孟买，其余两个人都是老手，他们向那个没来过孟买的人保证，他一定能在这儿找到工作。直到最后，森古普塔也没写出穷人如何受到全球经济萎缩影响的文章。

关键并不在于，孟买的建筑工作在危机时期没有减少——有些工作的确减少了——对于大多数年轻人来说，目前最重要的现实问题是机会。他们仍然可以找到工作，工资是在村里干活儿的两倍多。相对于他们的痛苦经历——每天都担心找不到工作——流动建筑工人的生活似乎还是很有吸引力的。

当然，全球经济危机的确增加了穷人的风险，但对于他们每天需面对的全部风险来说，这并不算什么。即使没有令世界银行担心的全球危机，情况也会是这样。1998 年亚洲经济危机期间，印度尼西亚盾贬值 75%，粮食价格上涨 250%，国民生产总值下跌 12%。然而，种植大米的农民（一般是最贫穷的人群之一）实际购买力却提高了。[6] 只有政府雇员及工资相对固定的人，才陷入了糟糕的境地。1997~1998 年，泰国爆发金融危机，经济下滑 10%。即便如此，在接受调查的约 1 000 人中，三分之二的人表示，他们的工资下降主要是因为一场旱灾。[7] 只有 26% 的人说主要原因是失业，但几乎可以肯定的是，失业并不是完全由这场危机造成的。在很大程度上，对于穷人来说，事情似乎并不比往年更

① 穆哈兰姆月，意为"圣月"，是伊斯兰历的第一个月，相当于其他历法中的元旦。本月不许打斗。——编者注

遭，因为他们的境况一直都很糟。他们正在面对一些非常熟悉的问题。在穷人看来，每一年都过得像身处一场巨大的金融危机一样。

穷人不仅过着风险更大的生活，而且同样一场灾难，可能会对他们造成更大的伤害。首先，对于手里本来没有几个钱的人来说，削减消费是极为痛苦的。如果一个不太穷的家庭需要削减消费，家庭成员或许就要少打电话，少买点儿肉，或是将孩子送到更便宜点儿的寄宿学校。显然，这都会令人感到痛苦。但对于穷人来说，大大削减收入可能就意味着一些必要开销的削减：去年，我们在乌代布尔农村地区对一些极度贫穷的家庭进行了调查，其中45%的成年人常常吃不饱饭。这是穷人最憎恨的一件事：与那些能吃饱饭的被访者相比，吃不饱饭的被访者表示，他们过得很不快乐。

其次，当今天收入与未来收入之间的关系呈S形时，与目前的不愉快相比，一场灾难对于穷人的影响或许会更糟。在图6–1中，我们画出了印尼女商人伊布 · 蒂娜今天收入与未来收入的关系。

我们在第一章中看到，对于几乎没有投资能力的人来说，如果投资回报相对较小，那么就可能会产生一个“贫穷陷阱”。而对于投资能力较高的人来说，投资回报也会更高。伊布 · 蒂娜显然就属于这种情况。在这个案例中，明天收入与今天收入的关系呈S形，因为她的生意要具备赢利所需的基本规模（在第九章，我们会看到，这是穷人做生意的一个主要特征，因此她的情况很常见）。在灾难之前，她和丈夫手下有4个员工，有足够的钱购买原材料，雇用员工制作服装，这是一个非常赢利的模式。在这之后，他们能做的只是买进成品短裤并进行包装，这种生意相对来说不怎么赚钱，或者根本就不赚钱。在支票被退回之前，伊布 · 蒂娜和她的丈夫处于“贫穷陷阱”之外。如果跟随他们的踪迹，我们会看到，他们正沿着最终实现高收入的轨道前进。然而，那场灾难卷走了他们全部的资产，并使他们掉进了“贫穷陷阱”。后来，他们赚的钱越来越少，变得越来越穷：当我们见到伊布 · 蒂娜时，她已经沦落得需要靠她兄弟的接济生活的地步。因此，这一“S”形世界的一场灾难会产生永久性后果。如果今天收入与明天收入的关系呈“S”

形，这个家庭便会脱离通往中产阶级之路，转而踏上永久贫穷之路。

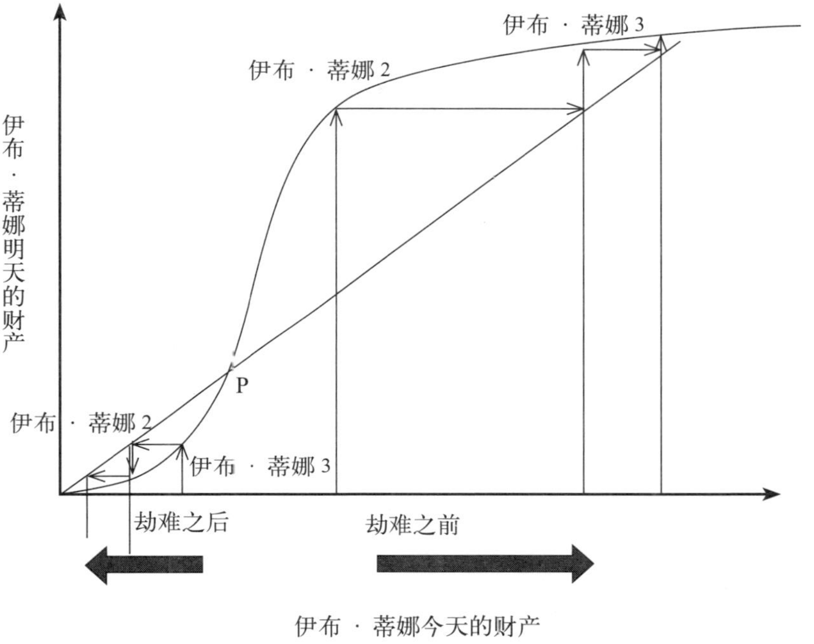

图 6–1　一次冲击对于伊布 · 蒂娜财产的影响

这种情况常常会受到一种心理过程的强化。失去希望，感到没有出路，这会大大降低人们渡过难关所需的自控力。我们在第二章看到，帕克 · 索林就属于这种情况，他曾在农场工作，但现在只是偶尔钓钓鱼。伊布 · 蒂娜也是一样。他们似乎都不具备振作起来、从头再来的心理素质。我们在乌代布尔见到了一个人，他在回答一个标准的调查问题时说，他曾经感到“担忧、紧张和不安”，这甚至影响了他一个多月的日常活动，如睡觉、工作和吃饭。我们问他为什么会这样，他说因为他的骆驼死了，从那以后他就一直哭泣，并总感到紧张。我们接着问他，是否曾想办法治疗这种抑郁症（比如找朋友、医疗保健人员或传统医生谈谈心），他似乎很不耐烦地说：“我失去了我的骆驼，当然会伤心了，没什么大惊小怪的。”

这种影响或许还来自于其他一些心理因素：面对风险（不仅包括收入风险，还有死亡或疾病的风险）会使我们为此担忧，而担忧会给我们带来压力，产生抑郁情绪。在穷人当中，抑郁的症状更为普遍。我们在感到压力时更难集中注意力，这可能会降低我们的效率。尤其值得注意的是，贫穷与身体所分泌的皮质醇水平密切相关，因为皮质醇水平标志着压力的大小。相反，当家庭成员接受某种援助时，他们的皮质醇水平就会有所下降。例如，与母亲未接受墨西哥现金转移计划的孩子相比，受益于该计划的孩子的皮质醇水平要低得多。这一点很重要，因为皮质醇会直接损害人的认知及决策能力。由压力释放的皮质醇会影响大脑的部分区域，如前额皮质、类扁桃体、海马区，这些都是认知功能的重要区域；特别是前额皮质，该区域对于抑制冲击响应很重要。因此，将实验对象置于实验室的压力环境之下、面对不同的经济选择时，他们不太可能会做出理智的决定。[8]

障碍

穷人怎样应付这些风险呢？在面临工资或收入下降时，穷人的一个自然反应就是，增加工作量。然而，这有时是一种自欺欺人的做法。如果在时局不好时（例如一场旱灾或成本价格上涨），所有的穷人都想增加自己的工作量，他们会相互竞争，导致工资水平进一步下降。如果他们不能在村外找到一份工作，这种情况会变得更严重。因此，在印度那些较为封闭的村庄里，劳力们更难走出去寻找工作，同一类旱灾会对这里产生更为消极的影响。在这些地区，在解决工资降低的问题上，增加工作量并不一定是一种有效的方式。[9]

如果灾后增加工作量并非一个好选择，那么最好的办法常常是，通过业务多元化来缩小风险范围，就像对冲基金经理一样。很明显，穷人为此投入了大量的智慧。唯一的不同之处在于，穷人选择了多样化的活动，而不是金融工具。一个关于穷人的显著事实就是，一个家庭似乎会涉足多种职业：在对孟加拉邦 27 个村庄展开的一项调查中，即使那些声称以耕作为生的家庭，也只是花了40%的时间从事耕作。[10] 调查中的一般家庭都有三个成员在工作，涉及7种职业。尽管大多数农村家庭都从事农业方面的工作，但这往往不是他们唯一的谋生方式。这可能是一种降低风险的方式——如果一项活动赔了钱，其他活动还能让他们维持生计。不过，我们将看到，这其中或许还有其他一些原因。

在一个村庄的不同位置有很多块地，这也会使风险在一定程度上有所分散。当村里的一个区域遭受病虫害时，其他区域则可能安然无恙；如果不下雨，在更容易吸收地下水的地里，庄稼存活的概率更大。而且，最令人惊讶的是，同一村庄的不同区域可能会有不同的小气候，这是由暴露程度、坡度、高度及湿度所决定的。

临时性迁居也可以从这一层面来加以解释。一家人全都迁居城里较为少见。通常情况下，选择迁居的家庭成员大多为印度或墨西哥的男人或十几岁男孩，还有中国、菲律宾及泰国的女孩，其他人则留在家里。这可以确保一个家庭的财富并未全都押在去城里工作的人身上，还可以保持这个家庭在村里的人际关系。我们将看到，这种人际关系常常是非常有用的。

穷人降低风险的另一种方式是，保守地经营他们的农场或生意。例如，他们或许知道有一种新型农作物的产量更高，却不去耕种这种作物。固守传统方法的一个好处就是，农民不需要去买新的种子——他们可以再种植上个季节省下来的种子——新种子常常要花费很多钱。在一切顺利的情况下，农民们能赚到几倍于投资新种子的钱，但作物歉收情况还是有可能出现的（比如不下雨），到那时，农民就会赔掉用来买新种子的额外投资。

家庭还会利用一些富有创意的方式来分散风险。印度的农户利用婚姻作为一种分散大家庭“风险组合”的方式。一个女人婚后搬到婆家所在的村庄，娘家与婆家之间就建立了一条纽带，在遇到麻烦时，两个家族便可以寻求对方的帮助。[11] 农户一般会将自己的女儿嫁到不远不近的村庄，既方便与亲家建立关系，气候格局又不会完全相同。这样一来，如果一个村庄受灾，另一个村庄没受灾，他们就能向对方伸出援手。另一种保险的方式或许就是，生很多个孩子。别忘了，帕克 · 苏达诺有 9 个孩子，就是为了保证至少有一个能为他养老。

穷人应对风险的所有方法一般都很昂贵。在农业领域就有很好的证明：在印度，有些贫穷农民住在年均降雨量不太正常的区域，他们利用农业投入来获取利润的方式较为保守，且效率较低。[12] 如果这些农民住在年均降雨量可预测的地区，那么他们的利润率就会上涨 35%。此外，受这种风险影响的只有穷人；对于较为富有的农民来说，农作物利润率与雨水变量之间并无关联，这或许是因为，他们承担得起作物歉收的损失，因此他们愿意承担这份风险。

贫穷农民常常采用的另一种策略是，做某人的佃农。也就是说，地主支付部分耕作成本并收取部分成果。这种方式以激励为代价降低农民风险：由于知道地主将拿走地里所种任何作物的一部分，农民努力工作的热情就会减少。印度的一项研究表明，与享有自己地里作物所有权的农民相比，佃农所付出的耕种热情将减少 20%。[13] 结果，这样的土地耕种得较为粗糙，利用率也较低。

很多穷人都身兼数职，但这同样是缺乏效率的。如果不够专业的话，他们很难成为任何一个领域的专家。在城市里，有些女人会涉足三种不同的职业，而有些男人却无法专注于一项工作，因为他们想每隔几周就回到村里。这些人会放弃学习其主业方面的技能及经验的机会，进而错失专门从事其擅长领域的收益。

因此，一旦遭受某种冲击，穷人不仅会面临很大的风险，担心坏事的发生，他们充分认识自己潜力的能力也会受到负面影响。

互相帮助

另一个处理风险的方式是，村民们相互帮助，渡过难关。大多数穷人都住在村庄或社区中，他们有一个范围广泛的熟人网络：基于宗教或种族的大家庭及社区。尽管有些灾难会影响到关系网中的每个人，但有些困难则更为具体。如果目前处境好的人帮助了有难处的人，那么当前者有难处时一样可以得到对方的帮助，这样每个人都会过得更好：助人为乐并不仅限于慈善机构。

在克里斯托弗 · 尤拉所作的一项调查中，这种非正式保障的成效与局限得到了体现。尤拉在尼日利亚乡村地区住了整整一年，他让村民们记录下互相馈赠的每件礼物或每笔非正式借款，以及还款的具体条件。[14] 每个月，他都会问村民们是否发生过什么坏事。他发现，无论在任何时候，每个普通家庭都与平均 2.5 个其他家庭存在借贷关系。此外，贷款条件会根据借贷双方的情况进行调整。当借款人遭遇一次灾难时，他会偿还得少一些（通常少于原始借款量），但如果贷款人遇到难事时，借款人实际上会偿还比借款更多的钱。对于减少每个人所面对的风险，这种密集的相互借贷网络发挥着巨大的作用。然而，这种非正式互助也存在一定的局限性。即使关系网中所有人的总收入没有改变，但在有些家庭遭遇一次灾难时，他们仍然需要缩减开支。

一个较大的研究机构对这一非正式保险现象进行了调查，通过对科特迪瓦、泰国等一些国家的调查，他们发现了一个共同点：尽管传统的互动网络的确有助于分摊灾难的影响，但这种网络所提供的保障并不是完美的。如果风险有了很好的保障，一个家庭的消费水平就应根据其平均收入能力而定，始终保持一个大致的水平：在一个家庭处境不错时，它会帮助别的家庭；而在其境况不好时，别的家庭也会帮助它。然而，我们常常看到的情况并非如此。

特别是健康危机，穷人在这方面极度缺乏保障。在印尼，如果一个家庭成员得了重病，那么这个家庭的消费水平就会下降 20%。[15] 一项在菲律宾展开的研究表明，在涉及非致命重病的情况下，村庄内部的互助程度非常糟糕。[16] 当一个家庭收成不好或家里有人失业时，村里的其他家庭会向其伸出援手。遭遇困境的家庭会收到礼物、无息贷款及其他形式的援助。然而，当个人患上某种疾病时，情况显然就大不相同了，人们普遍认为他的家庭应对此负责。

这种医疗保障的缺乏非常令人惊讶，因为各个家庭的确在其他方面相互帮助。在前面的章节中，我们谈到了伊布 · 艾姆塔特，她是我们在爪哇岛一个小村庄见到的女人，她的丈夫患有眼疾，孩子不得不辍学，因为她负担不起治疗孩子哮喘病的医疗费。伊布 · 艾姆塔特向当地放债人借了 10 万印度尼西亚盾（购买力平价 18.75 美元），用于支付丈夫眼疾的医疗费。当我们见到她时，她已经欠款 100 万 印度尼西亚盾了（加上逐渐增多的贷款利息）。她非常担心，因为放债人威胁说，如果她还不起钱，就要拿走家里所有的东西。然而，我们在采访过程中发现，她的一个女儿刚刚给了她一台电视机。女儿自己刚刚花 80 万印度尼西亚盾（购买力平价 150 美元）买了一台新电视机，于是决定将那台旧的（仍然很好用）送给母亲。我们有些惊讶：如果女儿留着那台旧电视机，给父母一些钱还款，这不是更合理吗？我们问艾姆塔特："难道没有一个孩子能帮忙还款吗？"她摇了摇头，回答说孩子们也有自己的困难，他们也要照顾自己的家——她的意思是说，她不愿孩子们以馈赠的形式帮助她。她似乎认为，没有人帮她解决医疗费是很正常的。

为什么人们不向彼此提供更多帮助呢？为什么某些风险未得到很好的规避呢？

对此，我们似乎有充分的理由，或许我们不愿向朋友或邻居提供无条件的帮助。一方面，我们或许会担心，保证向某人提供帮助可能会使人们产生一种惰性心理——这就是所谓的道德风险。或者，人们可能会在没有必要时提出需求。或者，相互帮助的许诺并未真正实现：我帮助了你，但轮到你帮助我时，你却总是在忙别的。

我们为何会不愿帮助别人？这方面的解释似乎有很多。但我们尚不清楚，这是否可以解释不去帮助那些病重的人，因为患病并非一种选择。大多数经济学家认为，非正式保险来自于这样一种情况，我们之所以帮助别人，是因为我们日后可能也需要别人的帮助。然而，情况并非完全如此。例如，或许我们会在紧急关头向邻居伸出援手，但当时我们可能并没想过自己也会遇到这种问题。这可能仅仅是出于，看到邻居挨饿而袖手旁观是不道德的。贝奇 · 哈特曼和吉姆 · 博伊斯合著了一本关于孟加拉农村生活的书，书中的背景是 20 世纪 70 年代中期。[17] 书中描述了互为邻里的两个家庭，一个信仰印度教，一个是穆斯林，两家的关系并不是很亲密。印度教家庭失去了主要劳动力，因此一家人都在挨饿；出于绝望，这个家庭的女人常常越过栅栏，到邻居家的院子里偷点儿能吃的树叶。而那个穆斯林家庭知道这一切，但决定睁一只眼闭一只眼。穆斯林家庭的男人说："我知道她的人品并不坏，如果我陷入了她那样的处境，我可能也会偷东西的。当我发现少了点儿东西时，我会努力做到不生气。我总想：拿走东西的人一定比我更饿。"

人们会在彼此遇到难处时互相帮忙，这是出于一种道德责任感，并不是他们盼望着将来能得到回报。这一事实有助于说明，为什么非正式的关系网不具备处理健康问题的能力。即使是一个非常贫穷的家庭，如果家里还有饭吃而邻居却在挨饿，他们也会给邻居一口吃的。然而，帮助别人支付医疗费用这类情况已经超出了互助行为的界限：鉴于医疗费用极为昂贵，很多家庭将不得不因此倾家荡产。因此，将健康问题列在助人为乐的基本道德责任之外，还是说得通的。因为要想解决这个问题，需要一种更高的社会契合度。

互助保险是一种助人为乐的道德责任，这种观点说明了为什么在尼日利亚的一些村庄，村民们助人为乐都是从个人出发，而不是大家都去帮助一个对象，虽然以后面这种方式分摊风险会更有效。这或许还有助于解释，为什么伊布·艾姆塔特的女儿给了母亲一台电视机，却没有帮她支付医疗费。她不想为父母的健康承担全部责任，也不指望其他兄弟姐妹能慷慨解囊。因此，她选择在力所能及的范围内，为她的父母做一点事情。

穷人的保险公司在哪里？

鉴于非正式互助网络的保障有代价高昂的风险及局限性，我们肯定会想，为什么穷人没有更多的渠道获取正式保险，也就是由一家保险公司提供的保险？然而，任何形式的正式保险在穷人当中都很少见。医疗险、坏天气险，还有牲畜死亡险，这些都是富裕国家农民生活中的标准保险产品，而在发展中国家则多多少少是欠缺的。

既然小额信贷是人人皆知的，对于高尚又有创意的资本家来说，穷人的保险似乎是一个明确的机会目标（《福布斯》专栏称之为“穿不透的自然市场”）。[18]穷人面临着大量的风险，如果保险费用合理的话，他们应该愿意为自己的生活、健康、牲畜或庄稼投一份保。几十亿穷人都在等待着投保，即使每项政策只有微薄的利润，这也是一桩大买卖。同时，这也会为全球穷人带来很大的帮助。这一切似乎只缺少某个组织这一市场的人。因此，一些国际组织（如世界银行）及大型基金会（如比尔和梅琳达 · 盖茨基金会）投资了数亿美元，鼓励穷人参与投保。

当然，这种保险的提供显然存在很多难处。这是一些基本问题，并不仅限于穷人，但在贫穷国家较为突出，因为它们很难对保险公司进行有效管理，也很难对被保险人实行监督。我们已经提到过道德风险：一旦人们知道自己无须承担全部后果，他们就可能会改变其行为（不那么认真耕种、在医疗方面花更多的钱等）。以医疗保险为例，我们已经看到，即使没有医疗保险，穷人也总会去拜访不同类别的医疗从业人员。如果能够免费看病的话，他们会怎样呢？医生是否还有理由让病人做一些不必要的化验、为其开一些不必要的药品——特别是在他们有自己的实验室的情况下（美国和印度的很多医生都有自己的实验室）——然后到药店去拿提成？一切似乎都表明：病人想看到行动，因此他们更喜欢会开药方的医生，而医生开的药越多，挣得就越多。在卫生保健服务管理不善的国家，任何人都能以“医生”的身份开家药店，为门诊病人提供基于报销制度的医疗保险，这似乎是他们走向破产的第一步。

另一个问题是“逆向选择”。如果保险是非强制性的，那些知道自己将来可能会出问题的人，参保的概率或许更大。这也无所谓，只要保险公司清楚这一点即可，因为这可以折算成额外的费用。然而，如果保险公司并不能确定人们是否因目前需要而参保，他们所能做的只有提高每个人的投保费。不过，更高的费用会使事情变得更糟，因为这会赶走那些觉得自己将来可能不需要保险的人。这样一来，问题就变得更严重了。因此，在美国，人们很难以合理价格参加医疗保险，因为他们无法说服自己的老板为员工投保。所以，价格合理的医疗保险计划一般都是强制性的——如果每个人都必须参保，保险公司就不会承担高风险。

第三个问题是明目张胆的欺诈行为：怎样防止医院给保险公司提供大量虚假索赔证明，或收取病人不必要的医疗费？而且，如果一位农民为自己的一头水牛投了保，怎样才能防止他谎称自己的水牛死了？印度工业信贷投资基金会的纳奇凯特 · 摩尔和宾杜 · 安纳斯来自于印度的同一金融部门，该部门主要致力于为穷人提供更好的金融服务。他们略带自嘲地对我们讲，很多年前，他们第一次灾难性的尝试是提供牛险：首先，一大堆投保人都声称自己的牛丢了。于是，他们决定，要想索赔死去的动物，主人必须提供死牛的耳朵。结果繁荣了牛耳市场：任何死去的牛无论投保与否，耳朵都会被割掉并卖给那些投保牛险的人。这样一来，他们既可以得到索赔，又保留着自己的牛。2009 年夏，在我们参加的一次会议上，印度IT巨头印孚瑟斯公司创立者、前首席执行官南丹 · 尼勒卡尼对其独特身份认证的计划进行了说明，因为政府一直要求他为每个印度人提供一种“独特身份证”。他向听众们保证，只需 10 个指纹及一张虹膜照片，就足以准确地对每个人加以认证。摩尔听得很认真，当尼勒卡尼停顿时，摩尔突然说：“太遗憾了，牛没有手指。”

某些险种比较容易投保，如天气。如果附近气象台测量的降雨量在特定水平之下，农民就应估算一下保险公司支付给他的钱款数量（根据他所支付的保险费）。由于没有人能控制天气，而且人们无法判断该为此做些什么（不同于医疗的情况，人们必须决定需要哪种化验或治疗），因而不存在道德风险或欺骗行为。

在医保范围之内，为灾难性健康问题投保（重大疾病、事故），似乎比为门诊病人支付费用更容易。没有人无缘无故地想做手术或化疗，而且治疗与否很容易得到验证。虽然过度诊治的危险仍然存在，但保险公司可以就支付哪项治疗费用设限。但这仍然存在一个大问题，即保险公司并不想只有病人来投保。

避免逆向选择的技巧就是，找到出于健康之外的原因集中来投保的目标人群——一家大公司的员工、小额信贷客户、公费医疗者……尝试着让他们参保。

正因为如此，很多小额信贷机构（MFI）想到了提供医疗保险的方法。他们有大量的借款人资源，可以向这些人销售保险产品。而且，由于重大疾病问题，有时原本信誉良好的小额信贷客户也会变成违约者，小额信贷机构投保也将因此承担一定的风险。此外，向客户收取保险费会很容易，因为贷款负责人每周都会与他们见面——实际上，他们可以将保险费折算到贷款中。

2007年时，SKS小额信贷公司是印度最大的一家小额信贷机构。该机构引入了一种名为“Swayam Shakti”的试点医疗保险计划，涉及生育险、住院治疗险及意外事故险。为了避免一些群体进行逆向选择，SKS强制为他们投保该计划。为了解决潜在的欺骗问题，投保收益范围被设限，该计划鼓励客户们前往那些与SKS有长期关系的医院。为了使其更加人性化，去这些医院的客户们获得了一种“无现金工具”：只要他们的治疗涉及一种投保疾病，他们就无须支付费用——SKS会直接向医院支付。

当SKS开始引入这一保险产品时，该公司尝试着强制客户投保。但由于客户提出了抗议，SKS决定只在首次延期时进行强制性投保。结果，有些客户决定不再延期贷款了，于是SKS逐渐失去了提供该保险地区的客户。几个月之后，SKS贷款延期率从60%左右降至50%左右。另一家小额信贷机构的首席执行官问起我们与SKS的合作时，我们回答说正在评估强制性医疗险对小额信贷客户的影响，这位首席执行官听后笑着说：“哦，这我了解！ SKS在哪里推出这种强制产品，我们在那里的客户就会增多。人们都离开SKS加入了我们的机构！”约四分之一的客户想继续从SKS借款，但他们又不想参保，于是利用了这样一个漏洞：他们在一年期保险快要到期之前预付贷款。这样一来，当他们延期贷款时，他们仍然巧妙地处于投保期之内，因此不必支付更多的保险费。针对客户的这一手段，SKS决定将这一保险产品变成自愿性的。然而，只有少数客户自愿投保，导致逆向选择及道德风险再次出现。用于每位投保客户的费用迅速增长，由于处于亏损状态，代表SKS提供保险的印度工业信贷伦巴德保险公司决定，要求SKS停止接受新的投保客户。其他一些试图推出类似计划的组织也遇到了同样的问题，即客户抗议强制性投保。

小额健康保险并不是唯一遇到麻烦的险种。包括我们麻省理工学院的同事罗伯特·汤森在内的一组研究人员，试图对一种简单天气险的影响进行评估。与我们前面描述过的险种类似，当降雨量少于特定水平时，保险公司会支付一定数量的理赔金给客户。[19] 这种产品在印度有两个销售区——古吉拉特邦和安得拉邦——都是干旱少雨的地区。在这两个地区，该产品通过一家知名的小额信贷组织进行销售。该组织尝试了各种各样的方法，为农民提供并赠送保险服务。总的来看，签约率依然很低：最多只有 20%的农民购买了某种保险，而只有在这家小额信贷机构的工作人员上门销售时，才能达到这一签约水平。此外，即使买了保险的人也没买多少：如果不下雨的话，大多数农民所买的保险只能弥补其 2%~3%的损失。

为什么穷人不想买保险？

投保需求低的第一个可能性就是，政府破坏了这一市场。这就是我们所熟知的需求达人的观点：当市场无法发挥作用时，政府或国际机构的供应过大可能就会受到指责。具体而言，当灾难降临时，那些善良的灵魂会伸出援手，因此人们实际上并不需要保险。

在发生大暴雨的年头，印度一些地区争相想被定为“旱灾区”，因为这样就可以得到政府援助。在政府的建筑工地上，人们可以找到工作、分到食物等。但有一点我们应明确，这不过是穷人需要的一小部分。一方面，政府只在大灾发生时才会进行干预，而不会去管一头牛死了或某人被车撞了这类事。而且，在大多数情况下，救灾物资分发到穷人手中也不够及时。

另一种可能性是，穷人对保险的概念并不是很了解。的确，保险与穷人接触过的大多数交易并不一样。保险是你预先支付一定费用，为将来生活购买的一种保障，但希望自己永远都不会用到。我们在与SKS客户交谈时遇到了很多人，即使他们在过去一年里没有遭遇过祸事，当他们的医疗保险费不能报销时，他们仍然感到很沮丧。我们当然可以将保险的概念解释得更清楚，但我们很难想象，这些人能够巧妙地发现SKS系统中的漏洞，却搞不清楚保险的基本原理。为了销售天气险，汤森想弄清楚人们是否了解保险的运行方式，于是对此做了一个实验。在拜访每一位农民时，销售人员会大声地向他们简要介绍一种假想的保险产品（温度险），然后向潜在客户提出几个假想的问题，主要是关于这种保险怎样生效的。被访者答对问题的比率为75%。目前，我们尚不清楚，普通美国人或法国人是否能做得更好。因此，毫无疑问，将天气险解释得更清楚，对于农民购买保险的意愿并无影响。[20]

农民能够理解保险的核心概念，以及保险是怎样运行的，他们只是对买保险不感兴趣而已。然而，他们还是会考虑买点儿小东西。在没有任何销售努力的情况下，一次简单的家访会将购买天气险的人数提高四成。在菲律宾，有些家庭被随机挑选出来，完成一份基本调查，其中包含很多关于健康的问题，相对于未填写基本调查的对照家庭，他们最终更有可能会购买医疗险。据推测，回答健康方面的问题提醒了他们可能会发生的情况。[21]

即使没有这些小点拨，鉴于发生问题的概率也很高，穷人为什么仍对保险的好处置若罔闻呢？

我们认为，主要问题在于，由于我们在前面提到过的一些问题，市场所提供的险种只覆盖了灾难性的情况，这就带来了大量的问题。

可信度始终是保险产品所面临的一个重要问题，因为保险合同要求一个家庭预付一些钱，而他们将来能否得到补偿则是由保险公司决定的，所以这个家庭一定要完全信任该保险公司。以天气险为例，产品销售小组有时会与来自贝司克斯的人一起——贝司克斯是农民们非常熟悉的一个组织——有时则单独开展工作。他们发现，与贝司克斯的人一起时，签约率会受到很大影响，这表明信任是一个问题。

遗憾的是，这种可信度的缺乏或许是一种地方病，它取决于产品的性质，以及保险公司应对任何欺诈可能的方式。2009年冬，我们访问了SKS的一些客户，这些客户已决定不再续订医疗险。一位女士说，她去医院看胃病，但后来

SKS拒绝给她报销，因此她决定不再续订该保险了。由于该险种只覆盖灾难性问题，胃病虽然很可怕，却并不在报销范围之内。我们不知道她是否了解这种区分——毕竟，她去了医院并在那接受了治疗。她还谈到一位购买了另一种保险的女士，这位女士的丈夫死于一种严重的疾病，但她在丈夫去世前还是花了大笔的医疗费。丈夫去世后，她向保险公司提出了理赔要求，但保险公司拒绝支付，理由是她的丈夫从没住过院。很多女士都被这件事吓坏了，于是她们都决定不再支付保险费。从纯粹法律的角度来看，保险公司显然有权拒绝理赔。但另一方面，还有什么事会比这更具灾难性呢？

天气险也存在着很多类似的问题。庄稼可能会枯死，农民可能会挨饿，但如果雨量站所测量的降雨量在标准之上，那么该地区就没有人能得到理赔金。然而，还有很多局部气候：在地区平均降雨量在旱灾线之上的年头，很多农民必须承受与灾难几乎相同的损失，这种情况常常发生。在腐败现象很普遍的情况下，让受难的农民接受气象台的定论并不容易。

第二个问题是时间的不一致，这方面我们已在前文谈过。在决定是否买保险时，我们需要现在付出行动（支付保险费），但回报却发生在未来。这是人类不太擅长的一种推理类型。当保险只覆盖灾难性问题时，这个问题就变得更难处理了：回报会发生在未来——一个特别不愉快的、谁也不愿去想的未来。不去花太多时间预测这些事件，或许是一种自我保护，而且这或许也能说明，人们为什么在答完问卷不得不思考这个问题时，才更有可能会去买保险。

出于这些原因，小额保险或许不会成为下一个拥有10亿客户的市场机制：对于市场愿意提供的某些保险产品，大多数人都不太喜欢，这似乎还有一些深层次的原因。而另一方面，穷人显然要为此承担难以接受的风险。

因此，政府需要扮演一个明确的角色，这并不意味着政府必须取代私人保险市场。但要让一个真正的市场出现，政府必须挺身而出。私人公司可以继续销售其正在销售的险种（有严格限制的灾难险、基于指数的天气险等）。但就目前来说，政府应为穷人支付部分保险费。已有证据表明，这是行得通的：在加纳，当农民享受很大一部分天气险补贴时，几乎所有农民都会购买这种保险。因为对灾难的恐惧会使穷人采取昂贵的缓解对策，保险补贴费用可以由农民的额外收入自行抵消。与未接受廉价保险的农民相比，接受这一保险的农民更有可能为自己的庄稼施肥，因而会获得更好的收成，他们吃不饱饭的可能性也减小了。[22] 随着时间的推移，人们会逐渐看到保险的好处，感受到这一市场的繁荣，那么保险补贴或许就可以取消了。即使没有这种可能性，只要穷人无须成为自己生活中的对冲基金经理，并因此而实现巨大的潜在利益，这似乎也是一个利用公共资金促进共同富裕的好方式。

第七章

阔人贷款给穷人：不那么简单的经济学

在大多数发展中国家的城市中，我们常常可以看到无数水果及蔬菜摊贩站在街角。每个摊贩（常常是女人）都有一个铺着一层帆布的小推车，上面摆着西红柿、洋葱或是她们碰巧正在卖的任何东西。摊贩们早晨从批发商那里进货（常常是以赊账的方式），然后卖一天的货，晚上将欠款偿还给批发商。有时，他们用来装菜、卖菜的推车也是按天租用的。

在很多富裕的国家，这也是商人做生意的方式：他们获得营运资本贷款，用于生产或购买货物，然后用他们的收入支付贷款。很明显，与富人相比，穷人需要偿还的贷款数额要多。在印度陈耐市，如果水果贩早上从批发商那里进了 1 000 卢比（购买力平价 51 美元）的蔬菜，那么她晚上平均需偿还批发商 1 046.9 卢比。支付的利息为每天 4.69%。[1] 要想搞清个中原因，我们可以先来计算一下：如果你今天借了 100 卢比（购买力平价 5.1 美元），那么你明天就要偿还 104.69 卢比，如果你延迟一天还款，那么后天你就要偿还 109.6 卢比。如果借款 30 天，你就欠了近 400 卢比；而如果借款长达一年，应还款就高达 1 842 459 409 卢比（购买力平价 9 350 万美元）。因此，一份 5 美元的贷款，如果贷款期长达一年，这一债务将接近 1 亿美元。

这一高额利率呼吁着小额信贷机构立即行动起来。例如，帕德马贾 · 蕾迪是斯潘达纳公司的首席执行官，该公司是印度最大的小额信贷机构之一。她告诉我们，她创立该公司的灵感来源于一场谈话，谈话对象是安得拉邦贡士尔市一个拾破烂的人。蕾迪意识到，如果拾破烂的人拥有能买一辆推车的钱，那么，她就无须支付日租金了。省下来的钱，她在几周内就能买到很多推车。不过，那个拾破烂的人并没有能买得起一辆推车的钱。蕾迪问自己："为什么没人借给他买一辆推车的钱呢？蕾迪说，拾破烂的人给出的解释是，银行不会借钱给他这样的人。他可以从放债人那里借钱，但借款的利息非常高，根本行不通。最终，蕾迪决定借钱给这个拾破烂的人。他如约还清了欠款，很快发达了起来。不久，蕾迪家门口前来借款的人排起了长队。于是，蕾迪决定辞职并创立斯潘达纳公司。13 年后的 2010 年 7 月，斯潘达纳公司已拥有 420 万贷款客户，涉及贷款额高达 420 亿卢比。

穆罕默德 · 尤努斯被誉为"现代小额信贷之父"，他的观点与蕾迪大致相同：银行不愿与穷人接触。很多意图谋利的放债人和生意人都想抓住这个机会，向借款人收取高额利息。在这种背景下，小额信贷成为一个非常简单的概念。任何人只要不以搜刮穷人为目的，都可以进入这一市场。他们只向穷人收取一点点足以维持运营的利息，或者稍稍赚取一点儿赢利，但不会很多。由于复利的作用，利息稍微下调就能改变客户的生活。以水果商贩为例，假如他们借到了 1 000 卢比（购买力平价 51 美元），即使贷款利息很高（比如每月 10%），他们也可以用现金买进蔬菜，而不是赊账进货。一个月的时间，他们就能少付给批发商 4 000 卢比（购买力平价 203 美元）的利息，这笔钱足以偿还小额信贷机构的贷款。至少从理论上来说，他们只需几个月就能将生意做大，并摆脱贫穷。

然而，这一简单的情况也会产生问题。陈耐市有很多水果批发商，为什么这些小额信贷机构（或是一位有创意的放债人）不稍稍降低利息呢？这样，它就能一直占领整个市场，并保持一定量的盈余。为什么水果商贩要等待穆罕默德 · 尤努斯或帕德马贾 · 蕾迪这样的人呢？

从这个意义上讲，提倡小额信贷的人有些过于保守：在出现垄断的地方，他们要做的不仅仅是引入竞争。另一方面，对于小额信贷消除贫穷的潜能，他们或许有些过于乐观。虽然在各类小额信贷机构的网站上，我们可以看到很多水果小贩变成水果巨头的奇闻，但陈耐市仍然有很多贫穷的水果商贩。即使他们所在城镇中有很多小额信贷机构，他们当中的很多人也不会向这些机构借钱。难道他们放弃了摆脱贫穷的机会？还是小额信贷并非像我们听说的那样神奇？

贷款给穷人

穷人很少向正规贷款机构借钱，比如商业银行或合作社。我们在印度乌代布尔农村地区的调查中，约三分之二的穷人都借过钱。其中，23%是向亲戚借的，18%是向放债人借的，37%是向店主借的，只有6.4%是通过某种正规渠道借的。银行信贷的低比率也发生在了海得拉巴市区，那里有些家庭的生活水平低于每天2美元，他们的借款渠道主要是放债人（52%）、朋友或邻居（24%）、家人（13%），只有5%的借款来自于商业银行。在我们所调查的18个国家当中，不到5%的农村穷人会从银行贷款，城镇穷人会这样做的也不到10%。

从非正规渠道借钱所支付的利息一般都很昂贵。在对乌代布尔地区的调查中，对于那些每日生活水平低于99美分的人来说，他们平均每月要为来自非正规渠道的借款支付3.84%的利息（相当于57%的年利息）。即使是美国的信用卡透支（因其代价昂贵而臭名昭著），相比之下也变得微不足道了。发行美国标准信用卡的银行，其年利率约为20%。那些日消费在99美分到2美元之间的人可以少付一点儿：每月3.13%。这种利率差距的产生有两个原因。第一，贫穷程度越低的人，对非正规贷款渠道的依赖性就越小，对正式贷款渠道的依赖性就越大，因为正规的渠道更廉价。第二，与不太贫穷的人相比，穷人向非正规渠道支付的利息一般会更高。贷款人所拥有的土地每多出一公顷，他每月要向非正规渠道支付的利息就会下降 0.4%。

利率会因国家及地域的不同而不同，但底线常常是相同的：正常情况下，年利率在 40%~200%（或更高）之间，而穷人需支付的利率比富人更高。令人惊讶的是，即便如此，很多人依然在以这一利率水平贷款。上百万人愿意接受的这一贷款利率水平，一定是美国的救助者所乐于赚取的。那么，为什么投资者不拿着一袋子钱去找他们呢？

并非没人尝试过。从 20 世纪 60 年代到 80 年代晚期，很多发展中国家都有政府主办的信贷计划，通常附带利率补贴，是专门针对乡村穷人的。例如，自 1977 年起，印度每在一个城市设立一家银行分行，该银行就需在没有银行的农村地区额外设立 4 家分行。此外，银行根据政府指示，要将其 40%的贷款提供给一些“重要领域”：小公司、农业合作社等。罗宾 · 伯吉斯和罗西尼 · 潘德表示，在因这一政策而额外开设分行的地区，那里的人却变得越来越贫穷。[2]

问题在于，这些强制性的信贷计划并非十分有效，违约率出奇的高（20 世纪 80 年代高达 40%）。贷款常常受到政治的驱动，而非出于经济需求（在某些地区，大量贷款都是大选之前向农民提供的，因为人们预计这些地区的选举竞争会非常激烈）。[3] 而且，这些钱最终都会落到当地实力派的手中。伯吉斯和潘德的研究认为，要想通过设立银行分行为穷人增加 1 卢比的收入，就需要花掉 1 卢比以上的费用。此外，进一步研究表明，从长远角度来看，设立更多分行的地区其实会变得更穷。[4]1992 年，在印度自由化的改革浪潮中，政府对于在农村开设分行的要求有所下降。而在大多数其他发展中国家，我们也可以看到一种类似的趋势，即政府取消了对公共贷款计划的支持。

或许，社会银行实验是一次失败，因为政府不应插手贷款补贴的事务。政客们发现，将贷款用作馈赠非常具有吸引力，没有什么能比无须偿还的贷款更好的了。然而，为什么私人银行不愿意贷款给小企业主呢？这些人愿意每月支付 4%的利息，是一家银行普通贷款的几倍，贷款给他们不是更合理吗？通过美国目前的一些网站，我们得知，富国的潜在贷方可以向穷国的企业家们提供贷款，这是否意味着他们已弄懂了其他人搞不清楚的问题？

或者，也有可能是，非正式放债人可以做到银行做不到的事情。答案究竟是什么呢？为什么贷款给更富有的人成本更少呢？

贷款给穷人——不那么简单的经济学

为什么有些人需要支付高利率？一个标准的解释就是，他们违约的概率更高。这是一道简单的算术题：如果仅仅为了维持运营，一位放债人平均每贷出 100 卢比，他就要拿回 110 卢比，即如果不发生违约的话，他可以收取 10% 的利息。但如果半数的借款人违约了，那么放债人就必须向另一半没违约的借款人至少收取 220 卢比，一共收取 120% 的利息。然而，不同于那些由政府支持的银行贷款计划，非正式贷款的违约率并不是很高。这种贷款的偿还时间通常会延迟一些，但完全不偿还还是很少见的。一项对巴基斯坦农村放债人的研究发现，放债人所遇到的一般违约率仅为 2%。不过他们收取的平均利率高达 78%。[5]

问题在于，这种低违约率绝不是自发产生的，这需要贷方付出很大的努力。加强履行贷款合同并不容易．如果借款人挥霍借款，或是遇到了难处，手头没有现金，那么贷方就无钱可收了。在这种情况下，贷方几乎没什么办法收回贷款。因此，借款人即使在自己有钱时也可能会假装没钱，这对贷方来说则会更糟。如果这种情况不加以制上的话，即使借款人的项目获得了成功，贷方也永远拿不回借出的钱。

为了避免各种故意违约的行为，全世界的贷方保护自身的一个办法就是，收取预付定金。有时还会附加担保，也就是所谓的发起人出资，即倡议人出一部分资金。如果借款人违约，贷方可以通过没收附加担保金来实施惩罚。借款人受到的压力越大，其违约的概率就越小。但这也意味着，借款人所做的担保越大，贷方发放的贷款就会越多。因此，我们看到了那条熟悉的规则（至少在无抵押的投机时期之前），即将可贷款数量与借款人的资金现状挂钩。正如法国人所说的那样，“人们只会借钱给富人”。

也就是说，更穷的借款人所能得到的贷款更少，但这并不能解释，为什么穷人要支付这么高的利息，为什么银行拒绝贷款给他们。这里还有另外一个问题，为了收回贷款，贷方需要了解很多关于借款人的信息。有些信息是贷方希望在决定贷款之前就了解的，如借款人是否值得信赖、来自哪里、所做生意的性质、收回贷款方面会不会有问题等。贷方或许还想时刻关注着借款人，时常到他家里去看看，确保贷款以承诺的方式使用，并在必要时推动生意向理想的方向发展。所有这一切都要花时间，时间就是金钱，而利率的提升便会抵消这一花费。

此外，很多此类花费并不是以贷款多少来衡量的。即使贷款额非常少，贷方也必须收集某些借款人的基本信息。结果，贷款额越少，作为贷款一部分的监督费用就会越高，而由于这部分费用要由收回的利息来抵消，利率就会变得更高。

更糟糕的是，这会产生一种经济学家所谓的“乘数效应”(Multiplier Effect)。当利率上涨时，借款人有更多理由想办法不偿还贷款。这就意味着，借款人需要受到更为细致的监督，而这又增加了贷款成本。利率会因此而进一步上涨，借款人需要更多的监督，如此循环反复。贷方所承担的风险越来越大，导致利率飞涨。或者，现实中常常发生的情况是，贷方或许决定，贷款给穷人并不可行：他们的贷款额太少，不值得一贷。

一旦我们了解这一点，很多事情便一目了然。贷款给穷人的主要限制在于，收集关于他们的信息会产生费用。因此，穷人大多会向熟悉他们的人借钱，比如邻居、老板、生意伙伴或当地的放债人，这恰恰就是当前正在发生的情况。虽然，这种对于合同执行的强调似乎有些奇怪，但穷人因此会向那些一旦违约就会真正伤害他们的人借款，因为这些贷方无须花那么多时间去监督（借款人不敢犯错），因而贷款会更便宜一些。20世纪六七十年代，在印度的加尔各答市，很多放债人都是喀布尔人——阿富汗的高个子男人，他们肩上挎着一个布袋子，挨家挨户地假装卖水果及坚果，其实大多是以此为掩护，推销他们的贷款业务。那么，为什么当地人不去开展这些业务呢？最有可能的答案就是，这些阿富汗人以凶悍无情而著称，这种说法来自于孟加拉邦学生课本中的一则古老的故事，说的是喀布尔人心肠好，但很暴力，他们会杀掉企图欺骗他们的人。由此我们可以解释，为什么美国暴徒对于很多人来说是“最后贷款人”。

在伦敦 1999 年 8 月 22 日的《星期日电讯报》上，可以看到一篇题为“付钱——否则我们就派阉人去见你”的故事，堪称一次对威胁力量的奇特描述。[6] 该报道描述了印度的一些收债者利用人们对阉人的传统偏见，让阉人去找那些长期欠款的人收债。因为人们相信，看到阉人的生殖部位会带来厄运，所以一些阉人会根据指示出现在违约者的家里，威胁他们如果不合作就给他们“展示一下”。

收集借款人的信息会产生高额的费用，这就是即使在每个村庄都有几个放债人的情况下，他们之间的竞争也并未使利率下跌的原因。假如贷方在监督放债人方面有所投资，那么贷方就会在借款人心中拥有良好的信誉，借款人很难再更换贷方。如果借款人到别处去贷款，新的贷方要重新付出同样的努力，这又要花上大笔费用，会使利率上涨得更高。此外，贷方会对新客户持怀疑态度：解除与以前贷方的关系很费钱，那么，他为什么还要那么做呢？这样做显然更费钱。在这种情况下，贷方会更为谨慎，而利率也会进一步提高。因此，尽管贷方可以选择，但借款人一般会与自己已经了解的贷方保持关系。而且，放债人会利用这一机会提高利率。

这还可以解释，银行为什么不贷款给穷人。银行职员并不承担必要的监督职责：他们既不住在村里，也不认识那里的人，而且他们的人员流动也很频繁。那些体面的银行是不会与喀布尔人竞争的，他们不会动辄就要打断某人的腿，或是派阉人去找违约者。花旗银行在印度的分行陷入了很大的麻烦，因为有人发现，他们让当地“小流氓”威胁未偿还汽车贷款的人。而且，即使诉诸法律也无济于事。1988 年，印度法律委员会报告说，40%的资产清算（破产借款人）

案件都会搁置 8 年以上。[7] 站在贷方的角度想想这意味着什么：即使他们肯定能打赢与违约公司的官司，他们也要等 7 年才能收回抵押款（在此期间，借款人有充足的机会转移资产）。当然，对于贷方来说，借款人的资产在贷款发生时就已贬值了。

纳奇凯特 · 摩尔当时为印度工业信贷投资银行的副总裁之一，他曾向我们描述，他知道一个让农民偿还农业贷款的绝妙好主意：在支出每笔贷款之前，他会要求农民们提供一张等量钱款的长期支票。这样做的好处在于，如果农民拒绝还款，银行就可以叫警察来取支票，因为不兑现支票是一种违法行为。这种方法起初还颇有成效，但后来便逐渐失效了。因为警察意识到，他们需要追踪上百张空头支票，于是他们礼貌地告诉银行，这其实并非他们的职责所在。

即使银行成功收回了贷款，也会产生一定的反效果：银行并不喜欢同“农民自杀”的头条新闻扯上关系。要解决这一问题，特别是竞选在即时，政府喜欢勾销一些未偿还贷款。因此，银行干脆就避免贷款给穷人，让放债人来填补这一市场空白。然而，尽管放债人在收回贷款上有优势，但他们要为贷出款项支付比银行更多的钱。这是因为，即使银行支付的存储利息很低（或没有），穷人也愿意将积蓄存在银行，很少有人会将自己的积蓄押给放债人。而放债人所热衷的“乘数效应”及垄断力量，恰恰可以解释为什么穷人要承受如此高的利率。

因此，穆罕默德 · 尤努斯和帕德马贾 · 蕾迪的创造性不仅体现在以更合理的价格贷款给穷人，他们还发现了实现这一点的方式。

对于一个大计划的小见解

在 20 世纪 70 年代的孟加拉，孟加拉康复援助委员会及格莱珉银行中出现了并不起眼的小额信贷业务，但这项业务现在已在世界范围内得到了普及。小额信贷触及 1.5 亿~2 亿借款人（主要是女士），并且可以为更多的人所使用。有时，人们将小额信贷描述得就像是希腊神话中的一个角色（双头怪物）——兼具赢利使命与社会使命——而且据大家所说，其在两方面都取得了令人瞩目的成就。一方面，穆罕默德 · 尤努斯和格莱珉银行获得了诺贝尔和平奖，并赢得了公众的赞誉；另一方面，2007 年春，墨西哥小额信贷公司——康帕多银行首次公开发行股票，创造了商业领域的一次胜利（具有争议的）。此次发行为该公司筹集了 4.67 亿美元，不过人们也注意到，该公司收取的费用为 100%以上的利息（尤努斯对此表示公开不满，将该公司的首席执行官称为新的高利贷者，但其他小额信贷公司也紧随其后：2010 年 7 月，印度最大的小额信贷公司SKS首次公开发行股票，筹集了 3.54 亿美元的资金）。

由此可以看出尤努斯不喜欢沾染高利贷的原因，但从某种意义上来讲，小额信贷是一种基于社会目的的变相放债。正如传统的放债人一样，小额信贷机构依赖的是其紧密监督客户的能力，但其中会涉及借款人碰巧认识客户的情况。典型的小额信贷合同允许一组借款人贷款，他们为彼此的贷款负责，因此必须尽量确保其他人按时还款。有些组织希望，一些借款人前来借款时彼此认识，它们甚至通过每周组织活动让彼此熟识。这些活动有助于客户更好地了解彼此，而且在一位组员暂时遇到困难时，其他人也更愿意伸出援手。[8]

正如放债人一样，对于那些彻底违约的人，小额信贷机构会威胁再也不贷款给他们，而且会毫不犹豫地动用其在村里的关系网络，对拒不还款的借款人施压。与放债人不同，小额信贷机构的官方政策就是，永远不使用暴力威胁。[9]羞辱的力量确实不小。我们在海得拉巴市见到一个借款人，她正努力偿还几家小额信贷机构的贷款。她说自己从未拒绝偿还任何欠款，即使她要向自己的孩子借钱还债，或是一天不吃饭：她讨厌信贷职员跑到她家门口，在街坊邻居的面前让她难堪。

小额信贷机构与传统放债人的明显区别在于，前者行事极为谨慎。传统放债人会让他们的借款人选择借款方式及还款方式——有的每周偿还一次，有的不限定还款时期。有些先还利息，钱凑够后再还本金。相反，小额信贷机构的客户一般每周都要偿还一定量的钱，从贷款发出一周之后算起。至少就第一笔贷款来说，每个人收到的钱常常都是等量的。此外，借款人必须要在每周会议上还款，会议召开时间对于每个小组来说都是固定的。这就使得追踪还款情况变得很容易：贷款负责人只需数数手中的钱，看看够不够一个小组该交的钱即可。如果够数的话（情况常常是这样的），他的任务就完成了，可以到下一个小组收钱了。因此，一位贷款负责人每天可收回 100~200 人的欠款，而传统放债人只能在不知何时才能收回钱的情况下坐等。此外，由于交易非常简单，贷款负责人不需要受过良好的教育或培训，因此成本会有所下降。而且，贷款负责人工资的发放依据是过于夸张的奖励合同，他们需要寻找新的客户并保证每个人都能偿还借款。

所有这些方法都有助于降低贷款的管理费用，我们在前面讨论过，这部分费用因“乘数效应”而增长，导致贷款给穷人变得十分昂贵。这是南亚大多数小额信贷机构的赢利模式，他们贷款给穷人的年利率约为 25%，而当地放债人收取的利息一般是这一比率的 2~4 倍。世界上其他一些地区的利率则更高（一个可能的解释就是，贷款负责人的工资更高了），有时年利率甚至超过 100%。而对于穷人来说，这一选择还是比其他选择廉价得多。例如，在巴西的城市里，小额信贷机构提供的月利率约为 4%（每年 60%），而最容易的还款方式是通过信用卡还款，月利率在 12%~20% 之间（每年 289%~800%）。然而，违约行为极为少见，至少在不发生政治风波的情况下是如此。2009 年，“风险投资组合”（可能会违约的贷款，但并非全部）在南亚低于 4%，而在拉丁美洲及非洲国家则不超过 7%。[10] 因此，小额信贷及其 1.5 亿~2 亿位客户，已经作为最显著的扶贫政策之一得以立足。然而，小额信贷的效果到底怎么样呢？

小额信贷有效果吗？

答案显然取决于你所谓的“效果”是怎样的。对小额信贷较为热情的支持者认为，这意味着改变人们的生活。扶贫协商小组是一个隶属于世界银行的组织，其使命在于推广小额信贷。该组织在其网站“常见问题”板块中报道，“越来越多的证据显示，贫穷家庭可用的金融服务——小额信贷——有助于实现千年发展目标”[11]（例如，普及初级教育、减少儿童死亡率及加强女性健康等）。其核心理念是，使女性手中掌握经济权，女人比男人更关注这些方面。

遗憾的是，与扶贫协商小组的主张相反的是，直到最近，关于这一问题的解决方案仍然很少。扶贫协商小组所谓的解决方案其实只是案例，通常是由小额信贷机构自身策划出来的。对于小额信贷的很多支持者来说，这似乎已经足够了。在硅谷，我们见到了一位杰出的风险资本家及投资家，他也是小额信贷的支持者（他很早就支持SKS）。他告诉我们，为了了解真相，他已经看到了够多的“坊间数据”，但这种数据对于怀疑者们来说根本没用。其他地区的很多政府部门也对此表示担心，小额信贷或许会成为“新型高利贷”。2010 年 10 月，即SKS首次成功发行股票仅两个月之后，安得拉邦政府因 57 位农民自杀而责怪SKS，据说是由于贷款负责人强制性的收款行为，使这些农民受到了难以承受的压力。SKS及斯潘达纳公司的少数贷款负责人被捕，政府因此通过了一项法律，试图阻止他们每周收回贷款的做法。此外，政府还要求还款时要有一位当选官员在场。这表明，借款人不需要着急还款了。到 12 月初，主要小额信贷机构（SKS、斯潘达纳公司等）的所有贷款负责人仍在坐等，他们的损失在不断上升。SKS的首席执行官维克拉姆 · 阿库拉证实，自杀的57位农民并没有违约，因此他们的死不可能是由SKS贷款负责人引起的，但这对于解决问题几乎毫无作用。

小额信贷机构缺乏自我辩护的有力证明，一个原因就是，他们一直不愿搜集有力证据来证实其影响力。当我们来到小额信贷机构时（始于 2002 年左右），我们提议与他们合作开展一次评估，而他们对此的通常反应是，“我们为什么要像卖水果的小贩一样作评估呢？”他们的意思是，只要客户提出更多要求，小额信贷对于他们来说就是有好处的。而且，由于小额信贷机构的运营资金充足，并不依赖于慷慨大方的捐款人，因此评估其优点所在是毫无必要的。这听上去似乎有些虚伪。大多数小额信贷机构都需要慷慨大方的捐款人，需要员工拥有高涨的工作热情。他们的工作主要基于这样一种信念，即小额信贷比其他方式更能帮助穷人。有时，这些机构也会享受到政策补贴。在印度，小额信贷具有“优先部门”的资质，它们为银行提供了有力的金融激励方案，以优惠利率给它们贷款，这可以说是一种间接的高额补贴。

此外，在作长期决定（如贷款）时，人们不一定是完全理性的——美国媒体报道过很多这样的故事，人们由于过度使用信用卡而陷入了麻烦。或许，情况并非很多管理人员所认为的那样，人们并不需要贷方的保护。安德拉邦政府认为，借款人在贷款时并不知道自己会遇到什么问题，也不知道自己有可能还不了款。

部分原因在于这种立场，还有部分原因是，小额信贷机构的很多领导其实想知道，他们是否真的在帮助穷人。因此，几家小额信贷机构开始对自身的计划进行评估。我们也参与了斯潘达纳公司在海得拉巴市的计划评估。斯潘达纳公司被认为是业内最赢利的机构之一，也一直是政府在安德拉邦的主要行动对象之一。帕德马贾·蕾迪为斯潘达纳公司的创始人及首席执行官，她是一个精力充沛而又充满智慧的女人。蕾迪出生于贡土尔市一个富有的农民家庭，她哥哥是村里第一个上完中学的人，后来成为一位非常成功的医生。哥哥劝说父母让蕾迪上大学读MBA（工商管理硕士），而蕾迪却想帮助穷人，于是她开始在一家非政府组织工作。我们在前面讲过，她后来遇见了那个拾破烂的人，开始从事小额信贷业务。当她所在的那家非政府组织拒绝做这项业务时，她创立了斯潘达纳公司。尽管蕾迪在小额信贷业务上付出很多努力，并取得了巨大的成功，但她在描述小额信贷的潜在益处时非常低调。对于蕾迪来说，小额信贷的获取渠道非常重要，因为它通过一种以前不可能发生的形式，为穷人勾画出了一个未来，而这只是实现他们美好生活的第一步。无论他们是否购买机器、工具，或是给家里买台电视机，关键的不同之处在于，穷人会在必要时储蓄、争取机会并更加努力地工作，他们不再混日子，而是朝着他们自己想要的一种生活迈进。

或许，由于蕾迪一直非常谨慎，从不去作过分的承诺，因此她同意与我们合作评估斯潘达纳公司的计划。该评估是基于斯潘达纳公司在海得拉巴市某些地区的业务拓展展开的。[12] 在 104 个社区之中，我们随机选择了 52 个社区让斯潘达纳公司进驻，其余的社区用作一个对照组。

我们对两组社区家庭进行了比较，在斯潘达纳公司开始贷款的 15~18 个月左右，小额信贷开始发挥明显的作用。斯潘达纳公司社区的人们更可能会经营自己的生意，购买大量的耐用品，如自行车、冰箱或电视。至于那些没有经营生意的家庭，他们在这些社区的消费更多，而经营生意的家庭实际上消费更少，因为他们要节衣缩食，从而充分利用新的机会。目前尚未有明确证据显示，出现了有些评论员所担心的盲目消费。实际上，我们看到的情况恰恰相反；在有些家庭认为有点儿“浪费”的支出（如茶叶、零食）上，他们花的钱更少了。或许这就像蕾迪所预计的那样，他们对自己的目标有了更好的了解。

另一方面，没有迹象表明他们的生活发生了一种彻底的转变。女人并没有觉得自己拥有了更多的权力，至少从一定程度上来说是如此。例如，在整个家庭的消费上，她们手中并没有更多的控制权。在关于教育、健康及孩子上私立学校的问题上，我们也没看到任何变化。即使小额信贷产生了一定的影响，如人们开始做起了新的生意，这种影响力也不是很大。在 15 个月间，开始做新生意的家庭从 5% 左右上升至 7% 以上——这一比率不算低，但也算不上一场革命。

作为经济学家，我们对这些结果感到很高兴：小额信贷的主要目标似乎已经实现了。对此，我们需要展开更多研究，以证明其合理性。而且我们有必要了解这一趋势未来的发展态势。但至今为止，一切都发展顺利。在我们看来，小额信贷已经赢得了自身的一席之地，成为抗击贫穷的关键手段之一。

有意思的是，媒体显然不是这么认为的，他们引入了一些负面的发现，证明小额信贷并非像人们所理解的那样。而且，尽管一些小额信贷机构接受了这样的结果（主要是蕾迪，她说这正是她所预料的情况，并投资展开第二轮关于长期影响的研究），一些国际大型小额信贷机构决定发起反攻。

就在一项研究公之于众后不久，全球最大的 6 家小额信贷机构——“六巨头”（尤尼特斯公司、美国行动国际公司、国际社区援助基金会、格莱珉基金会、国际机遇及妇女世界银行）——派出代表到华盛顿特区参加一次会议。我们也受到了邀请，同行的还有同事伊巴 · 达哈里瓦，我们认为，会上一定会对研究结果进行一些讨论。然而，这 6 家公司只是想了解，其他一些随机的影响力调查何时出结果，以便他们组建一个特别小组，做好应对问题的准备（他们显然已经相信，所有的研究都是负面的）。几周之后，特别小组首次提交了关于损失控制的报告。小额信贷机构回应了来自两项研究（一项是我们的研究，另一项是迪恩 · 卡尔兰和乔纳森 · 辛曼的研究）的证据，还有 6 则借款人的成功故事。[13] 此后，《西雅图时报》刊登了尤尼特斯公司首席执行官布里吉特 · 赫尔姆斯的专栏文章。该文章简洁地指出，“这些研究给人留下了不准确的印象，即扩大基本金融服务获取渠道没有任何好处”。[14] 这读起来有些令人惊讶，因为我们的证据与此恰恰相反，小额信贷是一种有用的金融产品。然而，这显然不够。很多主要的小额信贷机构几十年来一直夸大其词，它们显然已相信这种负面的力量，而不是依靠股票和重组，并承认小额信贷只是抗击贫穷可能的方法之一。

幸运的是，这似乎并不是该行业其他机构的选择。2010 年秋，在纽约举行的一次会议提出了类似的结果，所有与会人士一致同意，小额信贷正如我们所了解的那样有其优点和缺点。下面我们将看看，小额信贷机构可以为其客户提供哪些更多的服务。

小额信贷的局限性

为什么小额信贷机构以前没有提供更多的服务？既然很多家庭可以通过支付利率来获取资金，为什么他们没有用这笔资金做新的生意呢？部分原因在于，即使能够借到钱（这一情况的成因是第九章关于企业家的中心议题之一），很多穷人也不愿或不能开始做生意。更令人不解的是，即使三家或更多的小额信贷机构为海得拉巴市的贫民提供贷款，只有约四分之一的家庭会向其借款，而半数的家庭会以更高的利率向放债人借款，他们几乎不会因小额信贷的出现而改变主意。我们不能完全解释小额信贷为什么不受欢迎，或许与之有关系的正是小额信贷的严格规定及其施加于客户的时间成本。

标准小额信贷模式的严格及规范意味着，一方面，由于组员需要对彼此负责，因此那些不喜欢掺和别人生意的女士便不愿参加；另一方面，组员或许不愿组里吸收那些他们不熟悉的人，因此它们会歧视新人。组员要承担共同责任这一规定会排除那些想要冒险的人：作为一个组员，你总会想让其他组员尽量安全地操作。

贷款支出一周后开始每周还款，这对于那些急需用钱的人来说并不现实，因为他们不确定自己什么时候能够开始还款。小额信贷机构的确认识到了这一点，有时他们将紧急的医疗支出排除在外，但这只是人们需要紧急贷款的众多原因之一。例如，你的儿子突然得到一次上课机会，这一课程对他的事业有很大帮助，但课程费用是 100 万卢比（购买力平价 179 美元），需要下周日付款。或许，你会向当地放债人借钱来支付课程费，然后开始寻找另一份工作，这样就可以还清贷款。然而，小额信贷不会为你提供这种灵活性的选择。

同样的要求还会阻碍人们选择一些赚钱慢的项目，因为他们每周都需要有足够的流动资金按期还款。罗西尼 · 潘德和埃里克 · 菲尔德劝说印度的一家小额信贷机构——位于加尔各答市的村庄福利协会，允许一组随机选择的客户在得到贷款两个月之后开始还款，而不是一周之后。当对稍后还款的客户与遵循标准还款期限的客户进行对比时，他们发现，前者更可能会做更大更冒险的生意，比如买一台缝纫机，而不是仅仅倒卖莎丽服。[15] 这意味着，他们将来或许能赚到更多的钱。然而，尽管客户满意度出现了明显的上升，这家小额信贷机构依旧决定重新采用传统模式，因为新贷款小组的违约率（虽然非常低）比原计划高出 8% 。

总而言之，小额信贷机构对于零违约率的关注确定了它们对其潜在借款人的严格要求。小额信贷精神与真正的企业家精神之间显然存在着一种紧张的关系。因为，企业家精神常常意味着冒险，而且无疑还有偶尔的亏损。例如，在备受争论的美国模式中，破产情况时有发生（或者至少曾经是这样），这并不会留下污点（恰恰与欧洲模式相反），这与企业家文化的活力有着很大关系。相反，小额信贷规则的制定不容忍任何失败。

小额信贷机构坚持零违约率是否正确？从社会及商业角度来看，这些机构能否做得更好？如制定一些为违约留有一丝余地的规则。小额信贷机构的大多数领导都坚信，情况并非如此，对违约放松限制会产生灾难性的后果。不过，他们或许是对的。毕竟，他们的经营环境使其几乎没有任何其他选择，如果客户拒不还款，就意味着他们将像银行一样，不得不依赖烦琐的诉讼程序来催款。从很多层面来看，他们的成功源于将还款设定为一种固定的社会契约，由整个社区来确保还款，而小额信贷机构会继续提供贷款服务。这种逐渐建立起来的信任或许可以解释，为什么很多小额信贷机构放弃了承担共同责任的正式要求。的确，一项研究表明，只要客户们定期会面，无论他们是否承担共同责任，他们在还款方面无任何差别（另一项研究发现，如果客户不是每周会面，而是每月会面，那么该小组的社会关系就会建立得较慢，其违约率最终也会上升[16]）。

然而，基于共同责任的社会平衡及不断发展的关系似乎并不稳定。如果我还款的理由有二，一是所有人都还了款，二是我将来还会得到新的贷款，那么与我是否还款紧密相连的是，我对别人正在做什么以及这一组织的将来是怎样看的。的确，如果我相信每个人都会违约，那么我会认为该机构就要破产，并因此不再从那里贷款。结果，当信念有所改变时，情况很快就会有所改变了。

这就是斯潘达纳公司发生的情况，该公司位于安得拉邦的克里斯那地区，这里是印度小额信贷运动的中心地带。该地区的一些官僚及政客们热衷于推广自己的小额信贷品牌，并且决定摆脱竞争。突然，在2005年的某一天，一家当地报纸（在某种意义上是伪报纸）登满了关于蕾迪的故事。有些故事说她逃到了美国，另一些故事说她杀死了自己的丈夫。其中的隐含意义是，斯潘达纳公司已经没有未来了，因此偿还该公司的贷款已经没有任何意义。我们看到的一张“报纸”称，蕾迪自己甚至建议他们违约，因为她已经赚够了钱，并且打算退出了。

这种彻底毁掉一家机构的方式，确实是改变人们信念的一种高超手段：让人们相信一家小额信贷机构没有未来，这是确保其真正没有未来的最简单的方法——因为这样一来，使每个人的收益最大化的做法就是违约。蕾迪几乎要发疯了（虽然她对于自己逃到美国躲债的想法感到可笑——毕竟，借款人手里有她的钱，而不是恰恰相反），但她决定发起反击。她开车跑遍了国内，出现在每个小城镇及大村庄的会议上。她说：“我还在这里，没有去任何地方。”

这一特殊的危机因此而扭转，但几个月之后，即在2006年3月爆发的一则新“丑闻”中，该公司的弱势再次被揭露。这一次，斯潘达纳公司及Share公司（其竞争者之一）被控与大量农民自杀有关。根据媒体一系列新的报道，贷款负责人逼迫客户过度借款，然后对其施加不公正的还款压力。这两家小额信贷机构明确否认了这一指控，但在问题得到解决之前，克里斯那地区行政长官判决，任何人向斯潘达纳公司或Share公司还款皆是“非法”的。几天之内，克里斯那地区几乎所有的客户都停止了还款。在危机期间，斯潘达纳公司在克里斯那地区的未偿还本金约为5.9亿卢比（购买力平价为3 450万美元），占斯潘达纳公司2006年在印度15%的总贷款额。

各家小额信贷机构的领导纷纷上诉，这一判决结果很快被废除了，但损失却已然铸成。人们还款是因为别人都在还款，而一旦人们停止还款，便很难再重新开始。一年之后，70%的未偿还本金仍未到账。自那时起，斯潘达纳公司的贷款负责人便开始前往每一个受影响的村庄，向他们的客户提供新贷款，但前提是，他们要偿还以前的欠款（无额外利息）。这些提议在某些村庄的确有效，他们目前只需追回一半的未偿还本金，但让别人也照做的压力显然很大。[17]在有些村庄，每个人都会还款。而在另一些村庄，每个人都拒绝还款，甚至包括那些只需几次还款就能得到新贷款的人。即使那些只需一次还款就能得到新贷款的人只还款约 150 卢比就能得到 8 000 卢比，他们可以用来还款或是拿在手里，然后再次违约，也还有四分之一贷款未偿还。在这些违约者所在的小组中，一般都没有人还款。

尽管没有明确的政治干预，克里斯那还款危机仍在重演。2008~2009 年，卡纳塔克邦和奥里萨邦分别爆发了KAS（另一家大型小额信贷机构）破产的事件。由于KAS失去了流动资金的获取渠道，无法发放新的贷款，所以每个人都停止了还款。2010 年秋天安德拉邦危机几乎是 2006 年危机的重演，其所涉及的范围更广。政客们再一次将农民自杀当作攻击小额信贷机构的一种根据，而且在政府介入之后还款便完全停止。这将几家最大的小额信贷机构（SKS、斯潘达纳公司及Share公司）推到了濒临破产的边缘。这表明，小额信贷机构注重信念的掌控或许是正确的，因此他们有理由更加注重还款规则。即使是为了鼓励人们承担必要的风险而允许违约，也可能会导致社会契约的瓦解，而这份契约正是使他们保持高还款率并享受较低利率的保障。

对还款规则的必要关注表明，对于想要扩大企业规模的企业家来说，小额信贷并非集资的最佳方式。就硅谷或其他地方的成功企业家来说，他们之中有很多人都会遭遇失败。我们看到，对于将大笔资金给予可能会失败的人，小额信贷模式的设计并不适用。这种危机并非出于偶然，也并非由小额信贷的某种缺陷造成的。这是某些规则实施的必要附属品，这些规则允许小额信贷以低利率贷款给大量穷人。

此外，小额信贷甚至不是一种发现企业家的有效方式，包括那些将进一步创建大企业的企业家。小额信贷鼓励其客户进行安全交易，因此并不能发现敢于冒险的生意人。当然，凡事都有例外——每一家小额信贷机构都会在其网站上夸耀，描述那些小商店怎样发展成了连锁店，但这样的实例太少了。在第一个三年周期，斯潘达纳公司发放的平均贷款仅从 7 000 卢比（购买力平价 320 美元）增加至 1 万卢比（购买力平价 460 美元），而且几乎没有超过 15 000 卢比（购买力平价 686 美元）的贷款。在运营了 30 多年之后，格莱珉银行的贷款仍然很少。

较大公司怎样集资？

小额信贷不适于那些借贷金额较大的人，然而，这或许也并不是绝对的。我们看到，相对于更富有的人来说，贫穷的借款人所受到的贷款限制可能更严格。或许这是一种自然的渐进过程——从一家小额信贷机构贷款作为起步，将生意做大，然后转向银行。

遗憾的是，情况似乎并非如此，经营状况稳定的公司更容易获得贷款。这类公司常常要冒这样一种风险，即对于传统放债人及小额信贷机构来说，它们的规模太大了；而对于银行来说，它们的规模又太小了。苗磊是中国杭州一位很有前途的商人，他接受过工程师的培训。2010 年夏，他开始做起在当地各家公司安装计算机系统的生意。当时的问题是，他首先需要购买硬件和软件，而他只有在安装完系统之后才能拿到钱。在这种情况下，没有人会贷款给他。有一次，他有机会竞标一份利润空间很大的合同，但他手头上的现金显然不够。然而，这一次的诱惑力非常大，他不顾一切地参加了竞标。他还记得自己在公司中标后的那些日子，为了筹钱而四处奔跑，但似乎没有任何效果。一旦发生合同违约，他的事业就将终结。在绝望中，他决定玩一次更大的赌博。当时有一家国有企业的合同在竞标，苗磊知道，如果他中了标，他就会得到一笔预付款，用这笔钱他就可以完成第一份合同。然后，他或许可以用第一份合同赚的钱完成第二份合同。他决定全力以赴地竞标——他甚至愿意为了中标而花点儿钱。他还记得那个晚上，他正在等待中标结果。那天，他很早就让员工下班了，一连几个小时，他一直在空荡荡的办公室里走来走去。最后，他中标了，一切都如愿以偿。资金注入，随之而来的是提供贷款的银行家（一旦他的收入超过 2 000 万元，银行家就会找上门来）。当我们见到苗磊时，他正经营着 4 家公司。

苗磊拥有很好的学历背景，还具备一种合理的经商模式，但为了生存，他不得不铤而走险。那拉彦 · 摩尔西和南丹 · 奈尔肯尼等人尽管拥有印度著名技术学院的学历，却得不到一份贷款来创建印孚瑟斯公司，因为银行家提出，银行看不到贷款所需的抵押资产清单。今天，印孚瑟斯公司是全球最大的软件公司之一。我们可以想象，仍然有很多这样的人，他们无法实现自己的梦想，因为他们不能在适当的时间得到适当的资金。

即使有些生意可以开始、维持下去并发展到一定规模，但在获取资金方面，它们似乎也要不可避免地受到限制。印度南部城镇蒂鲁布尔是印度最大的T恤产地（印度 70%的针织服装都产自这里）。在该地区经营的这些公司在世界范围内享有盛誉，全世界的买主都会到这里下笔大订单。因此，该城镇吸引了全印度那些最有才华的纺织企业家，还有很多当地的企业家，即富裕农民家庭的子孙。毫无疑问，外来者都是这一行业的专家，他们所经营的公司比当地企业家创建的公司效率更高。无论是任何资金水平，这些公司的产出量及出口量都更多。不过，更令人吃惊的是，当地企业家创建公司的启动资金是那些外来者创建公司的三倍多。[18] 当地富有的企业家们不会借钱给那些外来者——这一行业的专家，即使没有任何经验，他们也会创建自己的公司。他们为什么会这样做呢？或者，为什么银行没有介入、帮助那些外来者开创更大的生意？答案是，即使是这样的大公司（一位外来者名下的公司平均有 290 万卢比的股本，购买力平价 34.7 万美元），也会遇到我们前面说过的那些问题。当地企业家们创建了自己的公司是因为他们信任自己的社区，而且他们并不确定外来者是否会还款。

发展中国家认识到了这一问题，并尝试利用规定使银行贷款给较大的企业。印度有一个“优先部门”规定，银行要向优先部门提供该部门贷款总额的40%，这些部门包括农业部门、小额信贷机构、中小型企业，也包括一些大公司（最大的公司比印度95%的公司还要大）。而且，公司显然能够高效投资部分资金。1998年，优先部门有所扩大，囊括了一些较大的公司，这些公司通过进入优先部门领域，用额外的贷款进行投资，赚了一大笔钱。贷款每增长10%，还款之后的赢利就会增加9%。[19] 这是一个很高的回报率。然而，今天的趋势是消除这种强制贷款，部分原因在于，银行抱怨，贷款给这些公司代价很高、风险很大。

有些人试图找出有潜力的新生意，然后提供投资。中国商人苗磊就是如此，或许这来源于他自己的经验。他从有潜力的新兴公司买入普通股，但我们并未看到中小企业类似的小额信贷变革；尚未有人搞清楚，怎样在大范围内有效地实现这一点。商业环境的改变（如法庭功能的改进）或许能对此有所助益。在印度，法庭诉讼程序的加快促进了还款行动的进行，也带来了更多的贷款及更低的利率。然而，问题却并没有因此而得到彻底解决。引入还债法庭增加了给予大公司的贷款，减少了给予小公司的贷款。[20] 这似乎是因为，银行官员发现，贷款给大公司赢利更高，因为银行能够确保自身收回贷款。

最终，我们将这一问题归因于银行的结构。因为从本质上来说，银行是大型机构，很难鼓励自己的员工对公司进行监督、对项目进行跟踪，并做出赢利性投资。例如，如果银行决定因违约而惩罚贷款负责人（从某种程度上来说，银行必须这样做），贷款负责人便会寻找绝对安全的项目，而无名小公司的项目当然不在其列。未来的苗磊或那拉彦·摩尔西或许就得不到贷款。

小额信贷运动表明，尽管困难重重，贷款给穷人还是可能的。尽管有人会争辩，小额信贷机构的贷款在多大程度上改变了穷人的生活，但小额信贷机构已经发展成了其目前的规模，这一事实本身就是一个显著的成就。很少有项目会覆盖这么多的穷人。然而，该计划的结构是成功贷款给穷人的根本，我们也不指望其成为较大企业创建及筹资的踏脚石。对于发展中国家的金融业来说，下一个大挑战就是找到贷款给中等企业的方式。

第八章

节省一砖一瓦

几乎在任何一个发展中国家，从市中心驱车前往较为贫穷的乡村地区，令人印象最深的应该就是那些未建成的房屋。有的房子四面有墙但没有屋顶，有的房子有房顶却没有窗户，未建成的房屋可能只有一两面墙，房梁伸出了屋顶，墙上有画过的痕迹却不完整。在那里，我们看不到水泥搅拌机或泥瓦匠，大多数这样的房子只建了不到几个月。然而，在摩洛哥丹吉尔市一些较新的社区里，比较显眼的都是一些建好的、刚刚被粉刷过的房屋。

如果你问房主为什么保留未建成的房屋，他们的回答通常很简单：这是一种省钱方式。这种情况听上去很熟悉。当阿比吉特的祖父多赚了一点儿钱时，他就会多建一间房子。一次建一间房子，他家住的房子就是这样建成的。较为贫穷的人建不起一整间房子。阿比吉特家过去有过一个司机，他偶尔会请一天假，买些水泥、沙土和砖，然后用请假的时间盖房子。他的房子已经建了很多年了，一次只垒 100 块砖。

乍看上去，未建成的房子似乎并不是最具吸引力的省钱方式。人们不能生活在没有屋顶的房子里；只建了一半的房子下雨天会坍塌；如果在房屋建成之前急需用钱，那么房子就要在这种状态下出售，未建成房子的价值比最初买砖的成本或许还要低。出于这些原因，节省现金（如存到银行）似乎更实用些。

等钱积攒到了一定的数目，他们就会至少建一整间带屋顶的房子，一次到位。

如果穷人仍然一砖一瓦地节省，那么原因一定是，他们没有省钱的更好方式。银行是否还没找到一种吸纳穷人储蓄的方式，还是将会发生一场“小额储蓄革命”？或者是我们还未想到的一种原因，导致未建成的房屋成为一种具有吸引力的投资？我们是否应为人们超凡的耐心而感到震撼——他们每天的生活费常常低于 99 美分，而为了建成自己的房屋，他们很多年都享受不到一点点生活乐趣。或者我们应惊讶于这样一个事实，即如果一砖一瓦地建房是拥有一所房屋的唯一方式，那么他们为什么不存更多的钱，将房屋建得更快一些呢？

为什么穷人不存更多的钱？

鉴于穷人几乎没有获取贷款的渠道，也没有有效的风险应对措施，他们不是应该尽量储蓄更多的钱吗？储蓄可以使他们在遭遇灾年或疾病时有所保障，还可以使他们做点儿自己的生意。

在这一点上，一个常见的反应就是，“穷人怎么存钱？他们没有钱啊？”但这仅仅是一个表面意义：穷人应该存钱，因为他们同所有人一样，都有一个现在和一个将来。他们今天只有一点儿钱，除非他们晚上能捡个装满现金的袋子，否则明天可能仍然只有一点儿钱。的确，他们应比富人有更多存钱的理由。如果他们存了一定的钱，将来就能躲过一场灾难。例如，通过这样一种金融缓冲，印度乌代布尔地区的贫穷家庭在钱花光时就不至于减餐，他们曾说减餐会使他们感到十分不快。同样，在肯尼亚，如果一个市场小贩患上了疟疾，那么他的家庭为了给他买药，就要拿出一部分运营资金，但小贩病好后却很难继续做生意，因为他几乎无货可卖。如果他们以前存了一些买药的钱，不就能避免这一切了吗？

维多利亚时代的人认为，这本来就是穷人的状态——耐心不够、不会未雨绸缪。因此，他们相信，避免穷人陷入懒惰生活的唯一方式就是，如果他们偏离正轨，就以极度贫苦的生活来吓唬他们。所以，他们有噩梦般的救济院（穷人住的地方），还有查尔斯 · 狄更斯笔下的欠债者监狱。有观点认为，穷人是一个完全不同的群体，天生就目光短浅，所以才会贫穷。这种观点一直以各种不同的形式延续多年。今天，在小额信贷机构的批评者当中，我们也看到了这一相同的观点，他们指责小额信贷机构助长了穷人的浪费之风。诺贝尔奖得主、“现代经济学之父”加里 · 贝克在 1997 年的一家报纸上称，拥有财富可以激励人们投入时间，变得更有耐心。其言外之意就是，贫穷会永久性地腐蚀人的耐心。[1]

最近，小额信贷热衷者和其他一些人发起了一项运动，即认识每一个贫穷男人及女人内心的资本主义萌芽。这项运动使我们放弃了对于穷人的这种观点，即穷人并非无忧无虑的，也不是完全无能的。

我们在第六章关于风险及保险的部分提到，穷人实际上始终在担心未来（特别是潜在的灾难），他们会巧妙利用所有廉价的或昂贵的预防措施，降低他们会遇到的风险。穷人在管理自己的经济时，也会表现出同样的聪明才智。他们很少在正式的储蓄机构开户。在我们针对 18 个国家的调查数据中，在中等发达国家（如印尼），7% 的农村穷人及 8% 的城市穷人都有正式储蓄账户。在巴西、巴拿马及秘鲁，这一比率低于 1%。然而，这些国家的人们也会存钱。斯图尔特 · 卢瑟福是“安全储蓄”（SafeSave）的创始人，这是孟加拉一家专门帮助穷人储蓄的小额信贷机构。卢瑟福在两本书中讲述了他们是怎样做到这一点的。即《穷人和他们的钱》（*The Poor and Their Money*）和《穷人文件夹》（*Portfolios of the Poor*）。[2] 作为这两本书的背景，孟加拉、印度及南非 250 个贫穷家庭向调查研究人员描述了其每一笔经济交易，研究人员会连续一年对这些家庭进行走访，每两周一次。他们的一个主要发现就是，穷人找到了很多巧妙的储蓄方法。他们同其他储蓄者们结成“储蓄俱乐部”，其中每一位成员都要确保其他人能够实现他们的储蓄目标。自助小组在印度的某些地区非常流行，在很多其他国家也很常见。它利用全体成员积攒的储蓄，向其组员提供贷款。在非洲，最流行的方式是轮转基金——在说英语的非洲国家，更普遍地被称为“旋转木马”，而在讲法语的国家则被称为“唐提式保险”。轮转基金的成员会定期见面，每次见面时，所有人都将相同数量的钱存入一个公用钱罐。基于轮换的方式，每一次会有一个成员拿走整个钱罐。其他的储蓄安排包括，雇用收款员取走他们的存款并将其存入银行，将储蓄存给当地放债人并留下“看钱人”（免费或收取一点点儿费用、负责照看一小笔钱的熟人）。还有我们看到的，慢节奏地建造一所房屋。美国也有类似的机构，大多是在新移民的社区里。

珍妮弗·奥马是肯尼亚西部布玛拉小镇的一个市场小贩，她充分展示了其聪明才智。奥马贩卖玉米、高粱和豆子。在我们整个谈话期间，她熟练地挑选豆子，将白豆子放到一边，红豆子放到另一边。我们见到她时，她同时加入的轮转基金不少于6家，这些机构只是规模及见面频率有所不同。在其中一家，她每月存入1 000肯尼亚先令（购买力平价17.5美元），而在另一家，她每隔两个月会存入580肯尼亚先令（其中500先令存入钱罐，50先令用于支付茶水、甜点——这是会议场合的必要支出，另外30先令用于福利基金）。在另一家，她的存款为每月500肯尼亚先令，再加上200先令的额外储蓄。然后，还有一个每周轮转基金（每周150先令），有每周见面三次（50先令）的，每天都见面的（20先令）。奥马说，每个轮转基金都有一个独立而具体的目标。到小一点儿的机构存钱是为了她的房租（在她建房之前），而到大一点儿的机构存钱则为了一些长远的计划（如修缮房屋或交学费）。奥马认为，与传统的储蓄账户相比，轮转基金有很多好处：不收取费用，可以进行小额储蓄，而且在每周存相同数量的钱之后，她会更快地取走钱罐。此外，轮转基金还是一个寻求建议的好地方。

然而，她的储蓄文件夹中并不止6家轮转基金。2009年5月初（在我们见到她之前两个月左右），她从一家轮转基金中取走一笔贷款，用于购买价值6 000肯尼亚先令（购买力平价105美元）的玉米。她还是村储蓄银行的成员，在那里她开了一个储蓄账户，不过目前账户里没多少钱。账户里的钱被她用于在村银行购买了价值 12 000 先令（购买力平价 210 美元）的股票。连同她手中已有的一些股票（每张股票允许借款人从村银行借款 4 先令），她可以借到 7 万先令（购买力平价 1 222 美元），为自己建一栋房子。她还存了一点儿私房钱，分别藏在家里的不同位置，用于应对一些小危机，如健康需要等。不过，她还指出，有时健康储蓄也会用于招待客人。最终，很多人都欠了她的钱，包括她客户的 1 200 先令，还有村银行共同责任组以前一个成员欠她的 4 000 先令。这个成员已经违约了，他还欠银行 6 万先令（购买力平价 1 050 美元），导致该组全体成员都要为他垫资，而他目前仍在慢慢地还钱。

作为一位嫁给了一个农民的市场小贩，珍妮弗 · 奥马每天的生活费可能低于 2 美元。然而，她有一组精确协调的金融工具，我们常常会看到这种经济才智。

然而，穷人的所有储蓄才智可能仅仅展示了这样一个现象，他们无法拥有更常规、更简单的选择。银行不喜欢操作小额账户，主要是因为这方面的行政成本过高。吸收存款机构受到严格的监管，理由很充分，政府担心逃债者会卷走人们的存款——但这意味着，相对于银行希望从这类小账户中所赚的钱，操作每一个账户都需要银行职员做一些文案工作，他们很快就会觉得枯燥乏味的。珍妮弗 · 奥马向我们解释道，在村银行开储蓄账户并不是小额存款的好方法，因为取款手续费太高了。取款低于 500 先令收取手续费 30 先令，取款在 500 至 1 000 先令之间收取 50 先令手续费，而更大数目的取款将收取 100 先令的手续费。由于这一高昂的管理费，即使可以在银行开户，大多数穷人或许也不想这样去做。

由于缺少获取适当银行账户的渠道，穷人会采取复杂而又利息高昂的存款策略。这一事实或许还意味着，如果他们有了一个银行账户，他们就会尽量存更少的钱。为了弄清事情的真相，帕斯卡利娜 · 迪帕和乔纳森 · 罗宾逊找到当地一家银行，支付了开户费，他们代表的是随机选择的一些小业主（自行车出租司机、市场小贩、木匠等)。这家银行在各个主要市场都设有办公点，小业主们都在这一地区做生意。这种账户不支付任何利息，反而在每次取款时还会收取一定的手续费。[3]

几乎没有人使用这种账户，但约三分之二的女性至少存过一次钱。而且，与没得到这一账户的女性相比，有账户的女性会存更多的钱，并会为自己的生意投入更多，在生病时取出运营资金的概率也更小。6 个月之后，她们每天为自己及家里所购买的食品平均增加了 10%。

尽管穷人能找到一些巧妙的存钱方法，但这些结果表明，如果银行开户费用更低，他们的生活就会变得更充裕一些。实际上，肯尼亚每个账户的开户费用为 450 先令，而在任何至少用过一次的账户存款，则平均需要 5 000 先令。这就意味着，如果迪帕和罗宾逊没有为那些贫穷的客户支付开户费，他们就要为拥有一个账户而支付近 10%的“税费”，这还不包括取款的手续费。在这方面，我们还需要加上穷人去银行的成本，因为银行一般都在距离他们住所很远的城镇中心。在储蓄账户对穷人放宽经济政策之前，银行操作小额存款的成本必须有所下降。

在印度及其他地区盛行的自助小组推行了一种减少成本的方式，并提出了这样一种想法，即如果组员共用存款并协调他们的存取款，账户中的存款总量就会变大，那么银行将会很愿意接手。此外，技术也会发挥一定的作用。在肯尼亚，M-PESA 手机支付系统允许用户们将有存款的账户连接到他们的手机，然后用手机向其他人的账户汇款，进行支付操作。例如，像珍妮弗 · 奥马这样的人，就可以在当地任何一家是M-PESA 关系户的杂货店存入现金。奥马因此会得到M-PESA账户，给在缅甸拉穆的表弟发个信息，他的表弟就可以凭借这一信息到当地的一家M-PESA 关系户取款。一旦表弟将款取出，奥马 M-PESA 账户中的钱就会相应减少。一旦 M-PESA 账户与银行连接，人们就可以通过当地的M-PESA 关系户进行汇款、转账，无须长途跋涉前往银行办理。

当然，没有任何技术可以消除对于银行账户管理的需求。问题的一部分来自于这样一个事实，根据现有规定，只有银行的高薪职员才有权处理客户的存款，这或许没有必要。相反，银行可以利用当地店主收取存款，只要店主发给存款人一张票据，存款人就可凭该票据到银行取款，这样存款人就可以受到保护。接下来，确保店主不会卷走存款人的钱就是银行的责任。如果银行愿意承担这一风险——很多银行都愿意——那么管理者还在乎什么呢？这一认识近年来经过了系统的过滤，很多国家都通过了新的法律，允许这种形式的存款（例如，在印度，这种形式被称为“银行代理法案”）。最终，这种存款方式可能会改变整个存款业务体系。

目前，比尔和梅琳达·盖茨基金会发起了一项国际运动，旨在拓宽穷人获取储蓄账户的渠道。小额储蓄将成为下一场革命。然而，缺乏正式的储蓄账户渠道是唯一的问题吗？我们是否应专注于将储蓄变得简单而安全？迪帕和罗宾逊的研究结果表明，这并不是问题的全部。首先，一个令人不安的事实就是，大多数男人都不使用他们的（免费）账户，很多女人也不使用或很少使用这种账户。40%的女性没有在这个账户中存过钱，很多人只用了很短的时间。在肯尼亚的一项研究中，只有25%的夫妇在免费得到的三个账户（夫妇俩一人一个，还有一个共同账户）中存过钱。[4]而对于那些免费得到一张银行卡的人，这一使用率上升至31%，因为用银行卡取钱更简单、更便宜。储蓄账户显然帮助了一些人，但缺少这种账户并非是阻碍穷人存钱的唯一因素。

在前面的章节中，我们已经看到，有些人有大量的存钱机会，但他们并未加以利用：如陈耐市的水果贩，她们每天早晨以每天4.69%的利率借款约1 000卢比（购买力平价45.75美元）。假设这些小贩决定连续三天少喝两杯茶，那么她们每天能节省5卢比，这样就可以少借一些钱。第一天她们可以少借5卢比，也就是说，到第二天快要过去时，她们可以少还款5.23卢比（少借的5卢比加上0.23卢比的利息）；第二天继续少喝两杯茶，她们就可以少借款10.47卢比；以这一逻辑来看，到了第四天，她们已经节省下来15.71卢比，可以用这笔钱来购进水果而无须再借款。然后，她们可以照常喝茶，但继续将三天来省下的

15.71 卢比用作周转资金（也就是说借款更少）。这一数目将逐渐增加，9 天之后，他们就可以完全还清欠款。他们每天都可以省下 40 卢比，这相当于半天的工资，一切都来自 6 杯茶的价值。

关键在于，这些小贩似乎就坐在随处可见的摇钱树旁边，他们为什么不再用力摇一摇呢？

存款心理学

了解人们思考未来的方式，有助于解决这些明显的矛盾。安德烈·施莱费尔或许最能说明一种理论（他创造并推广了“噪音交易者”一词，用来描述天真的股票交易者的行为，他们受到那些无情的股票老手的剥削），即很多人有时会做傻事。他最近刚刚从肯尼亚回来，与我们分享了他在那里观察到的现象：一组修女耕种的田地非常肥沃，而她们邻居所耕种的田地却不怎么好。修女们使用了化肥和杂交种子。施莱费尔问我们，为什么会这样呢？这难道标志着农民们不够耐心（修女的职业或许使她们更有耐心，因为她们相信来世的好处）？

他的研究触及了我们心中长久以来的一个谜团。在几年来所开展的调查中，迈克尔·克雷默、乔纳森·罗宾逊和埃斯特发现，肯尼亚西部布西亚地区只有约 40% 的农民用过化肥，而只有 25% 的农民每年都用化肥。[5] 他们做过这一实验，即向随机一组农民提供免费化肥，让他们在自己的地里用一小部分，然后与那些没使用过化肥的地对比。结果表明，使用化肥的土地年均收益超过 70%：每支付 1 美元购买化肥，普通农民就可以额外收获价值 1.7 美元的玉米。那么他们为什么不多用点儿化肥呢？或许农民们不知道怎样使用化肥。或者，他们低估了化肥所产生的回报。如果真的是这样，那么至少那些免费得到化肥及高回报的农民会非常热衷于在下一个耕种季节里使用化肥。实际上，克雷默、罗宾逊和埃斯特研究发现，在一个季节里免费得到化肥的农民，他们在下一个季节使用化肥的概率平均增加了 10%。但这仍然意味着，大部分农民都不使用化肥。这并不是因为他们对化肥不感兴趣：大多数农民都表示自己相信化肥的效果，而且起初还说过他们肯定会使用化肥。

我们问一些农民为什么他们后来没有使用化肥，大多数人都回答说，在耕种季节到来时，他们手头没有足够的钱买化肥。令人惊讶的是，化肥可以少量购买，因此即使对于只有少量存款的农民来说，这似乎也是一个不难抓住的投资机会。这表明，问题在于，在丰收至耕种期间，农民们甚至很难存下一点点钱。为家里存钱很难，因为他们总会有要用钱的问题出现（有人生病、有人需要买衣服、有客人需要招待），人们很难对这些问题说“不”。

我们还遇到了一个名叫威克利夫 · 欧迪诺的农民，他找到了一个解决该问题的方法。在收割之后，他总是针对是否买化肥做出决定。如果收成足以支付学费及一家人的口粮，他就会立即卖掉余下的农作物，用这笔钱购买杂交种子；如果还有多余的钱，他就会用来买化肥。欧迪诺会将种子和化肥储存到下一个耕种季节。他向我们解释说，他总是提前购买化肥，因为他知道，钱放在家里根本存不住。他说，只要钱一放在家里，就总会有事情发生，钱就会被花掉。

我们问欧迪诺，如果他买了化肥而家里有人生病了，他是否会以亏本价卖掉化肥？他的回答是，他觉得没有必要卖掉化肥。相反，他会重新评估事态的紧急程度，如果实在需要花钱而手中没钱的话，他会杀一只鸡或是兼职做自行车出租司机（他在农闲时也会做这样的兼职）来赚钱。欧迪诺认为，努力找到一种可选的解决方案，而不是花掉家里的钱，这样做更有效。

因此，为了帮助这样的人，克雷默、罗宾逊和埃斯特设计了存款与化肥行动计划（Savings and Fertilizer Initiative，SAFI）。在收割过后——当农民们手中有钱时——他们得到一次购买一张优惠券的机会，他们可以凭券在耕种季节使用化肥。[6]ICS（该地区一个非政府组织）执行了这一计划。化肥以市场价格出售，但 ICS 人员上门向农民们出售优惠券，而且可以在农民需要用化肥时送货上门。该计划将使用化肥的农民人数至少提高了 50%。确切地说，这一计划的效果超过了给化肥减价50%的效果。正如克雷默所预计的那样，只要在正确的时间提供上门服务，农民们就会很愿意购买化肥。

然而，这并不能解释农民为什么不自己提前买化肥。大部分购买优惠券的农民都要求立即送货，他们会将化肥储存起来以备后用。换句话说，正如欧迪诺所说，一旦他们有了化肥就不会再卖掉。但是，如果他们真的需要化肥，为什么不自己去买呢？我们得到的答案是，化肥店在收割季节之后并不一定总有货，只是在更晚的时候或播种前才有货。对于欧迪诺来说，这并不是一个问题，因为他在做兼职自行车出租司机时，可以常常到城里看看化肥是否有货，而且可以在任何一家有货的店里买到化肥。而对于住得离城里较远的人来说，他们却很难做到这一点。这一小小的不便降低了人们的储蓄及生产效率，而我们要做的就是，消除这个小障碍。

存钱与自我控制

印度水果小贩及肯尼亚农民的经历表明，有些人即使能够获取良好的存钱机会，也仍然存不住钱。这说明，存钱的障碍并非全都来自外部压力，部分原因还在于人类的心理因素。

我们在第三章关于预防性医疗的部分讨论过，人脑会以不同的方式对现在和未来进行处理。本质上，我们似乎可以预见自己将来的行动，但这常常与我们今天的行为方式不一致。这种“时间矛盾”的一种表现形式就是，我们在花钱的同时，也在计划着将来省钱。换句话说，我们希望，“明天的自己”比“今天的自己”更有耐心。

“时间矛盾”的另一个表现形式就是，买下我们今天想要的东西（酒、糖或脂肪类食品，小饰品等），但计划着明天将钱花在一些更合理的地方（学费、蚊帐、修缮屋顶等）。换句话说，我们想象着会在将来购买的东西，并不总是我们今天已经买下的东西。从这一意义上讲，酒对于很多人来说具有很大的诱惑力，它会使我们立即产生反应，却不会给我们带来任何预想的快感。相反，电视机或许不是一种有诱惑力的产品，但很多穷人都会为了买一台电视机，计划并存了几个月或几年的钱。

一组经济学家、心理学家及神经病学家共同研究确定，这种决策上的分裂有其生理基础。[7]他们让参与者们选择各种各样的奖品，通过使用有时间期限的礼品卡，可以在不同的时间点获取不同的奖品。因此，每位参与者都要做出很多决定。例如，现在收到 20 美元或两周后收到 30 美元（现在与将来）；两周后收到 20 美元或 4 周后收到 30 美元（将来与稍远的将来）；4 周后收到 20 美元或 6 周后收到 30 美元（稍远的将来与更远的将来）。关键在于，参与者在作决定时会受到核磁共振成像扫描，他们脑部区域的运动将得到呈现。他们发现，只有在对今天与将来的奖品作比较时，脑部的边缘系统（应对即刻奖品的思维）才会产生运动。相反，无论做出选择的时间是怎样的，侧面的前额皮层（大脑更具计算能力的部分）在应对所有问题时，都会产生类似的紧张程度。

大脑的这种工作会摧毁很多良好的意愿。的确，我们看到很多这样的例子，如从新年决定到未实现的体操馆会员身份。然而，很多人（如欧迪诺）似乎完全意识到了这种不一致性。为了解决这一问题，他们谈到了以化肥的方式将钱冻结。他们似乎还确信，他们所面临的一些“紧急事件”，其实是一种具有诱惑力的产品。

在海得拉巴市，我们明确地问那些贫民窟居民，有些产品是否是他们愿意舍弃的。他们很快想到了茶、零食及烟酒。的确，从他们的答案及我们搜集的数据来看，他们的预算有很大一部分都花在了这些东西上。

鉴于这种自我意识，穷人的很多存款方式似乎都是为了保障钱的安全（既要防别人也要防自己）。例如，如果你想实现一个目标（买一头奶牛、一台电冰箱或是让房子有屋顶），加入一家足够实现这一目标的轮转基金，是一个不错的选择，因为你一旦加入，就要每周或每月存入一定数量的钱，而当你拿到钱罐时，你就有足够的钱去买你一直想买的东西，马上去买，以防钱从你手中悄悄溜走。要确保你的存款针对的是一个具体目标，一砖一瓦地建房或许也是一种办法。

的确，如果缺乏自我控制是一个非常严重的问题，那么雇用某人来强迫我们存钱或许是值得的。矛盾的是，有些小额信贷机构的客户或许会为了存钱而借钱。我们在海得拉巴贫民窟遇到的一个女人告诉我们，她从斯潘达纳公司借了1万卢比（购买力平价621美元），然后立即将贷款存入一个储蓄账户。因此，她要向斯潘达纳公司支付24%的年利率，而从她的储蓄账户赚取约4%的利息。我们问她为什么这样做，她解释说，她的女儿已经16岁了，两年之后就会嫁人，而那1万卢比是女儿的嫁妆。我们问她，为什么不将支付斯潘达纳公司的钱直接存入她的储蓄账户，她解释说这是不可能的，因为总会有事情发生。

很明显，人们不应为了存钱而每天支付20%或更多的利息。设计一些具有小额信贷合同特色的金融产品，可以帮助很多人。一组研究人员与一家银行共同对菲律宾穷人进行研究，并开发出了这样一种产品：一种与每位客户储蓄目标绑定的新型账户。[8] 这一目标可以是一定数量的存款（客户要承诺在实现目标之前不会取款），也可以是一个取款日期（客户要承诺在这一日期之前不动用账户中的钱），由客户自由选择。但是，一旦做出了选择，计划就会生效，银行就可以强制执行。这一账户的利率并不比普通账户高。在一组随机选择的客户中，每四人中约有一人同意开户。在开户者当中，三分之二多的人会选择取款日期目标，而余下的三分之一则选择存款数量目标。一年之后，尽管每四人中只有一人开户，那些选择这一账户的人，其账户的余额比对照组（没有选择这一账户）平均多出81%。然而，实际效果可能比预想的要小，因为尽管当时有不取款的承诺，但并没有推动客户存钱的动力，所以很多已开户的账户都处于休眠状态。

然而，大多数人宁愿不选择这样的账户。他们显然是在担心，自己或许无法承诺在实现目标之前不取款。迪帕和罗宾逊在肯尼亚便遇到了相同的问题——很多人并未使用提供给他们的账户，有些人是因为取款手续费太高，不想将自己的钱锁死在账户中。这凸显了一个有意思的矛盾之处：有些方法可以解决自我控制的问题，但要利用这些方法，则常常需要一种原初的自我控制。

在另一项关于波玛拉市场小贩的研究中，迪帕和罗宾逊对此进行了很好的说明。[9]他们注意到，很多小业主（或其家人）在生病时会丢掉生意，还要花钱买药。所以，他们想帮助人们专门存一笔钱，用于应付这样的意外事件，或是购买预防性医疗产品（如消毒液或蚊帐）。他们联系了几家轮转基金的会员们，给了他们一个有锁的箱子，专门用来存入应急健康款。有些人（随机选择的）得到了打开箱子的钥匙，而另一些人则没有拿到钥匙：当人们因健康问题需要用钱时，这家非政府组织的职员会来为他们打开箱子。给人们一个保障健康的箱子有助于他们将更多的钱花在预防性医疗措施上，但给他们一个带锁的保障健康的箱子，结果恰恰相反，这有些出乎迪帕和罗宾逊的意料：他们根本就不会将钱存入箱子，因为他们担心在需要时会拿不到钱。

因此，意识到问题并不一定意味着这些问题就能够得到解决。这可能仅仅意味着，我们能够预见自己会在哪些方面遭遇挫折。

贫穷与自我控制的逻辑

由于自我控制很难实现，自觉的决策者们会采取其他行动，减少自己将来受到诱惑的可能性。一个明确的策略就是，不存那么多的钱，因为我们知道，明天我们就会把钱花掉：可能我们今天就经不住诱惑，这种关于诱惑的逻辑对于穷人或富人都一样，但后果对于穷人来说或许更为严重。

诱惑是生理需求（性、糖、脂肪类食品、烟等）的表现。在这种情况下，富人更容易满足“受到诱惑的自己”。在决定是否存钱时，他们认为，任何为将来而存的钱都会用于实现长期目标。因此，如果糖和茶是一种诱惑物的原型，那么富人不太可能会有所困扰——他们并不是不会受到诱惑，而是无须担心多喝一杯茶就会花掉自己辛苦赚来的钱。

这种效果会通过这样的事实得到加强，即穷人真正期望拥有的很多东西

（如一台电冰箱或自行车，或是自己的孩子上一所更好的学校）都较为昂贵，而他们的手中只有一点点钱（穷人会听到这样的声音，“你永远都买不起那台电冰箱，还是喝杯茶吧……”）。结果形成了一个恶性循环：对于穷人来说，存钱的吸引力更小，因为在他们看来，目标太遥远了，而且他们知道一路上会遇到很多诱惑。不过，如果不存钱，他们会一直穷下去。[10]

对于穷人来说，自我控制更难实现还有另一个原因：无论是穷人还是富人，关于存多少钱的决定都很难做出，这些决定需要考虑到未来（对于很多穷人来说，想象未来可能是不愉快的），还要列出大量可能发生的事件，需要与配偶或孩子商量。我们越富有，这些决定就越容易做出。为了每周或每月都能存下钱，穷人需要一次又一次地克服自我控制问题。然而，自我控制就像一块肌肉：我们用这块肌肉时就会感到劳累，因此穷人很难存下钱也就不足为奇了。[11] 此外，穷人还生活在巨大的压力之下，而由压力产生的皮质醇会使我们做出更冲动的决定。因此，穷人只能以更少的资源完成更艰苦的任务。

我们可以预见到，富人会根据其目前的资本净值存下更多的钱，因为今天的存款是明天的资本净值的一部分，这就会产生今天的资本净值与明天的资本净值关系的S形曲线。穷人存的钱较少，因此他们的未来资源一般也较少。随着人们变得越来越富，他们就会存下越来越多的资源。这也就意味着，富人比穷人拥有更多的未来资源。最终，当人们足够富裕时，他们不再需要为实现将来的目标而存下那么多财富，这与中产阶级的情况不同（这或许是他们省下钱来买房的唯一方法）。

在现实世界中，我们确实可以看到今天的资本净值与明天的资本净值之间的S形曲线。图 8–1 体现了泰国家庭 1999 年所拥有的资源与其 5 年后所拥有的资源的关系。[12] 这是一条平缓的S形曲线。今天较富有的人（拥有更多资源），明天一般会更富有，这当然没什么可奇怪的。较为突出的一点是，这一关系曲线在资源处于很低水平时表现得很平坦，但在完全变平之前突然有所上扬。

正如我们之前看到的那样，这一S形曲线会产生一个“贫穷陷阱”。那些从

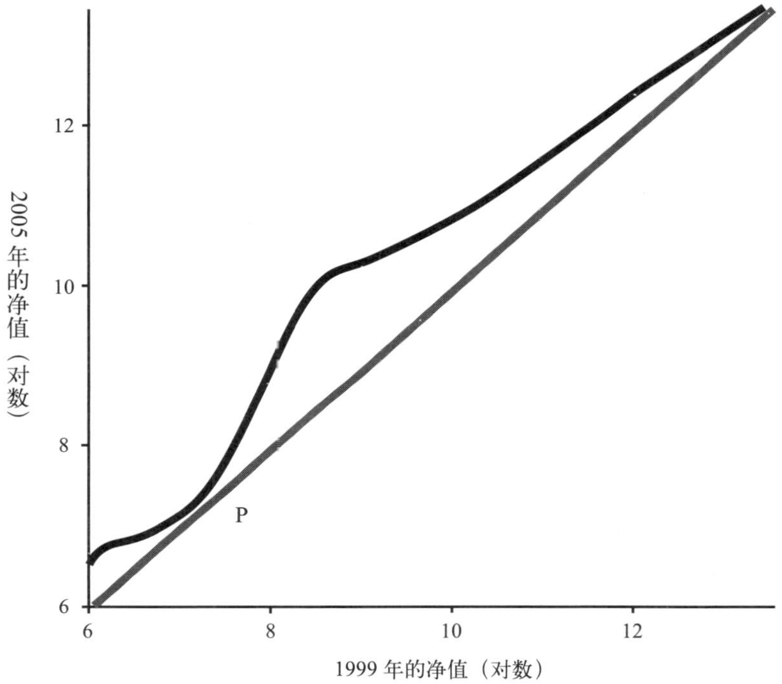

图 8–1　泰国 1999 年与 2005 年财富对比

左边起步、财富曲线只到达 45° 角的人，他们的富裕程度不会超过这个点。他们的财富不会积累得更多——他们处于“贫穷陷阱”之中。然而，那些超过P点的右侧曲线正在存储更多的财富。穷人仍然处于贫穷状态，因为他们存得钱不够多。

逃出陷阱

存款行为关键取决于人们对未来的预期。对于那些认为自己有机会实现梦想的穷人来说，他们有充分的理由节衣缩食，将省下来的钱用作未来的投资。相反，那些认为自己没什么可失去的人，一般会做出反映这一绝望心态的决定。这不仅可以解释穷人与富人之间的差别，还可以说明穷人与穷人之间的不同。

水果小贩是一个很好的例子，迪安 · 卡尔兰完全还清了贷款。[13] 一段时期内，很多小贩都做到了没有负债；10 周之后，菲律宾仍然有 40% 的小贩身无欠款。因此，这些水果小贩似乎有足够的耐心，可以在一段时期内摆脱欠款。然而，几乎所有小贩最终还是会欠款，通常是由一场灾难（疾病、紧急需求）导致的，而一旦这样的情况发生，他们并不能独立还清欠款。想要摆脱欠款与无法摆脱欠款之间的矛盾表明，自我控制很难发挥作用。

然而，乐观与希望却能够对此产生一定的影响。希望可以是很简单的，比如，你觉得自己一定能买下一直想买的那台电视机。在我们对斯潘达纳公司的小额信贷计划进行评估时，帕德马贾·蕾迪带我们到贡土尔市（该机构的创办地）贫民窟见她的客户——几个女人，她们给我们端上了茶水。我们听到她们在谈论，怎样通过削减茶叶、零食等花费改善她们的未来。

大多数小额信贷机构都不同意借款购买消费品——有些机构甚至会努力确保其贷款用于购买一些赚钱的资产。然而，蕾迪认为，只要她的客户用这笔钱实现了任何长期目标，就足够了。在蕾迪看来，要想摆脱贫穷，首要的步骤就是对长期目标进行思考，并习惯为此做出一些短期的牺牲。

在对斯潘达纳公司的小额信贷计划进行评估之前，我们问一些女性她们想在那些方面省钱。其实，我们无须担心，蕾迪了解客户的所思所想。我们在第七章关于贷款的部分看到，获取小额信贷的最明显影响之一就是，减少在一些物品上的消费（茶叶、零食、烟酒等）。对于那些因该计划获取小额信贷的家庭，每个家庭每月在这些物品上的总消费减少了约 100 卢比（购买力平价 5 美元），或者相当于普通家庭消费的 85%。就一份 1 万卢比的贷款（20% 利率）来说，这方面消费的减少可以支付每月还款的 10% 左右。后来，我们在摩洛哥的农村地区发现了类似的情况：有些客户削减了社会消费，并为自己存下了钱[14]。

当然，就实现穷人的一些长期目标而言，小额信贷只是我们为他们想到的很多种方法之一。为他们的孩子提供更好的教育，或许也会产生同样的效果。而为他们提供一份稳定安全的工作，则是我们在下一章将会讨论的问题。我们或许可以为他们提供医疗或自然灾难的保险，这样他们就无须担心自己的成果会毁于一旦。或者为他们创建一种社会安全网络：如果人们的收入下降到一个特定范围，他们就可以得到一个最低收入支持，这样，他们就无须担心没钱存活下去了。这些方法可以为人们提供一种安全感，从而鼓励人们存钱，减少人们的压力，让他们对未来抱有希望，这两方面直接关系到决策能力。

更重要的是，一点儿希望、保障及安慰可以成为一种强大的激励措施。我们都很容易过上一种安稳的生活，制定一些我们有信心实现的目标（一台新沙发、50 英寸的平板电视、第二辆汽车等），寻求一些机构（储蓄账户、养老金计划、住房贷款等）的帮助。然后，像维多利亚时代的人那样，依据动力与规则行事。但实际上，人们总会担心，他们会宠坏那些懒惰的穷人。而我们认为，在很大程度上，情况恰恰相反：当你想要的一切看上去都很遥远时，你很难感受到动力。将目标设置得更近一些，或许是穷人实现这些目标的有效方式。

第九章

不情愿的企业家们

很多年前，在飞机上坐我们旁边的一位商人曾对我们说，20 世纪 70 年代中期，他从美国读完MBA回到印度，他的叔叔带他去体验一种真正的企业家精神。那是一个早晨，他和叔叔动身前往孟买股票交易所。然而，他们并没有进入交易所所在的那座现代化的大楼，他的叔叔让他观察坐在路边的 4 个女人，她们面向着交易所前方的那条路。这位商人和他的叔叔在那儿站了一会儿，观察着那 4 个女人。她们几乎什么也没做，但是当来往车辆不多时，她们偶尔起身从路上捡点儿什么，放入她们身边的塑料袋里，然后坐回原位。反复几次之后，他的叔叔问他是否知道他们在干什么，他坦然承认自己一头雾水。于是，他的叔叔解释说，每天黎明之前，这几个女人都会去海边收集湿海沙，然后在交通繁忙之前将海沙平铺在路面上，当车子碾过路面的海沙时，车轮散发的热气会烘干海沙，而她们所要做的就是，偶尔起身捡起表层干燥的海沙。几天之后，她们就会积攒很多干燥的海沙，并将它们带回贫民窟，用由废旧报纸做的小口袋装好，拿到市场上去卖。当地妇女用干沙擦洗盘子。他的叔叔认为，这就是真正的企业家精神：如果你所拥有的不多，那么就用你的聪明才智，做到从无到有。

贫民窟的女人为了谋生，会充分利用孟买的商业契机，这展现了穷人所具备的创新与企业家精神。在本书中，我们讲述了一些小企业主创新自强的故事。对于近期的小额信贷“社会交易”运动来说，这是一种有利的推动。因为，这一运动的前提就是，穷人天生就具备企业家的潜质。因此，只要为他们提供适当的环境及在起步时的一点儿推力，我们就能够消除贫穷。国际社区援助基金会是世界上最大的一家小额信贷机构，其首席执行官约翰·凯奇曾说过：“给贫穷社区一些机会，然后就放手。”

然而，或许还有这样一些令人惊讶的例子，如果你真的放手，穷人似乎并不会有所作为。自 2007 年起，我们一直与AL Amana（摩洛哥最大的一家小额信贷机构）共同评估小额信贷业务对农村社区的影响。这些社区以前从来没有接触过正式的金融渠道。约两年之后，很明显，AL Amana并没有在农村实现预期的客户人数。尽管选择性有限，但对贷款感兴趣且具备条件的家庭仍然不到六分之一。为了找到原因，我们同AL Amana的几位员工来到一个名为哈福莱特的村庄（那里没人贷过款），对那里的几个家庭进行了家访。我们见到了阿拉·本·希达，他有三个儿子和两个女儿，都已长大成人。希达还有 4 头牛、1 匹毛驴和 8 棵橄榄树。他的一个儿子参军了，另一个儿子负责照看牲畜，而第三个儿子却整天无所事事。我们问希达，是否愿意贷款多买几头牛，让他的第三个儿子负责照看。他解释说，家里的地太少了——如果买更多的牛，可能就没有地方放牧了。在离开之前，我们问他是否需要贷款买点儿什么，他回答说：“什么都不用买，我们拥有的东西已经足够了。我们可以把牛卖掉，还可以卖橄榄。这对于我们一家人来说，已经足够了。”

几天之后，我们见到了AL Amana的创始人兼首席执行官福阿德，他是一个充满热情、极具才智的人，以前是一名政治积极分子，曾因犯政治错误蹲过几年监狱，他一直致力于改善穷人的生活。我们一起探讨了小额信贷的低需求问题，还特别提到了希达的故事——他确信自己不需要更多的钱。福阿德为希达设计了一个明确可行的计划。他可以贷款建一座牛棚，然后再买 4 头小牛，这样他就不用再到田里放牧了，可以在牛棚里喂养它们。8 个月之后，他就可以将牛卖掉，并得到一笔丰厚的利润。福阿德认为，如果有人将这一切告诉希达，他一定会被说动，并会决定贷一笔款。

福阿德的热情与希达的固执形成了鲜明的对比，这令我们颇为震惊。然而，希达并不甘于一直贫穷下去：他为自己的一个儿子感到骄傲，这个儿子一直在接受护士培训，是军队里的一名护理人员。他认为，自己的儿子一定有机会过上更美好的生活。那么，福阿德的想法是否正确，希达真的只需要得到一个商业指导计划就可以了吗？还是说，希达大半生都从事的养牛生意给我们传达了一个重要的信息？

穆罕默德·尤努斯创立了世界著名的格莱珉银行，他常常将穷人称为“天生的企业家”。还有，已故的商业巨头普拉哈拉德也曾劝告商人们，应更加关注其所谓的“金字塔底”[1]。这表明，在大企业和高等财政部门的参与下，具有企业家精神的穷人有助于扶贫政策的实施。公共行动的传统策略已得到个体行动的补充，这些行动常常是由企业界的一些领导人做出的，主要是为了帮助穷人挖掘其企业家的潜力。

小额信贷运动中的很多人都同意尤努斯的世界观，认为每个人都有成为成功企业家的潜质。有两个明确的原因甚至可以证明，穷人或许会发现更好的机会。第一，他们从未得到这一次机会，所以他们的想法可能更新颖。第二，目前市场通常忽视了“金字塔底”。因此，他们称，创新可以改善穷人的生活，是一种可以轻松摘到的果实，而且能够想象出穷人未来的只有他们自己。

没有资本的资本家

的确，每一家正规的小额信贷机构都有自己的网站，上面有很多成功客户的故事，其成功都是因为他们抓住了一次致富的非凡机会。这些故事都是真实的，我们就曾见过这样一些客户。在安得拉邦的贡士尔市，我们见到了一位斯潘达纳公司的客户，她通过收集垃圾并分类，成功地开创了自己的事业。一开始，她只是一个收垃圾的，处于印度经济社会阶层的最底层。用来自斯潘达纳公司的第一笔贷款，她还清了从一个放债人那里借的钱（利率很高）。她知道，从她那里买垃圾的公司会对垃圾进行分类，然后再卖给回收公司——如废旧灯泡、塑料制品、肥料有机物都含有残留的铁和钨。于是，为了多赚一些钱，她决定自己对垃圾进行分类。通过第二笔贷款及第一笔贷款赚的钱，她买了一辆手推车，这样她就可以收集更多的垃圾。由于要对垃圾进行分类，她让自己的丈夫也来帮忙。她的丈夫过去大多数的时间里都在喝酒，现在则开始给她帮忙。这样一来，他们赚到了更多的钱。在获得第三笔贷款之后，他们开始从别人那里收购垃圾。当我们见到她时，她已掌控了一张很大的垃圾收集网络。她不再是一个收垃圾的，而是一位垃圾收集活动的组织者。而且，她的丈夫这时也有了一份正式的工作；我们看到他时，他正拍打着一块金属，表情严肃，似乎有点儿闷闷不乐。

小额信贷机构会宣传他们最成功的借款人的故事，但这些企业家在没有接触小额信贷时就已经成功了。1982 年，在中国浙江省的绍兴市，徐爱华是村里最优秀的中学生之一。她的父母都是农民，与所有人一样，手里几乎没有现钱。然而，徐爱华非常聪明，村里决定送她去当地的一家时装设计学院学习一年（不过，当时每个人都穿着中山装）。村里认为，日后，她定能在乡镇企业中担任领导，这些企业都是改革开放初期成立的。但是，当她接受完培训回到家时，当地的长者们临阵退缩了——毕竟她只是一个不满 20 岁的女孩子。因此，她无声无息地待在家里，一直处于失业状态。

徐爱华不愿意闲着，她决定自己做点儿什么，但她的父母太穷了，根本帮不上忙。于是，她借来一个扩音器，在村里走街串巷，说她可以教小女孩做衣服，只收取 15 元学费（购买力平价 13 美元）。她招收了 100 名学生，拿着收来的学费，她买了一台二手缝纫机，还有当地国有工厂一些多余的布料，然后开始教学。在课程结束时，她留下了 8 名最优秀的学生，并开了一家服装店。女孩们每天早晨都背着自己的缝纫机（每个人都让自己的父母买了一台）来这里裁剪制衣。她们为当地工厂的工人制作工作服。一开始，她们都在徐爱华的家里工作，但随着生意的扩大，徐爱华培训并雇用了更多的人，她们就搬到了从村政府租来的一栋楼中。

到 1991 年，徐爱华积攒了大笔做生意赚来的钱，可以买 60 台自动缝纫机（价值 54 000 元，购买力平价 27 600 美元）。在 8 年里，她的固定资产总额增长了 100 多倍，每年增长 80%。即使我们考虑到每年 10%的通货膨胀率，（刨除通货膨胀率之后）每年超过 70%的实际增长率也是令人震惊的。此时，她已经是一位成功的企业家了。不久，出口合同接踵而至。现在，她的销售客户是美国梅西百货公司、贝纳通公司、杰西潘尼公司及其他一些大型零售机构。2008 年，她首次向房地产领域投资 2 000 万元（购买力平价 440 万美元）。因为据她所说，她有大量的闲置资金，而大多数人则没有。

当然，徐爱华并不是一个典型的例子。关于穷人创业精神的故事不在少数，穷人当中也不缺少企业家。在我们针对 18 个国家的调查数据中，城市地区 50%极度贫穷的人都从事着非农业生意。即使在乡村极度贫穷的人当中，很多人都从事着非农业生意（从乌代布尔的 7%到厄瓜多尔的 50%），还有很多人经营着自己的农场。在这些国家中，贫穷程度较低的企业家人数是大致相同的。我们将这一情况与经合组织的平均数据进行对比后发现，12%的在职人员称自己属于个体经营。就从事的职业来说，与发达国家的收入人群相比，贫穷国家的大多数收入人群似乎更具企业家精神——穷人在这方面并不比别人差，这一看法激发了哈佛商学院教授塔伦·卡纳创作了《亿万企业家》（*Billions of Entrepreneurs*）一书。[2]

穷人企业主的人数令人印象深刻，一切似乎都对穷人成为企业家不利。他们所拥有的资金较少，几乎无法获取正式的保险、银行服务及其他廉价金融渠道。对于那些无法从朋友或家人那里借到足够钱的人，放债人是自由贷款的主要渠道，他们每月需要支付的利率为 4%或更高。因此，穷人很难为经营一种合适的生意而做出必要的投资，他们更容易受到来自于这种生意的附加风险的影响。然而，他们仍像富人那样努力挤进商界，这一事实常被认为是其企业家精神的体现。

然而，即使在支付高昂的利率之后，穷人仍能够还清贷款（我们已经看到，他们几乎不会违约）。这一事实无疑意味着，他们每一卢比的投入一定能获取更高的回报。否则，他们就不会借钱了。这表明，他们所投资的领域具有高回报率。他们中的很多人一年能够还款 50%，而即使你投资道琼斯也不一定能收回这么多钱，何况在当今这一时期，人们投资的长期平均收益每年也只有 9%。

当然，并非所有人都借钱。或许，只有少数收益较高的企业家会这么做，而其他所有人的收益都很低。然而，在斯里兰卡开展的一个计划却证明事实恰恰与此相反。很多小企业主——零售店、修理店、蕾丝制作者等——受邀参加一次抽奖，中奖者可以得到一笔价值 1 万或 2 万卢比（购买力平价 250 美元或 500 美元）的商业赠款。[3]

这笔赠款用全球标准来衡量并不算多，但对这些企业来说也不算少；对于很多人来说，250 美元是他们起家的全部资金。中奖者可以很好地利用这笔钱。对于普通生意者来说，250 美元的第一笔回报是每年 60%以上。随后，墨西哥也在小企业当中开展了这一活动[4]，其回报率更高，每月达到 10%~15%。

孟加拉一家大型小额信贷机构孟加拉农村发展委员会制订了一个计划，并在很多发展中国家实行。结果表明，只要得到恰当的帮助，即使最穷的人也能成功经营一些小生意，并通过这些小生意改变自己的生活。在这一计划中，孟加拉农村发展委员会挑选了一些最穷的人，这些人大多依靠施舍而存活。小额贷款机构一般不会贷款给这样的客户，认为他们没有能力经营某种生意，也没有能力定期偿还贷款。为了帮助这些人起步，孟加拉农村发展委员会设计了这样一个活动，给予他们一种资产（一对奶牛、几只山羊、一台缝纫机等），还有几个月的小额经济补助（用作运营资金，确保他们不会将资产卖掉），还为他们组织了一些活动：定期开会、开办扫盲班或鼓励他们每周存一点儿钱。该计划的影响因素目前正以随机对照实验的形式在 6 个国家展开，在该计划启动之前，我们对一些为此而挑选出来的家庭进行了走访，听说了很多有关危机与绝望的故事：丈夫是一个醉汉，常常打他的妻子；有人年纪轻轻就在事故中丧生，留下一家人无人照看；一个寡妇被她的孩子遗弃等。但两年之后，差别显而易见：与其他未参与该计划的极度贫穷家庭相比，参与家庭得到了更多的牲畜及其他资产。他们每月的总支出上涨了10%，食品支出是增长最多的一部分。而且，他们不再抱怨吃不饱饭。令人印象尤为深刻的是，他们的人生观似乎也有所改变，在描述自己的健康、幸福及经济状态时更积极。他们可以存下更多的钱，对于资产管理也信心满满。

当然，两年之后，他们的消费水平只上涨了10%，这意味着他们仍然很穷。但最初的馈赠及支持似乎开启了一个良性循环：只要能够得到机会，即使遭受过重创的人，也能够对自己的生活负起责任，并摆脱极度贫穷[5]。

穷人的生意

看到这么多人在面临困境时都成了企业家，我们很容易就能理解尤努斯和福阿德投资于穷人的热情。然而，这一现状下仍然隐藏着两个问题：第一，虽然很多穷人都在经营着生意，但他们经营的都是一些小生意；第二，在大多数情况下，这些小生意赚不了多少钱。

不赚钱的小生意

在我们针对18个国家的调查数据中，穷人经营的大部分生意几乎都不雇用员工，平均员工人数从摩洛哥农村的0人到墨西哥农村的0.57人。这些小生意的资产一般也非常有限。在海得拉巴市，只有20%的生意有自己的办公场所；几乎没有任何机器或交通工具，最常见的资产就是桌子、尺子和推车。

显然，如果这些人的生意做得又大又成功，那么他们就不会这么贫穷了。问题在于，尽管社会中不乏垃圾收集者以及徐爱华之类的例子，但穷人经营的大多数生意都难以发展到这种程度（有自己的员工及资产）。例如，在墨西哥，

2002 年时，15%每天生活费低于 99 美分的人有自己的生意，而三年之后，当这些家庭再次接受家访时，只有 41%的生意仍在运营之中。在两个阶段接受调查的穷人企业当中，五分之一的企业在 2002 年时没有雇用员工，到 2005 年时却雇用了一位员工。然而，那些在 2002 年时雇用了一位员工的企业，到 2005 年时却没有员工了。同样，在印度尼西亚，只有三分之二的穷人企业能够存活 5 年。而且，在这些存活下来的企业当中，雇用一位员工以上的企业在 5 年间并未增加。

穷人企业的另一个特点就是，他们一般很难挣到很多钱。我们对海得拉巴市小生意的赢利及销售情况进行了估算：平均销售额为每月 11 757 卢比（购买力平价 730 美元），平均每月赢利（刨除租金）为 1 859 卢比（购买力平价 115 美元）。在我们关于海得拉巴市的调查数据中，15%的生意在过去一个月里都在赔钱。我们还对家庭成员付出的时间进行了评估，他们的报酬率低得只有每小时 8 卢比（即使他们一天干 8 小时，也只能拿到最低工资），平均收入甚至有些入不敷出。在泰国，这种规模的企业在扣除经营成本、不计算劳动时间的情况下，其平均年收益为 5 000 泰铢（购买力平价 305 美元）。7%的家族企业在过去一年里赔了钱，而这还没有刨除家庭劳动力的价值[6]。

穷人经营的生意只能产生较低的利润，这也说明了为什么小额信贷似乎很难彻底改变他们的生活。如果穷人经营的生意都不赚钱，那么给他们提供一笔做生意的贷款根本不能改善他们的生存状况。

边际收益与平均收益

不过，我们不是刚刚才说过，投资于这些小生意的收益很高吗？

这里令人迷惑的是关于“收益”一词的两种用法。经济学家将收益分为以一美元计算的边际收益和一种生意的总体收益。以一美元计算的边际收益可以回答的是：“如果你多投资一美元或少投资一美元，那么你的总收入除去所有运营成本（不包括利息）后是怎样的？”边际收益将决定你是否应减少投资（或增加投资）：如果少投资一美元可以使你少借一美元，你就可以少还 4%的本金及利息，那么在边际收益少于 4%的情况下，你就会愿意进行投资。因此，如果人们每月借款的利率为4%，这就意味着，他们的边际收益至少为4%。从前面的例子我们可以看到，穷人所经营的生意具有很高的边际收益。

另一方面，一种生意的总体收益是指除去所有运营花费（材料成本、付给员工的工资等）之后的总收入。通过考察总体收益，你可以决定是否应涉入这种生意。如果这一收益不足以抵消你在这上面花的时间及成本，而且你认为情况不会很快得到改善，那么你就应停工。

然而，一个矛盾之处就是，在边际收益很高的情况下，总体收益可能会很低。在图9–1中，曲线OP代表公司投资总量（以横轴OI衡量）与总体收益（以竖轴OR衡量）之间的关系，也就是经济学家所谓的“生产技术”（Production Technology）。相对于K的投入资金，曲线的最高点就代表总体收益。加入边际收益会使曲线高度产生变化，即从K变为K+1。由此我们得知，当公司的投资增加时，总体收益也会增加。

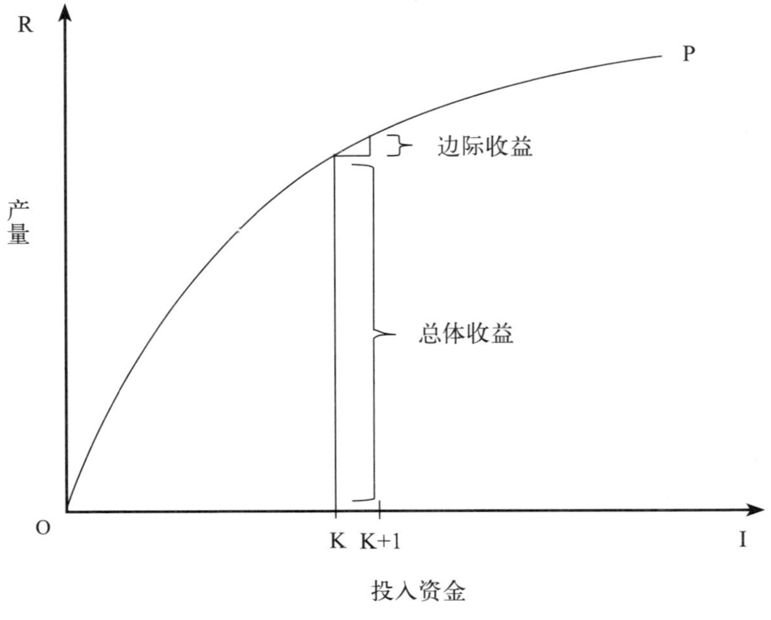

图9–1 边际收益与平均收益

图 9–1 的曲线很像我们在第一章讨论过的曲线L：收益起初很高，然后逐渐降低。当投资小时（最靠近O），OP线最陡，然后逐渐变平（慢慢靠近P）——这就意味着，当最初的投资较小时，增加投资就会最大化地增加收益，而这种增长最终会逐渐消失。换句话说，当投资较少时，边际收益就会很高。

要想进一步了解这一概念，我们可以假设某人刚刚在家里开了一家店。她花了点儿钱做了一些货架和一个柜台，之后手里就没钱进货了。所以，她这笔生意的总体收入为零：并不足以抵消做货架的花费。然后，她的妈妈借了她 10 万印度尼西亚盾（购买力平价 18 美元），她用这笔钱买了一些饼干，放到货架上卖。邻区的孩子们看到这种饼干，正是他们喜欢吃的那种，于是都跑来买走所有的饼干。她赚了 15 万印度尼西亚盾。就她妈妈提供的贷款来说，每一印度尼西亚盾的边际收益为 1.5 印度尼西亚盾或 50% 净收益，这种状况如果能持续一周也不错。然而，总体收益只有 5 万印度尼西亚盾——这并不足以抵消她所付出的时间，还有做货架和柜台的成本。

接下来，这位店主又贷款 300 万印度尼西亚盾，买来足够的饼干和糖果，摆满了整个货架。于是，孩子们和他们的朋友都来光顾，她一下子卖掉了很多货物。但是，在一些新顾客到来时，有些饼干已经开始变质了，卖不掉了。不过，她在一周之内赚了 360 万印度尼西亚盾，此时的边际收益低于 50%——她的投资增长了 30 倍，但她的总收入只相当于以前的 12 倍。不过，此时她的总体收益达到了 60 万印度尼西亚盾（购买力平价 107 美元），足以将这一生意维持下去。

对于很多穷人来说，这就是现实。那些空空的货架并不是我们想象出来的。我们在印度卡纳塔克邦北部古尔伯加镇郊区（距海得拉巴市车程约 5 小时）看到，一家商店的存货就是很多摆在一间昏暗的房间里的空塑料罐子。不一会儿，我们就列出了它的全部存货清单。

印度卡纳塔克邦农村一家普通商店的存货清单

1 罐美味小吃

3 罐软糖

1 罐加 1 小袋包装硬糖

2 罐鹰嘴豆

1 罐速溶咖啡

1 袋面包（5 块）

1 袋扁豆小吃

1 袋薄脆饼干（20 块）

2 袋饼干

36 根卫生香

20 块力士香皂

180 份潘帕拉（槟榔和嚼烟的混合物）

20 袋茶

40 袋好地粉（姜黄粉）

5 小瓶爽身粉

3 包香烟

55 小袋比迪斯（细细的香烟）

35 大袋比迪斯

3 袋洗衣粉（每袋 500 克）

15 小包饼干（曲奇）

6 袋独立包装的洗发剂

我们对这家商店进行了两个小时的拜访，在此期间，我们看到了两位顾客。一位只买了一根香烟，另一位则买了几根卫生香。显然，如果这家商店稍稍扩大经营规模，它就极有可能产生很高的边际收益；如果它能够进一些同村其他商店没有的货物，那么它的边际收益就会更高，但总体收益却很低：在销售量偏低的情况下，整天经营着商店并不值得。

在发展中国家，每个村庄都会有几家这样的商店，而在大城市，这种商店则有成千上万家。很多商店都在销售着相同的货品，与卖水果、椰子及零食的小摊毫无二致。每天早晨 9 点，走在印度贡土尔市最大贫民窟的大街上，我们会看到很多女人在卖一种叫作“dosas”的薄饼。这种饼是用米和扁豆做成的，堪称印度南部的“牛角面包”。她们在薄饼上涂上辣酱，用一张报纸或香蕉叶裹起来，每张薄饼售价 1 卢比（购买力平价约 5 美分）。我们计算了一下，每隔 6 户人家，就会有一个卖薄饼的。结果，这些女人一直在等着有人来买薄饼。很明显，如果她们能够几个人合卖，她们会赚到更多的钱。

这就是穷人和他们所做生意的矛盾之处：他们精力充沛，拥有丰富的资源，而且努力地做着白手起家的生意。但他们的大部分精力都花在了很小的生意上，而且他们同周围很多其他人都在做着相同的生意。结果，他们失去了过上一种富裕生活的机会。孟买那些富有创意的拾沙女们，发现了利用现成资源赚钱的机会：一些自由的时间和海滩上的沙子。但商业精英没有指出的是，尽管她们有这样的聪明才智，但这种生意几乎赚不了几个钱。

这类生意虽然规模较小，边际收益很高，但其总体收益常常很低。然而，这产生了一个新的问题。只要投入更多的资金，边际收益就会提高，这就意味着提高总体收益很容易，那么，为什么这些小生意发展得都很缓慢呢？

一部分答案是我们已经知道的——大多数这样的生意都借不到多少钱，而且借钱的代价非常高昂。但这并非问题的全部。首先，我们看到，尽管有上百万的小额信贷借款人，但很多有机会贷款的人都选择不去贷款。本 · 塞丹就是这样的一个人。他饲养奶牛，本来可以通过小额信贷来扩大经营，但他决定不这样做。即使在海得拉巴市，具有借款资格的家庭与当地几家颇具竞争力的小额信贷机构的签约率仅为 27%，而且只有 21% 的家庭曾办理过小额信贷业务。

即使那些每天生活水平约 2 美元的人也可以存钱，古尔伯加的那家商店便是如此。我们的数据显示，在海得拉巴市附近，对于处在这一消费水平的人来说，他们每月花在医疗上的钱约占总支出的10%；而对于那些每天生活水平低于99美分的人来说，这一比例约为6.3%。如果这位店主将那余下的3.7%用来扩充存货，而不是用作医疗费用，那么一年之内他就能使店中的存货量翻一番。或者，这家商店还可以削减烟酒的进货量，这样他们就能每天节省约3%的人均开支，在15个月之内将存货量翻一番。那么，他们为什么不这样做呢？

斯里兰卡的实验明确地描述了这一事实，即资金匮乏并不是扩大生意的唯一障碍。那些用250美元赚了很多钱的企业家，他们赚的钱比美国最成功的公司都要多。然而，关键在于，按绝对价值计算，与拿到250美元的企业家相比，拿到500美元的企业家们所赚的钱不会增长得更多。部分原因是，拿到500美元的企业家不会将钱全部投到生意中，他们只会投入一半，余下的钱他们会用来为自己家里买东西。

为什么会出现这种情况呢？难道店主对这么高的边际收益有更好的用途吗？

一个值得注意的事实是，斯里兰卡的小企业主们确实投入了第一笔资金，如果他们选择不再投入第二笔资金，或许是因为，他们觉得自己的生意没有能力赚回这笔资金了：投入全部资金会将一家普通企业的股本增加两倍，这时，企业还需要再雇用一位员工，或者找到更多的存货空间，来维持自己的经营，而这样就会花掉更多的钱。

因此，穷人所做的生意之所以会发展缓慢，部分原因仍然在于他们所做生意的性质。图9–1中的倒L形曲线表明，即使边际收益很高时，总体收益也可能会很低。图9–2显示了图9–1曲线的两种形式：第一，OP线一开始很陡，但很快就平缓下来；OZ线一开始上升得不快，但一直延伸到很长。

在现实世界中，穷人所做生意的利润就像曲线OP一样，一家小公司很容易发展起来，但其发展潜力很快就会耗尽。这与小店主的例子很相似：一旦你把家里的一间房子腾出来开商店，并且一天在那里工作几个小时，如果你有足够的货物填满整个货架，那么相对于无货可卖的情况，你的利润就会更高。不过，

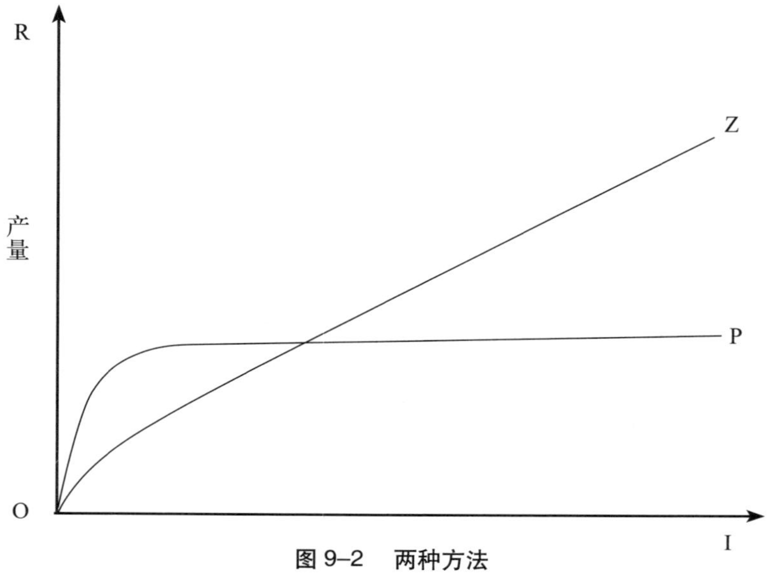

图 9–2　两种方法

一旦你的货架已被填满，进一步扩大经营或许就无法产生足够的边际收益，用来支付高昂的贷款利率。因此，所有的生意规模都很小。另一方面，如果情况像OZ线一样发展，那么扩大经营就有了更多的空间。由图可见，对于大多数穷人来说，整个世界更像OP线。

当然，我们知道，情况不会总像OP线那样，否则也就不会有大公司了。或许，店主、裁缝和小贩的生意就像OP线，但某些其他类型的生意也会用到更多的生产资本。如果一个人能够买到合适的设备，那么他就能经营一家大型零售连锁店或纺织工厂。不过，这样做需要具备某种特殊技能或一大笔前期投资。你可以在一间车库里成立微软公司，然后不断扩大经营规模，但要想做到这一点，你需要站在某种新产品的前沿地带。对于大多数人来说，这并不是一个好的选择。而另外一种选择是，投入足够的资金来获得一种生产技术，使你的公司能够大规模运营起来。徐爱华——那位以一台缝纫机白手起家的中国女性，最终建立了自己的服装王国。当她得到了第一笔出口订单时，一个巨大的转折点出现了。如果没有这个转折点，那么她很快就会被当地市场吞没。为了完成出口订单，她需要建立一家现代化的工厂，具备一些自动化的缝纫机。这样一来，她需要投入的资金比公司初期的资本大概多了 100 倍。

图 9–3 代表了这两种生产技术的观点。左边是OP线，右边是一种新的生产技术OR，这条线一开始没有产生利润，但在小额投资之后，则产生了较高的利润。注意，为了画出一条连接线，我们用粗体显示了OP和OR的部分线段。OR线代表投入特定资金的实际利润。如果你只想投资一点点，那么你应该投资OP，不应投资OR，因为OR在刚开始时不会产生利润。如果你的投资较多，那么OP就不是一笔好交易，在一段时期内，其边际收益都会很低。然而，一旦你有了足够的钱，你就应转向OR。这就是徐爱华的经历：她一开始走的是OP路线，那时她只有一台二手缝纫机，后来她转向了OR线，随之而来的是自动缝纫机。

OR线很像S形曲线，不是吗？中间有一个驼峰，这是商家为了赚钱要到达的点。OR线再现了常见的S形曲线矛盾：投资一点儿就赚一点儿钱，这样一直都不会有更多的钱用来投资；或者越过驼峰，多赚一些钱，然后加大投资，从

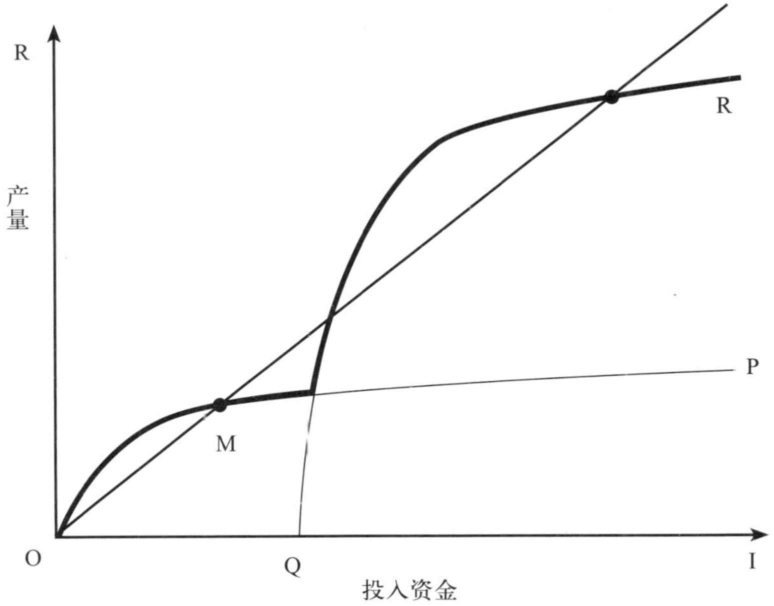

图 9–3　将两种方法与S形创业精神相结合

而赚得更多。关键问题在于，对于大多数人来说，他们并不会选择越过驼峰。尽管他们可以获取小额信贷，但这些小企业主们却得不到足够的贷款。此外，到达这一点或许还需要一些管理或其他方面的技能，而这是小企业主们所不具备的。因此，他们的生意一直都处于小规模状态。面临边际收益的前期增长，同一个小企业主往往会选择同时经营 3 种不同的生意，而非努力扩大其中任何一种生意的规模。例如，他会在早上卖多萨饼，白天卖萨里斯饼，晚上串珠子制作项链。

但是，徐爱华是怎么做到的呢？她将利润用于再投资，连续 8 年每年扩增 70%的设备。因此，在去除发给工人的工资之后，她的利润至少是设备价值的 70%，所以她的总体收益肯定很高。我们认为，这不仅表明徐爱华是一个非常聪明的女人，还表明中国改革开放初期竞争较少、需求很大的状况，因此她的生意正逢其时。

创业太难

穷人无法扩大经营的原因在于，对于大多数人来说，这太难做到了：他们借不到足够的钱跨越驼峰，存款额达到那个数目会花费过长的时间，除非他们的生意能够产生很高的总体收益。例如，你用 100 美元开了一家公司，然后像徐爱华一样，你需要投入 100 倍的资金（1 万美元）用来购买新机器。如果你每投入 1 美元赚到了 25%的赢利，而你将这部分赢利再次投入。一年之后，你就需要投入 125 美元；两年之后，这一数字增至 156 美元；三年之后，你需要投入 195 美元。那么，你需要 22 年的时间跨越驼峰、买到机器。如果你要将一部分钱用于过日子，只存下了一半的赢利，那么你就需要将近 40 年才能实现目标。而且，这还不包括做生意所要承担的风险和压力。

此外，一旦小企业主意识到，自己可能陷入 S 形曲线的底部，而且永远也赚不到那么多钱，那么他们更很难全身心地投入自己的生意。假如一位企业家处于图 9–3 中的 M 点以下，那么他可以通过攒钱提高进货量，从而赚取更多的利润，但即使如此，他也无法超越 M 点。这值得吗？即使他有了想要的一切，他的生活可能也不会发生积极的改变。因为他的生意注定是这种小规模，不会赚到太多的钱。因此，他可能会将自己的注意力及资源用来做其他事情。

同样，相对于中产阶级来说，穷人的存款或许会更少。因为他们知道，他们的存款不够实现自己所期望的那个消费目标，他们也不会为自己的生意投入那么多（不仅是钱，还包括情感投资和智力投资），何况这并不会对他们的生活产生太大影响。这或许也可以解释，本·塞丹、摩洛哥农民和福阿德之间在观点上的差距。福阿德或许是正确的，本·塞丹没想到可以在谷仓中养牛。或者他其实已经想到了，但可能一想到仅仅为了4头奶牛，就要贷款，还要建造一个新的牛棚，而最终还是要将牛卖掉，就会觉得这未免有些得不偿失了——毕竟，他们一家人还是那么穷。因此，从某种意义上讲，他们都是正确的：福阿德的生意模式仍然可行，而本·塞丹不值得那样去做。

大多数小企业主们并不会全力以赴地赚取每一分钱，这也能够说明，一些企业的培训计划并没有起到太大作用。不过，现在很多小额信贷机构都建议客户去参加这类培训。在每周会议上，客户们都会学到怎样更好地记账、怎样管理存货清单、怎样了解利率等。这样的计划在秘鲁和印度的研究中有所评估。[7]两个国家的研究结果显示，人们对企业的认识有了一定的提升，但他们的利润、销售额或资产却并未发生变化。这些培训计划的动力基于这样一种观点，在这类生意特别不好经营的情况下，如果人们不热衷于这类生意，那么这种培训毫无帮助也就在人们意料之中了。多米尼加共和国尝试了另一种培训计划，作为常规培训模式的辅助，这一种简化的课程建议企业家们关注简单的“手指规则”（如将生意花费与家庭花费进行区分，支付给某人固定工资）。[8]这些培训的效果也并不明显，但为企业家们提供一些简单的小窍门，的确有助于利润的增长。这可能是因为，人们愿意采用这些经验原则，而且他们其实是简化了自己的生活，而不是向生活索要更多的智力资源。

这样看来，我们不免要对“普通的小业主都是天生的企业家”这一观点持怀疑态度。我们所理解的企业家是，他的生意有发展壮大的潜力，他有能力承担风险，并在工作中很努力，即使在逆境中也会全力以赴。当然，我们并不是说，穷人中没有真正的企业家——我们见到了很多这样的人。但也有一些人，他们的生意注定不会发展起来，也不会赚到很多钱。

买一份工作

既然这样，为什么很多穷人还要自己做生意呢？我们从帕克 · 阿万和他的妻子那里找到了答案。这是来自印尼万隆贫民窟的一对年轻夫妇，他们用父母家里的一间屋子开了一家小店。帕克 · 阿万是临时建筑工人，但他常常找不到活儿干。当我们 2008 年夏天见到这对夫妇时，帕克 · 阿万已经失业两个月了。由于两个孩子还小，一家人需要额外的收入，他的妻子就不得不出去找工作。她想找一份工厂的工作，但她资质不够，工厂需要年轻、未婚或是有经验的工人。而阿万的妻子没有这样的工作经验，因为她念完高中后就开始学习当秘书，但最后没能通过秘书考试（这是找工作时所必需的），所以她最终放弃了这个职业。做点小生意是他们唯一的选择。她的第一份工作是做点小零食，然后拿到市里去卖，但她想找一份可以在家里做的工作，这样就可以照顾孩子。因此，阿万从一家合作社得到一笔贷款，夫妻二人开了一家小店，不过在他们附近 50 码内还有两家商店。

阿万和妻子并不喜欢做生意。他们本来可以从合作社得到第二笔贷款，然后扩大他们的小店，但他们没有这样做。不幸的是，第 4 家商店出现在了他们的邻区，由于这家店商品齐全，他们的生意受到了威胁。我们见到他们时，他们正想再贷一笔款购置更多的货物。他们对自己孩子的期望就是，长大后得到一份政府部门的工作。

在传统就业机会缺失的情况下，一种特殊的立业冲动被更多地展现了出来，穷人的事业似乎就是想办法买到一份工作。很多生意之所以能够开展下去，是因为家里有人时间较为充裕，这通常是女人，她常常要一边照看生意，一边做家务。我们尚不清楚，当做生意的机会出现时，她是否总能有自己的选择。因此，很多业主（尤其是女业主）并不喜欢做生意，而且害怕扩大经营。或许这可以解释，当斯里兰卡的女业主拿到250美元用于投资生意的钱时，很多人选择用这笔钱做些别的事情。这与我们之前遇到的男业主不同，他们会将钱用于投资并获取高回报。[9] 或许，穷人所做的很多生意并不是他们企业家精神的体现，而是某些失败的经济模式的演绎。他们周旋于这些经济模式之间，努力地付出着。

好工作

在对全球穷人展开的调查中，我们问了一个问题：“你对自己孩子的期望是什么？”结果令人震惊。无论我们在哪儿提出这个问题，穷人最常见的梦想就是，他们的孩子能够成为政府职员。例如，在乌代布尔的贫穷家庭当中，34%的父母想看到自己的儿子成为一名政府教师，41%成为非政府教师，18%成为一家私营公司的职员。对于女孩来说，31%的父母希望女儿成为一位教师，31%希望她找到一份政府工作，19%希望她成为一名护士。穷人并不期望孩子成为企业家。

对于政府工作的特别强调表明穷人对于稳定的一种向往，因为这类工作虽然不那么激动人心，但一般都非常稳定。而且，实际上，工作稳定似乎是中产阶级与穷人之间的一个界限。在我们针对18个国家的调查数据中，中产阶级更可能会有一份按周或按月支付工资的工作，这是区分临时工与固定工的一种原始方法。例如，在巴基斯坦的城市地区，每天生活费不高于99美分的雇员按周或按月领工资的占74%，而每天收入为6~10美元按周或按月领工资的占90%。在农村地区，44%的穷人有固定工资，而64%的中产阶级有固定工资。

是否拥有稳定的工作也具有巨大的影响。在乌代布尔的大部分地区，大多数家庭每天的生活费低于2美元。但有一次，我们遇到了一个十分不同的村庄，那里的生活显然相对富裕：屋顶是铁的，院子里有两辆摩托车，还有整洁大方、穿着校服的孩子。原来，村子附近开了一家锌工厂，村子里的每个家庭中至少有一人在该厂工作。在其中一个家庭里，身为一家之主（一个50多岁的男人）的父亲在工厂的厨房工作，后来又被调到了工厂的车间。他的儿子是村里第一批读完高中的8个孩子之一。这个孩子毕业后到这家锌工厂上班，而且有望在父亲退休前当上领导。他的两个儿子都读完了高中，两个女儿也在出嫁前读完了高中。对于这个家庭来说，锌工厂建在这一地区给他们带来了好运，开启了一个人力资本投入的良性循环，引领他们在就业道路上一步一步地前进。

安德鲁·福斯特和马克·罗森茨维格的一项研究表明，工厂就业对于印度农村工资增长的促进并不仅限于此。[10] 在 20 世纪 60 年代至 1999 年期间，印度的农业生产力快速增长，而村庄附近的工厂就业率也得到了提升，部分原因在于政府对农村投资政策的倾斜。在 20 世纪 80 年代初期到 1999 年期间，印度农村工厂就业率增长了 10 倍。1999 年，在福斯特和罗森茨维格所研究的村庄中，约有一半村庄附近都有一家工厂，而且这些村庄中 10%的男性劳动力都就职于工厂。这类工厂一般位于村庄中，起步工资较低，而这类工厂就业率的增长所带来的工资增长，甚至超过了由著名的绿色革命引发的农业生产力增长所带来的工资增长。此外，工业发展给穷人带来的收入也不够合理，因为即使对于那些低技能的人来说，更高报酬的工作他们也能胜任。

这种工作将为得到该工作的人的生活带来巨大的改变。与穷人相比，中产阶级在医疗与教育上的支出更多。当然，从原则上讲，有耐心、勤奋的人可能更愿意为自己孩子的未来投资，让他们有能力找到好工作。但是，我们认为，这并非答案的全部，而且这种消费模式与另一个事实有关，即富裕家庭的父母一般都拥有稳定的工作。一份稳定的工作会通过决定性的方式，改变人们的生活观念。一项针对墨西哥儿童（他们的母亲都在出口工厂工作）身高的研究表明，一份好工作具有无穷的力量。[11] 出口工厂常常以剥削人、工资低而著称。然而，对于很多连中学都没上完的女性来说，在这里工作比在零售业、食品业及交通业工作更好，因为那样的工作工资不会更高，但工作时间却更长。耶鲁大学的戴维·阿特金对两组母亲的孩子在身高上进行了比较，第一组母亲所在的城镇开了一家出口工厂，而另一组母亲所在的城镇则没有这种工厂（在该母亲 16 岁时）。结果显示，第一组母亲的孩子比第二组母亲的孩子要高得多。这一对比非常明显，同时也解释了贫穷的墨西哥孩子与正常成长的美国孩子在身高上存在差距的原因。

此外，阿特金指出，出口工厂的工作对家庭收入水平的影响不足以解释身高上的增长。或许，由于人们知道自己每个月都会得到一份收入（不仅仅是工资本身），因此他们对未来产生了一种控制感，正是这种控制感使这些女人注重建立自己与孩子们的事业。或许，这一对于未来的看法是区分穷人与中产阶级的重要依据。阿特金研究的主题"为将来而努力"巧妙地总结了这一观点。

在第六章中，我们详细举出了几个事例，说明风险对于家庭行为的影响：不管付出多大的代价，贫穷家庭也会采取预防性措施来降低风险。这里，我们看到了另外一种或许是更深层次的结果：对于人们来说，用长远的眼光来看问题时可能需要具备一种稳定感。至于那些看不到自己未来生活质量有所提高的人，他们可能总是不愿继续努力，其生活水平也难以得到提高。很多家长认为（或是误以为），教育所带来的好处呈S型曲线。这就意味着，如果他们认为自己不能持续投资的话，那么这种教育投资对于他们来说就毫无意义。如果他们怀疑自己将来承担孩子学费的能力——比如他们觉得自己的生意可能会亏损——那么他们就可能认为，这种投资根本不值得一试。

一份稳固的收入可以对未来的支出作更多贡献，而且也使现在的借款变得更容易、更廉价。因此，如果家里的某位成员有一份稳定的工作，学校会更愿意接收他们的孩子；医院会为其提供更昂贵的治疗，因为医院方面认为，他们能担负得起这些费用；家里的其他成员也可以利用这些收入投资自己的生意，谋求可能的发展。

这就是为什么一份好工作如此重要。好工作是稳定的、工资可观的工作，它能够赋予人们足够的心理空间，让人们去做中产阶级擅长做的事情。这种观点常常会受到经济学家们的反对。他们认为，好工作可能是代价很高的工作，也就是较为少见的工作。不过，如果好工作意味着，孩子们生长在一个良好的环境中，可以充分挖掘他们的潜能，那么或许值得减少这类工作的数量。

由于大多数好工作都在城市里，所以搬家就成为改变家庭生活水平的首要步骤。2009 年夏，我们在印度海得拉巴市的贫民窟结识了一个 50 多岁的女人。

她告诉我们，她从没上过学，16 岁就生下了女儿。女儿上过学，但读完三年级就辍学了，不久便嫁人了。但她的第二个儿子正在读MCA（Master in Computer Applications），我们从没听说过MCA，于是问她那是什么（我们以为那是某种专业学位）。她说她也不知道，后来她的儿子出来为我们解释，那是计算机应用学硕士。在这以前，他已经获得了计算机学士学位。他的哥哥也已大学毕业，找到了一份私营企业办公室的工作。而最小的孩子正在读中学，也准备着报考大学。如果能得到一份穆斯林优惠贷款，家里人都希望送他去澳大利亚留学。

那么，从女儿辍学到第一个儿子高中毕业，这期间究竟发生了什么，以至于这个家庭改变了其对于孩子的期望？父亲已经从军队退役，但通过军队的关系，他在海得拉巴市找到了一份国有公司的保安工作。由于他有了工作，不需要频繁迁移，于是一家人（除了他已经出嫁的女儿）都搬到了城里。海得拉巴市有很多不贵而优质的穆斯林学校，这是因为在 1948 年之前，当地还属于半独立的穆斯林王国。儿子们都去上学了，因此他们都发展得很好。

为什么没有更多的人采取这一策略呢？毕竟，大多数城市的学校都比较好，即使是那些不具备海得拉巴市独特历史的城市。而且，穷人（尤其是贫穷的年轻男人）总会搬到城里找工作。例如，在我们采访的乌代布尔农村家庭当中，60%的家庭至少有一个成员在过去一年到城里工作过，但他们很少有人会迁居很长时间——平均只有一个月，只有 10%的人的迁居时间在三个月以上。即使在国内，永久迁居也较为少见。在我们针对 18 个国家的调查数据中，极度贫穷家庭中有一名成员需要为工作而迁居的比例为：巴基斯坦 6%，科特迪瓦 6%，尼加拉瓜 6%，秘鲁将近 10%。临时性迁居的影响之一就是，对雇主来说，没有必要将这些工人转为固定工，也没有必要给他们提供特殊培训；他们一生都在打零工。因此，他们的家人不会搬到城里住，也不能上城里更好的学校，更无法得到一份固定工作所带来的心灵的宁静。

我们问一位来自奥里萨邦的流动建筑工人（他当时正在回家路上），为什么不在城里停留更长时间。他解释说，他不能把家搬到城里，那里的住房条件太差了。

另一方面，他也不愿离家太久。发展中国家的很多城市很少会为穷人制定住房规划。结果，穷人不得不挤在城市的某个角落，常常是在湿地或垃圾堆里。相比之下，即使是最贫穷的人所住的村庄，都是绿树成荫、空气清新、房屋宽敞、孩子们有嬉戏之地的。那里的生活可能不那么激动人心，但对于那些生长在农村的人来说，那也是他们的朋友所居住的地方。此外，对于一位单身男性来说，如果他要在一个城市住上几周或数月，那么他并不需要去寻找真正的住所。他可以睡在大桥或某处的天篷下面，或是住在自己熟悉的商店或建筑工地。他可以把租金省下来，多回家几次。然而，他不想让自己的家人过这种生活。

这样做同样存在风险：假如你想花钱将一家人都搬到城市里来，那么你就只有丢掉工作了。的确，如果你还没有一份体面的工作及足够的积蓄，你又怎么搬得起这个家呢？而且，如果家里有人生病了怎么办？当然，城市里面的医疗条件更好，但谁会陪你去医院？在你急需用钱的时候，谁来借钱给你呢？只要你的家还在村子里，那么即使你在城市里生病住院，你仍然可以借助你在村子里的关系。如果你拔掉了自己在村子里的根，搬到了城市里，结果会怎样呢？

因此，你更容易搬到有熟人的城市。当你们初次到达那里时，他们可以为你和你的家人提供住所；如果家人突然生病，他们也会来帮忙，还会帮你找一份工作——给你一份介绍信或是他们自己雇用你。例如，凯文·孟希发现，墨西哥村民会移居到别的村民定居的城市，即使最开始的那轮移居完全出于巧合。[12] 如果你在某一城市已经有了一份稳定的工作，或是其他稳定收入的渠道，那么搬过去显然更加轻松。来自海得拉巴市的穆斯林家庭二者兼具——一份军队养老金和一份工作。在南非，如果年迈的父母得到一笔养老金，他们的孩子就会永久地离开家里，搬到城市[13]。养老金为他们提供了一种安全感，他们因此支付自己迁居付出的代价。

那么，怎样获取更多的好工作？显然，如果你能轻易搬到城里，那么，找到好工作也不成问题。可见，城市土地使用及低收入住房政策显然很重要。此外，有效的社会安全网络（包括公共补助及市场保险）通过减少对社会网络的依赖性，可使移居变得更简单。

然而，并非每个人都能搬到城里住，还有一点很重要，即不仅大城市要提供更多的好工作，较小的村镇也要提供就业机会。要实现这一点，城市与村镇的工业基础设施都要做出实质性的改善。管理环境对于创造工作机会来说也很重要：劳动法对于安全保障工作起着重要的作用，但如果劳动法过于严格，导致没人敢雇用员工，那么就会产生一定的反作用。鉴于生产技术的S形曲线性质，信贷或许仍然是一个较大的问题：要创立更多的公司，从而产生大量的工作岗位，这需要更多的资金，但这常常是发展中国家普通业主所负担不起的。第七章关于信贷的部分指出，目前尚不清楚，怎样让金融部门贷款给这类人群。

或许可以利用政府资源，如通过向中型企业提供贷款担保，从而创立足够多的大公司。中国就出现过类似的情况，国有企业（或至少是部分国有资产，如设备、土地及大楼）被员工承包、管理，这也是朝鲜工业政策较为明确的一部分。这可以启动一种良性循环：较高的稳定工资为工人提供了经济资源、心理空间及必要的乐观心态，他们既可以用其为孩子投资，又可以用其储存更多的资金。一份稳定的工作可以使人们更容易获取贷款，加上自己的存款和才华，他们最终才能雇用员工，创立自己的大企业。

因此，真的有10亿穷人企业家吗，就像小额信贷机构的领导，或是有公益头脑的商业巨头所确信的那样？或者，这只是因我们对于“企业家”一词的模糊而产生的幻想？其实，的确有超过10亿人在经营着自己的农场或公司，但他们中的大多数人这样做是因为别无选择。他们只是想生存下去，因为他们没有才华、技能或是必要的风险承受能力。小额信贷及其他有助于小企业发展的方式，仍然在穷人的生活中扮演着重要角色，因为这些小企业要存活下去。或许，在可预见的未来，这是很多穷人得以生存的唯一方式。但是，如果我们认为他们能以此铺出一条逃脱贫穷的路，那么我们简直是在自欺欺人。

第十章

政策，政治

如果政策不能被正确地实施，计划得再周密完好的政策，也不能发挥作用。不幸的是，政策的意图和实施之间存在的差距越来越大[1]。在贫穷国家，一些援助怀疑论者表示，正是由于政府失职，国外援助及其他来自外界的援助才对该国的社会政策产生了负面影响，使该国的状况更加糟糕。当今，很多政府的垮台都是因为一些好的政策没能真正实施或发挥作用。

下面就是一个很好的例子。乌干达政府给每个学生提供包括维修教室、购买课本以及学生学习期间可能产生的其他费用，教师的工资甚至直接被计划在政府的预算之内。1996 年，李特瓦 · 雷尼卡和雅各布 · 斯文松试图弄清楚，由政府分拨的这些辅助资金究竟有多少真正被用到了学校。[2] 要弄清楚这个问题并不难，他们派遣调查小组到学校，询问学校负责人实际接收的资金数目，然后将这些数字与电脑里记录的政府实际派发的数字比对，结果令人大吃一惊：学校只拿到了实际援助资金的 13%，有一半多的学校甚至没有拿到这笔资金。调查表明，大部分资金最终都到了政府官员的口袋里。

同样的结果在其他国家也得到了证实，这样的结果无疑使我们很失望。我们经常会问自己，为什么要这样做？这些其实都是微不足道的问题，为什么我们要为此烦恼呢？威廉姆 · 埃斯特利，一位曾经批评随机对照实验的人士，在自己的微博中这样写道：随机对照实验对于处理在发展过程中的一些大问题根本行不通，诸如好的体系或是宏观经济政策带来的大范围经济效应等。他甚至推断，信奉随机对照实验会削弱发展研究者的进取心。[3]

这一观点很好地反映出一种制度化观点，并在当今的发展经济学中盛行。该观点认为，发展的真正问题在于找到良好的政策：这是一个如何挑选出恰当政治程序的问题。如果政治主张是正确的，那么好的政策便会随之出现；反之没有好的政治导向，就无法指定或实施好的政策，至少从规模上来讲是这样的。如果 1 美元中的 87 美分都无法真正进入学校的账户，那么就没有必要弄清楚学校会如何利用这 1 美元。随之而来的是“大问题”需要用“大办法”来解决的社会改革，如过渡到有效民主。

而另一方面，杰弗里 · 萨克斯则认为腐败是一种“贫穷陷阱”，这并不奇怪。贫穷会引起腐败现象，而腐败现象的发生必然会促使贫穷的产生。对此，萨克斯给出的建议是，通过帮助发展中国家的穷人变富来打破这一陷阱。这种援助可以用于实现一些特殊目标，例如疟疾控制、食品生产、饮用水安全、环境卫生等一些容易衡量的指标。此外，萨克斯还认为，提高人们的生活水平将有助于政府和民间团体遵守法律法规。[4]

根据反腐败国际性非政府组织透明国际 2010 年的数据显示，乌干达政府的清廉指数在全球 178 个国家级地区中，排名第 143 位（排名高于与其处于同等发展水平的尼日利亚、尼加拉瓜、叙利亚，次于厄立特里亚国）。这也意味着，我们可以在落后腐败的国家大规模实施反腐败计划。在乌干达政府的腐败问题没有得到解决之前，对乌干达教育的援助不可能取得成效。

然而，雷尼卡和斯文松的故事却是以奇妙的结局收尾的。当他们的调查结果在乌干达公布后，曾一度引起骚动。而财政部得知此结果后，开始将每个月下发给学校的资金数目公布在乌干达主流媒体上。2001 年，雷尼卡和斯文松再次对学校的财政状况进行了调查，发现 80%的拨款都到了学校。大约有一半的学校校长曾经抱怨他们没有得到应有的拨款，最终，他们中的大部分都拿到了拨款。并且，没有报道称有人对这些学校的校长或是对此事做出报道的媒体进行报复。如今看来，似乎因为无人担心公款的去向，才导致滥用公款现象的发生。这样一来，在无人监管时，地方官员便可能会轻易盗用公款，但是当监管有力时，他们则会停止这种行为。

乌干达的校长们大胆推断：如果偏远地区学校校长能够在有利政策落实之前避免腐败，那么或许我们无须等待政府的彻底改革或是社会转型，通过缜密思考和严格评估就能帮我们制定出制止腐败和效率低下的体系，但这并不意味着降低我们的标准。我们相信这些不断的进步和无数细小变化的积累，最终会导致彻底的变革。

政治经济

腐败或是玩忽职守，都会造成大量的效率低下。试想一下，假如老师或护士都不去工作，那么教育和医疗方面的政策就不能得到很好的实施。假如卡车司机通过行贿超载运输，那么政府部门就需花上数十亿美元来维修因为卡车超载而造成的路面损坏。

我们的同事达隆·阿赛莫格卢和他的长期合作者、哈佛大学的吉姆斯·罗宾逊如今都活跃在经济领域。当时，他们对经济持悲观态度，认为只有当制度稳定下来后，国家才能得到真正的发展，但是，制度却很难稳定下来。达隆·阿赛莫格卢和吉姆斯·罗宾逊曾经这样定义制度："经济制度决定了经济诱因，这些诱因会对教育、储蓄、投资、创新和采用新技术等产生激励作用。政治制度决定了公民对官员的约束能力。[5]

政治学家和经济学家的观点是站在一定的高度思考制度的建立的。他们认为，经济制度就像财产权利或税收系统，政治制度就像民主或专制、权力集中或分散、普选制或有限制的选举权。在阿赛莫格卢和罗宾逊所著的《为何有些国家会失败》

（*Why Nations Fail*）一书[6]中，大部分经济政治学者一致认为：制度是一个社会成功或失败的首要推动力。[7]良好的经济制度将鼓励公民投资、积累并发展新技术，因为这些是促进社会繁荣的因素。反之，糟糕的经济制度将会产生负面效果。问题之一就是，统治者有构建经济制度的权力，他们无须考虑公民的利益或公民的生活是否能提高。他们构建对自己有利的经济制度，制定大量限制条件，规定每个人的职责，从而削弱竞争，稳固其政治地位。这也是政治制度的重要性所在。它们的存在是为了防止领导者建立为自己牟私利的经济制度。当政治制度运行良好时，它就能通过向统治者施加足够的限制，来确保他们不会与公众的利益背离太远。

不幸的是，腐败的制度往往会滋生更加腐败的制度，形成恶性循环，这就是所谓的"寡头政治铁律"。当政的领导者倾向于制定能够为他们谋取财富的经济政策，而他们一旦变富，又可以利用手中的财富，提前阻止可能对他们的权力构成威胁的人。

据阿赛莫格卢和罗宾逊所述，阴魂不散的腐败制度是一些发展中国家不能持续发展的主要原因。这些国家的领导者继承了殖民地时期该国统治者的一些政治策略，这些政治策略不是为大众服务的，而是为统治者谋取最大利益的。摆脱殖民主义后，新统治者发现，这些旧制度能够帮助他们很方便地谋取自身的利益，于是他们保留了这些政策，形成了一个恶性循环。阿赛莫格卢、罗宾逊和西蒙·约翰逊所写的一篇经典文章曾提到：殖民主义时期，腐败制度阻止了欧洲殖民者的进一步扩张，建立更糟糕的制度，（因为他们的扩张是从离自己国家较远的地方攫取资源并加以利用的），而这些制度在殖民主义结束后却被延续了下来。[8]

阿比吉特和拉克希米·耶尔在印度找到了腐败制度长期残留的例子[9]。在英国殖民地时期，不同地区有不同的土地税收制度（这主要由当时任职于那一地区的英国公务员的思想意识，以及当时英国统治之下流行的言论而定）。在土地管辖制度下，印度地主负责征收土地税，这也进一步巩固了他自己的势力，稳固了封建制度。而在土地税收制度下，农民自己负责自己的土地税。这些地区的人们之间形成了合作和平等的关系。最引人注目的是，与那些由村民统治的地区相比，由上层人士统治的地区的社会关系更加紧张，农业产量低，学校和医院数量少。150年甚至更久以后，土地税收制度才最终被取消。

阿赛莫格卢和罗宾逊认为，之前的殖民主义者也有可能摆脱糟糕的政治制度和经济制度，但这需要有适当的武装力量和一定的机遇。他们特别指出英国光荣革命和法国大革命。这两场大革命都是发生在200多年前的、不受欢迎的动乱。阿赛莫格卢和罗宾逊在此书的结尾讲述了如何能够改变上述状况，但是他们的态度非常谨慎。

此后，又有两种有影响力的观点产生。这两种观点是在阿赛莫格卢和罗宾逊观点的基础上产生的，却不像二人观点那么悲观。一种观点认为，如果糟糕的制度阻碍了一个国家的发展，那么这个国家可以依靠世界上其他富裕国家的力量来摆脱窘境，如果有必要，可以采取武力。另外一种观点则认为，任何试图操纵一个制度严密的国家的制度或政治的做法，都将失败，改变只能依靠内部力量。

通过引入外部力量或许能打破这种糟糕制度的恶性循环。在新增长理论领域的赫赫有名的保罗 · 罗默，得出了一个伟大的结论：如果你不能管理自己的国家，那么就将其委托给能够管理这个国家的人。[10] 尽管如此，管理整个国家仍然很困难。所以，你可以尝试管理一个城市，小规模的城市更便于管理，你可以对这个城市做出很大的改变。保罗 · 罗默受香港成功发展的激励（香港由英国管辖，后归还给中国），提出了“特许城市”这一概念，即一个国家把一个近似“空白”的领域交给另一国家管理，后者则负责在这一领域建立完善的制度。刚开始时，它可能会遇到一些阻碍，之后有可能建立一套完善的制度（包括拥堵费、电力的边际消费，当然也包括对产权的合法保护）。因为每个来到这个地区的人都是自愿的，这是一个全新的区域，所以他们对这些制度不应该有抱怨。

这一设想有个小小的缺点，即我们不太确定贫穷国家的领导者是否愿意加入。进一步而言，即使这些领导者加入了，他们是否能找到合适的“买家”尚不确定——没人敢保证：交出去的地区发展好了之后会送回。于是一些发展专家对此作了进一步阐述。保罗·科利尔（牛津大学教授和世界银行前经济学家）在其著作《最底层的十亿人：最贫穷的国家为何继续衰败？》（*The Bottom Billion：Why the Poorest Countries Are Failing and What Can Be Done About It*）及《战争、枪炮和选举：危险地区的民主》（*Wars, Guns and Votes: Democracy in Dangerous Places*）中称，世界上现在有 60 个处于无助之中的国家（乍得、刚果等），那里生活着 10 亿人。[11] 这些国家都被糟糕的经济制度和政治制度困扰着，西方发达国家有责任帮它们从中解脱出来；如果有必要的话，可以使用武力干涉。他认为这方面的一个成功例子，就是英国政府帮助羽翼未丰的塞拉利昂实现了民主。

然而，威廉姆·埃斯特利对于塞拉利昂的例子却提出了深深的质疑。[12] 埃斯特利指出，接管一个国家远比治理一个国家容易得多。美国花费了沉重的代价才在伊拉克构建了完善的体系，这就是一个很好的例子。[13] 但是通常来说，一种制度不能适用于所有国家，它必须要符合当地的特色，因此，任何照搬式的制度都是行不通的。如果有可能，所有的改革都必须逐步进行，要知道，任何制度的存在都有其必然性。[14]

总之，埃斯特利对于外界专家的怀疑不仅针对外来管理者，还包括外界援助。从某种程度而言，外界的援助都在试图改变原有的政策，但是这种改变通常是以破坏原有政策为代价的，即使领导人已开始腐败，他们仍然在接受援助 [15]。

然而，埃斯特利对此并不悲观。他指出，每个政府都能找到适合自身的发展道路，只不过这个过程需要他们自己单独完成。尽管埃斯特利对外界援助者心存反感，也声称一种制度不能适合所有国家，但他指出，自由是唯一可行的万能策略。自由意味着政治自由和经济自由，而在人类的种种发明之中，自由市场的能量被大大低估。[16] 他主张“让 70 亿专家自己掌握自己的命运”。[17] 自由市场让所有创业者都有机会创业，如果成功了便能创造财富。埃斯特利还进一步指出，应该让民众自行决定自己受教育的程度和医疗方面的状态，而不是依靠政府的干预。

当然，很多情况下，人们会觉得完全自由的市场并不是理想的结果。首先，正如埃斯特利指出的那样，穷人无法真正参与到自由市场中去。”[18] 在他们参与进来之前，他们都需要帮助。其次，社会和市场需要制定一些规则来发挥其功能。例如，一个人不会开车，可他仍然想开。但是社会规则不允许他开车，因为这符合大多数人的利益。很显然，在开车需要有驾照方面，我们不能完全实现市场自由化。如果一个国家呈现弱势或是腐败的态势，那么自由市场也会以行贿或腐败的方式出现。一项调查显示，在德里，如果你掌握了驾驶技术，你不一定能拿到驾照；但是如果你愿意行贿，你很快就能拿到驾照。[19] 德里驾照的这种随意颁发，不是我们希望看到的。我们面临这样的挑战，当避免市场的随意性带来的不良后果以后，如何才能让政府发挥作用。这也恰恰是我们的目标。

因此，政府有必要为人民提供日常的必需品，而且还要制定某些政策，发挥市场的功能。埃斯特利还指出，民主能够给政府提供直接的反馈信息，约束政府履行其职责。接下来的问题是，如何构建自由市场机制和民主。埃斯特利一贯主张，自由不能从外部引入，否则就不会有真正的自由。因此，这些制度必须是从本土自下而上形成的。最终，我们要为个人的平等和权利而奋斗。[20]

从阿赛莫格卢和罗宾逊的分析中，我们得出一个结论：糟糕的制度非常“顽固”，无法通过正常的途径将其消除。我们看到了他们对如下结论所持的怀疑态度，即从外界引入一个制度会对原本的制度构成威胁以及如果让人们自行处理，最终他们有可能找到适合自身的制度。但是，如果把上述两种结论分开来看，我们还是可以持乐观态度的。事实上，在没有外界干预的情况下，我们已看到了一些制度的部分变革甚至是整个社会的大变革。

事实上，我们都错失了制度的最基本的概念，制度规定了参与的准则。这一概念包括了以往分析中的大部分概念，它们通常由经济学家和政治学家主导，如民主、地方分权、产权、等级制度等。但是这一层面的制度是可以通过当地一些具体的“制度”来实现的。例如，产权制度就涵盖了一系列的法规，规定谁能拥有什么（瑞士政府规定，外籍人士不能购买当地的小木屋），所有权是什么（在瑞典，人们拥有在任何地方行走的权利，包括在其他私人的土地上），如何将立法制度和政策结合起来，实施这些政策（陪审团审案在美国很普遍，但是在法国和西班牙却行不通）等。民主政策规定了谁能参选什么样的职位，谁能投票，如何竞选，但是法律保护有时却使得拉选票或欺骗民众变得轻而易举。就此而言，即使是专制体制，有时也会给民众保留一点儿参与的权利。关于这一点，我们在前文已详细介绍过，制度也不例外。归根结底，要想真正理解制度究竟会对人民的生活产生多大影响，我们必须要从思想认识上作一个转变，从底层人民的角度来看待制度。[21]

边缘的变化

在某种程度上，阿赛莫格卢和罗宾逊的悲观态度来源于，我们几乎很少看到激烈的政体改革——从一个专制腐败的政体转变为一个功能完善的民主政体。首先，从底层的观点出发，我们发现，要增强职责和减少腐败，我们不一定要对政体进行彻底的改革。

尽管大规模的民主改革少之又少，但是在很多情况下，我们还是发现民主在地方一级被一定程度地引入。选举制度的改革在其他一些专制国家就曾发生过，如苏哈托领导下的印尼、军队独裁制下的巴西、革命制度党时期的墨西哥。近些年，推行地方选举制度的国家也有很多，1998 年越南推行这一制度，也门在 2001 年、沙特阿拉伯在 2005 年。这些选举制度遭到了西方国家的质疑：选举通常有舞弊现象，而且选举人的权利很有限。然而，即使是毫不完善的地方选举制度在一定程度上对政府的管理，也产生了实质性的影响。在 20 世纪 80 年代初期，中国的农村地区逐步推行了村级选举制度。早先，中国共产党赋予村民参加选举的权利。共产党党支部任命党支部书记继续在村级行使领导权。投票不是采取匿名选举方式，投票箱经常都被塞得满满的。尽管这种选举制度不无瑕疵，但是调查却显示，选举制度改革产生了惊人的作用——村政府对村民更加负责。[22]村里开始选举的时候，村级干部放宽了一些不受村民欢迎的政策。在中国农村，土地经常被重新划分，而一些中等收入的农户从中受益颇多。公共支出也多被用在了村民的需求上。

同样，即使没有固定的、大的反腐体系，从一定程度上遏制腐败还是有可能的。政府的直接干预很有成效，乌干达政府很好地利用了新闻战，收到了成效。另外一个有趣的例子来自于印度尼西亚，腐败现象在总统苏哈托下台后依然很严重。2010年，在全球腐败透明指数所涉及的178个国家中，该国排名110。在由世界银行出资、帮助当地边远地区修建基础设施（包括道路）的政府项目上，腐败现象尤为明显。对于当地官员而言，多开原材料和工人工资发票金额是最简单的腐败方式，但是他们没有采用。我们的同事本杰明·奥肯雇用了一个工程队，在大约600个村子里挖开一段道路，从而计算出究竟有多少材料被用在了道路上，然后再与原来上报的费用作比较。另外一组人则通过采访村中当时参加施工的工人，调查他们到底拿到了多少工资。结果发现，上报的工人工资的27%和原材料费用的20%都销声匿迹了。更糟糕的是，这只是腐败的一部分。建好的道路长度和要求的一样长（否则，他们的腐败行为就太明显了），但是原材料的不足使得道路的质量特别糟糕——很容易在下雨时就被雨水冲毁了。[23]

在反腐败方面，负责修建项目的政府官员告知村级领导人，他们修建的项目要经过审计，审计结果将会公布给群众。然而，政府的审计人员并不是很公正，他们毕竟还在现存的体系内工作。尽管如此，奥肯指出，与没有审计人员介入时相比，其腐败的数额还是减少了三分之一（审计核查都是随意性抽查）。

在印度的拉贾斯坦邦，我们和警察局联合向当地警察部门“虚报”一些小的犯罪行为，如偷手机、在街上骚扰妇女等，试图让当地警务人员对这些予以备案。[24]结果，在我们第一批上报的“案子”中，只有40%得到备案。这是因为印度警察局工作的评估是以没有办理的案件的数量为依据的，没有办理的案件越多，评估的结果就越差。因此，要想在评估中取得好成绩，他们就得尽量少对案件进行登记备案。所以，我们也就可以理解，为什么穷人很少为一些小麻烦去警察局报案。

印度的警察局几乎完全延续了其殖民时期的风格。尽管警察局设立之初是为保护殖民者的利益的，但是印度在独立后，却一直没有对其进行改革。1861年通过的警察局法案一直被沿用至今。自1977年以来，很多改革委员会都推出了各个方面的改革，但是到目前为止，只有很少一部分被实施。然而，这个体系并不是一成不变的。

在每个虚假报案者即将结束叙述、要被备案时，警察们都能找到其中的疏漏之处，进而四处奔走，寻找线索，尽快破案，以减少备案记录。尽管虚假报案者的信息不会被他们的领导知道，虚假报案者也不会因此被制裁，但是报案登记率还是从第一次报案的40%上升到了第四次报案的70%。警察对这些虚假报案者无从查起（他们都是由当地居民联合起来编造的虚假报案者），在这种情况下，登记率自然会提高。因为担心虚假报案者的再次出现，警察们会提高他们的工作效率。

严格的监管制度已经不再是一个新的想法，但是审计和对虚假报案者的处理似乎有效，因为一旦消息外泄，那么触犯者就会被处罚。只要体系内的少数人相信这一点，那么对反腐败还是有用的。

由南丹·奈尔卡尼提出的信息科技也许能帮助我们解决上述腐败问题。他过去曾管理过印孚瑟斯技术有限公司——印度国内最大的软件公司。印度一直致力于给每位公民提供一个唯一的身份证号码，这个号码和他本人的指纹以及眼睛的虹膜识别相匹配。这一概念就是通过这些识别设备来随时随地确认人们的身份的。一旦这一理念得以实现，那么每个人都可以通过指纹扫描去政府部门买到由政府补贴价格的粮食。这样就可以避免粮店的老板将粮食以高价卖给穷人。尽管印度政府体系的弊端仍然存在，但是这一“科技手段”的实施却能很好地改善印度人民的生活（尽管我们还无法证明这点，因为这一科技体系仍在建立过程中）。

实践中的非集权化和民主

即使在糟糕的制度框架内，社会责任和反腐败仍有提升的空间。相反，良好的制度却未必能得到真正落实。而且，这还取决于制度中有多少成分能在实践中发挥作用。在某种程度上，悲观主义者认为好的制度究竟能在多大程度上落实至关重要。然而，那些看似微妙的小变动给最终结果带来的影响也同样没有得到认可。

在巴西，我们发现了由于制度中的小变动对结果产生的巨大影响。先前，巴西一直沿用比较复杂的纸质投票制度。投票者需要从一长串的候选人名字中选出一个名字，并将该名字（或序号）写在投票纸上。在印度，全国有大约四分之一的成人未受过教育，这实际上剥夺了大部分人投票的权利。在普通的选举中，将近四分之一的投票无效或不被计算在内。20 世纪 90 年代末期，电子投票制度率先被引入印度的一些大城市，而后相继被引入其他城市。投票者可以通过电子显示屏看到候选人的照片，并在一个简单的界面上选择候选人的号码，完成投票。改革的最初目的是要更好地统计投票数目，但是却产生了意想不到的结果。引入这种电子选举制度的城市，其投票结果中的无效票数比未引入的城市要低 11%。新参加投票选举的选民大都比较贫穷，且受教育程度较低，因此他们将票投给贫穷且受教育程度较低的候选人。此外，他们还将票投给施行有利于穷人的政策的候选人。公共卫生方面的支出增加使得贫困妈妈生育的低体重新生儿的数量减少。没有明显的政治冲突，仅仅通过一个小小的科技方面的改变，巴西穷人的意见就被纳入了巴西政体。[25]

赋予人民的权利

此外，地方政策的变化也会给政权带来一定的改变。大多数国际体系现在奉行的新理念都是将责任转嫁给受惠者，让他们负责学校、医院以及交通系统的正常运转。当然，通常情况下，政府并没有征得受惠者的同意，就将责任转嫁给了他们。

正如本书中所提到的那样，当政府无法通过公共服务的福利让群众受益时，再次实施反贫困政策则是很有必要的。当受惠者由于糟糕的服务而无法得到实惠时，政府应该对其给予更多的关注。此外，这些受惠者掌握着大量的信息，他们既知道自己想要什么，也了解究竟发生了什么。政府应赋予受惠者监管这些服务提供者的权利（老师、工程师、医生），让受惠者有权利雇用或解聘他们，或者至少有权利投诉这些服务提供者，从而确保这些政策制定者的动机是正确的。世界银行在2004年世界发展报告中指出，对社会服务造成风险者，社会应对其加以控制。”[26] 此外，在内战结束后，社区可以通过集中组织一些集体公益项目来增强与公众的联系。在塞拉利昂、卢旺达、利比亚以及印尼这样有军队冲突的国家，由社区选择和实施的集体项目（即社区驱动发展项目）是非常受欢迎的。

然而，在现实中，社区参与以及非集权化很普遍，但社区究竟怎样才能更好地体现群众的利益呢？如何才能保证弱势群体（女人、少数民族、社会地位低下、无房产）的利益呢？

在上述环境下，决议的公平性以及结果主要取决于以下一些细节，如项目选择规则（一次会议、一次投票），谁被邀请参加会议，谁发言，谁负责监管项目的实施以及这些项目领导者是如何挑选的等。如果规则将少数民族和穷人排除在外，那么我们不知道是这种非集权化还是将权利赋予地方更有助于维持公共和谐。毕竟，被自己的邻居剥夺了公民权将令人愤怒。

以村级会议为例，这是地方重要的政治体系。通过会议，人们发泄不满、表决预算、提出或通过一些项目。村级会议可能是由充满奇幻色彩的美国佛蒙特州的年度城镇会议而来，该会议总是充满温和而又机智的幽默。但事实上，一些发展中国家的会议却不受欢迎。例如，在印尼召开的KDP发展项目会议（世界银行给当地的社区出资修复当地的基础设施，如道路或灌溉系统）。在村里几百个成人中，有55人参加，其中一半是村中的上层人物。然而，参加会议的大部分人都不发言。在KDP会议上，平均发言人数只有8人，其中有7人是上层人物。

我们似乎可以得出这样的结论，“寡头政治铁律”在村级政府又卷土重来。在将其中的规则略微作些改变后，结果大不一样。在印尼的一些随机挑选的村子里，政府通过信函正式邀请村民参加会议。结果，出席会议的平均人数增加到65人，而且有38人不是来自于上层社会。会议中，很多村民都发言了，这使得会议很有气氛。此外，政府还将印有“对KDP会议的建议”的表格附在邀请信内，随机在印尼的一些村庄发放，由学生将此信函带回家，而剩余的村庄则由村长负责发放这些邀请函。结果，由学校发放的那些评价表格所反馈的信息比通过村级政府发放的评价表格得到的反馈信息尖锐得多。

如果规则的不同会产生巨大的差别，那么由谁来制定规则就很重要了。如果乡村实行自行管理制度，那么规则就只能由上层人物来制定。这时，如果当权者能够考虑到少数以及弱势群体的利益，那么由他们来作决策是最好的方式。将权利赋予人民，但不是所有的权利。

严格规定代表的限制条件就是由上级监管下级干涉制度的典型例子。这些限制条件是很有必要的，能够准确地代表少数人的利益，而这会带来不同的结果。

印度的村级政府部门（即村委会）对于代表就有这样的限制条件。村级政府部门每5年会选举一届新的领导人，同时对一些集体基础设施（包括学校建筑，道路等）重新招标。为了保护未被充分代表的人群的利益，规则中特意为妇女和其他少数群体（包括社会地位低的人群）保留了领导职位。如果上层人物占据了整个村委会的职务，那么，妇女和其他少数群体的利益将难以得到保障。村委会的真正当权者始终在管理整个村子，一旦被限制，他们就可能委托他们的妻子或是比他们地位低的仆人出面，行使自己的权利。事实上，2000年，拉加本德拉·查托帕迪亚雅和埃斯特在印度的加尔各答作了一项关于村委会制度的调查。他们想确认，是否应委派女领导者担任各项基础设施的负责人。结果，当时很多人觉得，这么做是无用功，这些人大到加尔各答乡村发展部长，小到他们调查小组的成员（还包括很多当地的学者）。大家都说，村里的所有项目事实上都是由村长——男性负责的。而那些害羞的或是没有受过教育的女人几乎没有作过任何决定，她们总是听从男人的。

然而，调查的结果却恰恰相反。在孟加拉国，根据配额制度的规定，每隔 5 年， 三分之一的村委会领导都是从妇女中随机选取的。在这些村庄中，只有妇女才有权利管理村委会。仅仅在配额制度实施两年以后，查托帕迪亚雅和埃斯特便对有配额制度的村庄和没有的村庄作了对比调查。[27] 在孟加拉国，那些由妇女领导的村庄，她们将政府的预算大部分都用在了受妇女欢迎的基础设施上——道路和饮用水等（很少一部分用在学校）。随后，他们又在印度的拉贾斯坦邦得到了相同的答案，拉贾斯坦是印度有名的以男人为主的地区。结果发现，这里的女人更注重水资源，而男人则认为道路最重要。因此，毫无疑问，女领导者将更多预算投在了水资源上而不是道路上。

印度其他地区的进一步研究表明，女性领导者几乎总会产生一定的影响力。此外，随着时间的推移，在拥有相同预算的前提下，女性似乎比男性能做更多的事情，而且受贿的概率更小。然而，每当我们在印度提出这些研究结果时，总会有人告诉我们，这肯定是错误的。这些人曾亲自去过一个村庄，并和一个女人谈话。在整个谈话过程中，她都处于丈夫的监视下。他们还见过这样的政治海报，上面照片中候选人的丈夫比候选人本身更显眼。其实，我们也有过类似的谈话经历，也见过那样的海报。让女性参选政治领导者，这种变革有时会事与愿违，强势的女性会夺权并对其村庄进行改革。他们认为，当选的女性领导者常常与有政治背景的人有关系，她们不太可能主持村级会议，也很少发言。她们所受的教育更少，从政经验也不多。然而，尽管她们要面对这种明显的偏见，很多女性正在逐步走上领导者之路。

粉饰民族鸿沟

最后一个例子是种族划分在选举中的角色。我们认为，选举常常基于种族忠诚度，也就是来自最大种族的候选人常常会当选，无论他本身具有怎样的优点。

伦纳德是纽约大学政治科学家，曾是贝宁地区的学生领袖。为了测量种族偏见的政治优势，他来到总统大选候选人召开政治会议的地方，说服他们到不同的村庄作不同的演讲。”[28] 在一些渴望被“庇护”的村庄中，候选人强调的是种族背景，然后承诺为该地区的本族人建设更多的学校及医院，创造更多的政府工作岗位。在一些推崇“国家团结”的村庄中，这位候选人会承诺致力于国家在医疗及教育领域的改革，并致力于促进贝宁地区所有民族的团结。这些收听不同演讲的村庄都是随机选取的，但所有村庄都属于该候选人的政治根据地。“庇护”式演讲显然赢得了胜利——平均来看，“庇护”式演讲使候选人得到了 80%的选票，而崇尚“国家团结”的村庄仅为他投了 70%的选票。

出于各种原因，种族政治具有一定的破坏性。其中一个原因就是，如果选民们的选择基于种族而不是政绩，代表大多数群体的候选人的品质就会大打折扣：这些候选人无须付出太多努力，因为他们来自于“正确的”阶级或种族，这就足以保证他们会中选。在 20 世纪八九十年代，印度北方邦越来越倾向于阶级论，这就可以明确地说明这一问题。随着时间的推移，在所有阶级群体占主导地位的地区，赢得选举的政治家们都出现了更多的腐败现象。[29] 至于统治某一地区的是上层阶级还是底层阶级，这并不重要，但来自于统治阶级的领导者更有可能腐败。到 20 世纪 90 年代，印度立法议会中有四分之一的成员都与刑事案件有所牵连。

在发展中国家，难道选举也会不可避免地由种族主导吗？很多学者都是这样认为的。他们觉得，种族忠诚度是传统社会的基础，而且注定会统治政治态度，一直到该社会变得现代化才会有所改变。[30] 然而，证据表明，种族选举并不像人们常常认为得那样稳固。2007 年大选时，阿比吉特、唐纳德 · 格林、珍妮弗 · 格林及罗西尼 · 潘德在北方邦展开了一项实验，他们与一家非政府组织合作，参与了一次非党派活动。在随机选择的村庄中，人们听到这样一句口号：“不要基于种姓来投票，要为发展而投票！”这一简单的信息将选民们为本种姓候选人投票的概率从 25%降至 18%。[31]

为什么有些人根据阶级投出选票，而当一家非政府组织让他们再考虑一下时，他们就会欣然改变自己的主意呢？一个答案是，选民们对他们将要做出的决定常常缺乏了解——除了在选举时期，他们一般都没见过候选人。选举时，每个候选者都会做出类似的承诺。他们无法通过一种显而易见的机制，来发现哪些人腐败，所以他们更倾向于认为，每个人都会腐败。而且，选民们对于立法者的实际权力也知之甚少。在印度，我们常常听到，市民们责怪立法者无视贫民区的下水道问题，实际上，这样的问题应由地方立法者来负责。结果，立法者们认为，无论出现什么问题，他们都会受到责怪，这更加不利于一种强有力的执行机制的产生。

在选民们看来，所有候选人都大同小异（或者都不怎么样），所以他们或许觉得，最好还是依据阶级而投票：这种效忠于阶级的行为得到回报的概率很小，政治家也不太可能会向他们提供帮助。但无论是哪种情况，他们必须要付出代价。此外，很多人并不在意选举，所以他们才这么容易改弦易辙。

巴西曾努力向选民们提供关于候选人的有用信息。自 2003 年，随机选择的 60 位市政官员每个月都会参加一次电视“抽奖”，他们的账户会受到审查。审查结果会通过网络及当地媒体公之于众。这种审查会减少腐败现象。在 2004 年的选举中，如果候选人的账户审查结果被公布，他们当选的概率就会减少 12 个百分点。另一方面，对于诚实的候选人来说，如果他们的账户审查结果在大选之前公布，那么他们当选的概率会增加 13 个百分点。在德里贫民窟也发现了类似的结果：如果选民们得知候选人的表现不佳，他们就不会将选票投给他。[32]

因此，政治与政策并无多大差别，其得到改善的可能性很小，而且微小的干预似乎不会产生重要影响。我们在本书中所提倡的理念——注意细节、了解人们怎样做出决定、怎样配合实验——也同样适用于政治。

政治经济学背景

政治经济学认为，政治享有优先于经济的地位：经济政策的范围会据此受到界定与限制。

然而，我们已经看到，在监管力度较大的环境中，机构功能的改进并不彻底。很明显，并非所有问题都能以这种方式得到解决。巴西政治家们的账户并没有依据法律而被曝光，德里的报纸也不会刊登立法者的记录。在印尼和中国，其政权本身也不反对民主制。重要的是，如何寻找这一突破口。就政策来说也是一样，政策并非完全由政治所决定。在恶劣的政治环境中，也会有好的政策产生。而且，或许更为重要的是，在良好的环境中，常常会产生恶劣的政策。

苏哈多时代的印尼就是一个典型的例子。苏哈多是一个独裁者，尤以腐败著称。每当他生重病时，他的亲戚所拥有的股票的价值就会下跌。这表明，与他建立联系是非常有价值的。[33] 在苏哈多时代，用来买石油的钱被用来建学校，因为苏哈多认为，教育是传播意识形态的有力方式。他统一了全国的语言，在民众中建立了一种团结感。我们曾报道过，这种政策促进教育的发展。而且，对受益于学校教育的一代人来说，他们的工资也会增加。伴随着教育的发展，一个提高儿童营养的大计划产生了，内容涉及训练 100 万名村庄志愿者，让他们将这一信息带回村庄。或许，正是由于这一干预措施，1973~1993 年期间，印尼营养不良的儿童人数减少了一半。这并不是说，苏哈多政权对于印尼穷人来说有多好，而是强调政治精英的动机有多复杂，他们或许是在某一特定时刻、特定地点，出于自身的利益才出台这些政策的，而这些政策恰巧是有利于穷人的。

同样，相反的情况也会成立。良好的意愿对于良好的政策来说，或许是一个必要的组成部分。有时，糟糕的政策也出于良好的意愿，这是因为这一政策没有抓住真正的问题所在：公立学校体系令大多数人失望，因为每个人都相信只有精英才能学习。穷人找不到安全的地方存钱，因为对于那些允许穷人存款的机构来说，政府为他们设定的管理标准非常高。

部分问题在于，即使政府的用意很好，他们却很难做出尝试。在很大程度上，政府之所以存在，就是为了解决市场无法解决的问题——我们已经看到，在很多情况下，只有当自由市场出于某种原因无法发挥作用时，政府干预才有必要出现。例如，很多家长可能最终没有为自己的孩子接种疫苗，也没有给他们服用驱虫片，因为他们没有考虑到，这样做对于其他人有什么好处；家长可能没有为自己的孩子选择接受正确级别的教育，部分原因在于，他们不清楚孩子长大后是否能够回报他们；公司不愿进行废水处理，部分原因在于，这样做的费用很高，而且他们根本不在乎水污染的问题；走到十字路口时，我们宁愿闯红灯也不愿停下脚步。这样的例子不胜枚举。结果，政府的代理人（官僚、污染检察员、警察、医生）无法因为其他人带来价值而得到回报——当警察给我们开罚单时，我们会抱怨，但我们不会因为他敬业、维护道路安全而嘉奖他。相比之下，杂货店主通过向我们出售鸡蛋而传递价值，当我们向他付钱时，我们知道自己支付的是他所产生的社会价值。

这一现象具有两个重要的意义。第一，我们很难对大多数政府工作人员的表现进行评估，这也是为什么公务员（警察、审判员等）有很多规定要遵循。第二，破坏规定的诱惑力总是存在的，无论公务员还是我们都是一样，这常常会导致腐败及渎职现象的发生。

因此，腐败和渎职的危险在任何政府都是在所难免的，但在以下三种情况中尤为严重：第一，政府要求人民做一些他们认为没有价值的事情，如骑摩托车时戴头盔或是给儿童接种疫苗。第二，当人们得到的价值大大高于他们所付出的时，如医院免费提供床位给有需要的人，无论他们的收入高低与否，这就导致更富有的人行贿插队。第三，官僚的收入较低、工作量较大、监管不力，而且即使被解雇也毫无损失。

前面几个章节中的证据表明，这些问题在贫穷国家可能更为严重。由于缺少正确的信息以及政府长久以来的失败，人们对政府的信任越来越少。极度贫穷使很多服务需要以低于市场价格的价格馈赠。而且，人们不知道自己的权利到底有哪些，也无法有效地要求或监督政府的表现、政府支付给公务员的有限资源等。

这也是政府计划（以及非政府组织及国际组织发起的类似计划）常常没有

效果的一个原因。这个问题一直都难以解决，细节方面需要大量关注。这种失败常常并非像很多政治经济学家所说的那样，由某一特定团体的破坏而引起的，而是由于整个体系的构想都很糟糕，而且没有人愿意对其进行调整。在这种情况下，改变就意味着要弄清楚什么才是有效的，并且担负起责任来。

医疗工作者的缺席正是这样一个例子。您或许还记得第三章中说到的，乌代布尔地区的护士很不欢迎我们，因为我们的计划增加了她们的工作量。结果，她们笑到了最后：我们与非政府组织赛娃曼迪及当地政府展开的这一计划最终失败了。

在这一计划启动之前，我们对在赛娃曼迪收集的数据进行了研究。数据显示，护士至少有一半的时间是缺勤的。地区行政长官决定，要加强执行护士出勤率的规定。根据新的方案，大多数护士每周一都要在中心待一整天。在这一天里，她不许外出对病人进行探视（这常常是不去上班的一个好借口）。赛娃曼迪负责监测出勤率：在每周一，每个护士都会得到一个印有时间、日期的邮票，然后多次填写贴到中心墙上的签到表上，以此证明她出勤了。至于那些出勤率不到50%的护士，她们会被扣工资。

为了验证我们的做法是否有效，我们派出了独立的调查人员，对赛娃曼迪监督的地区及其他地区护士的出勤率进行调查。[34] 一开始，一切都按照计划进行。该计划实施前，护士在岗率为30%左右，到2006年8月，赛娃曼迪监督地区的护士在岗率上升至60%，而其他地区的这一比率没有变化。每个人（除了护士，因为她们见到我们时就告诉了我们）都很振奋。到2006年11月，情况开始逆转。监督地区的护士在岗率开始下降，并且一直在下降。到2007年4月，受到监督的地区与没受到监督的地区，其情况都同样糟糕。

当我们对这一情况进行调查时，惊奇地发现了这样一个事实，即使在该计划结束之后，记录中护士的缺勤率仍然很低。记录中出现最多的是“事假”——护士们提出的一些合理理由，如培训和会议是最为常见的）。我们试着弄清楚，为什么这么多事假日突然涌现；在她们所说的日期，我们并没有发现会议或培训的记录。唯一一个可能的解释就是，在监测中心里，当护士突然多申请30%的事假时，每一个负责监督护士的人都决定坐视不理。最终，她们发现，自己的上司根本不关心她们是否来上班，因此她们认为自己的实际出勤率很高。从某种意义上来说，与没有监测的中心相比，监测中心的护士缺勤率其实更低，而且直到研究结束时依然如此。最终，监测中心护士的缺勤率只有25%，没有人抱怨。对于中心没人工作的情况，村民们已经习惯了，因此他们对整个制度都失去了兴趣。在我们对村庄的拜访中，我们几乎找不到任何抱怨护士缺勤的人。每个人都完全放弃了这项制度，认为不值得去弄清楚护士们在做什么，更不用说要抱怨了。

妮丽玛 · 科顿是塞娃曼迪的主管，她对这一情况做出了一个有趣的解释。科顿是一个以身作则的人，她为自己的职业生涯制定了一个很高的行为标准，并希望其他人也能照做。但这些护士却给她带来了麻烦，因为她们对于自己的玩忽职守似乎很不以为然。她还发现，她们需要做的事情十分令人震惊：一周工作6天。签到，然后拿上你的药箱，出发前往一个小村子巡诊，即使在38度左右的天气也是如此。她们挨家挨户地为育龄妇女和她们的孩子作检查，还要劝说少数对此毫无兴趣的妇女采取避孕措施。在五六个小时的工作之后，还要走回中心作下班登记，然后乘2个小时的公交车回家。

很明显，没有人能将这项工作一直坚持下去。人们对此十分理解，他们并不指望护士能真正完成所规定的工作。那么护士实际上应该做些什么呢？她们应该有自己的规则。在我们见到她们时，她们清楚地告诉我们，我们不能指望她们能在上午10点之前来上班，而清晰地贴在中心外面墙上的上班时间是早上8点。

显然，这些规定的设立并不是要降低印度整个医疗保健体系的效率。相反，这或许是由一位善意的官僚提出来的，他对这个体系该做些什么有自己的观点，而且也不过多关注那些被要求实现的东西。这就是我们所谓的三大问题：意识形态、无知和惯性。这个问题瓦解着可以帮助穷人的各种努力。

护士的工作量基于这样一种意识形态，即将护士看成是充满奉献精神的社会工作者，这种意识形态出自对各种条件的无知，大多因惯性而反映在文件之中。改变这些规则，使护士的工作变得更好操作，这或许还不足以提高护士的出勤率，但仍然是必要的一步。

这三大问题同样使印度家长和学生承担教育和被教育责任的努力受到了阻碍。印度政府在最近的一次教育改革中，引入了父母参与监管子女小学教育的观点。SSA是一项旨在提高教育质量的大型项目，由联邦政府资助，每个村庄都要成立一个村庄教育委员会（或称VEC，相当于美国的家长教师协会），协助学校进行管理，寻找改进教学质量的方法，并对出现的任何问题进行汇报。尤其值得一提的是，村庄教育委员会可以为学校增加一名教师而申请资金，如果获得了必要的资金，委员会有权雇用或者根据需要解雇这名教师）。考虑到雇用教师的成本不低，这可以说是一项意义深远的决策。然而，根据我们在北方邦（印度人口最多的一个邦）江布尔区所作的调查，在这一计划制订近5年之后，我们发现92%的家长从未听说过村庄教育委员会。此外，在我们对该委员会成员的家长进行采访时，四分之一的人都说不知道自己是这个委员会的成员，约三分之二的人并不了解SSA计划，也不知道其拥有雇用教师的权力。

这一计划同样受到了这三大问题的阻碍。在“人民的力量很大”这种意识形态的启发下，这一计划完全忽视了想要什么及某一村庄如何运作。在我们对这一计划进行研究时，它完全是由惯性支撑着。很多年以来，根本没人注意过这个计划，除非是某地的官僚，因为他需要确保所有的意见箱都已检查过了。

Pratham是印度一家教育非政府机构，负责年度国家教育报告，还有我们在第四章中谈到的有关教育的阅读计划。通过与该机构的共同研究，我们认为，让父母们认识到自己的权利，可以为计划注入新的活力。根据SSA计划，Pratham小组派出实地考察员到65个随机选择的村庄，告知那里的父母们他们拥有哪些权利。[35]Pratham小组有些怀疑，如果只是告诉人们他们能做些什么，而不告诉他们为什么要这样做，这种方式是否真的有效；在另外65个村庄一组中，Pratham小组教感兴趣的村民怎样使用dipstick阅读软件，还有些数学测试（这些都是ASER的核心内容），并为该村庄准备一张成绩单。对于这些成绩单的讨论（表明在大多数村庄，具有读写能力孩子的人数少得可怜）只是一个起点，随之而来的是讨论家长及村庄教育委员会的潜在作用。

然而，在一年之后，在家长参与村庄教育委员会、委员会行动主义或儿童学习（这是我们最关心的）的问题上，这些干预都没能产生任何作用，而原因并非这一社区没有被调动起来。Pratham小组还让这一社区提供一些志愿者，接受Pratham阅读技巧的培训，然后教孩子们怎样去阅读，并负责给孩子们开设课后阅读班。志愿者们确实做到了，他们每个人都会教几个班。我们在第四章中看到，这些村庄孩子们的阅读水平大大地提高了。

产生这一区别的原因可以解释为，村民们得到了一项清晰、具体的任务：找到志愿者，将有需要的孩子送到辅导班。相对于劝说人们去为增加一个教师而游说政府的模糊任务，即SSA的计划，这种方式的界限或许更为清晰。在肯尼亚，一项研究给村庄教育委员会一项任务，并让他们行动起来，结果非常成功。在这项研究中，委员会得到了一笔资金，并根据要求用这笔钱雇用一名教师。在某些学校，委员会还有另外一个责任，即密切注意这名教师的行为，并确保学校没有误用这名教师。这一计划在所有学校都得到了良好的执行，而且在学校委员会特别关注其执行情况的学校，效果更为明显。[36]因此，父母的参与虽然必不可少，但父母们需要做的事情也需要审慎思考。

这两个例子表明，大规模的浪费及政策失败之所以会发生，常常是因为政策规划阶段的懒惰思想，而不是任何深层次的结构问题。对于有效的政策来说，有效的政治或许是必要的，或许不是；当然，这还不够。

因此，我们没有理由相信政治经济学的那种观点，即政治总会优先于政策。我们现在可以更进一步，颠倒政策与政治的阶级地位。良好的政策是良好的政治的第一步吗？

选民们根据他们所看到的现实情况，调整自己的观点，即使他们一开始时具有偏见。印度的女性政策制定者就是一个例子。尽管德里的精英们仍然认为，女人不应被赋予合法的决定权，但国民们却更为支持相反的观点。在孟加拉邦西部，在从来没有女性领导者任职的政府岗位中，2008 年，10%的岗位被女性占据。毫无疑问，当这些岗位为女性预留时，这一比率上升至 100%。女性当选的比率从 13%上升至 17%。在孟买，同样的情况也在市政府代表中发生了。[37] 其中的一个原因就是，选民们对待女性的态度发生了改变。在孟加拉邦西部，为了衡量关于能力的偏见，村民们需要听取一位领导人的讲话。[38] 所有村民听到的都是同一篇讲话，但有些人听到的是男声，而有些人听到的是女声。听完讲话之后，他们被要求对讲话质量进行评判。在从没为女性保留过席位（也从未有过女性领导者）的村庄中，男人们给予男声演讲的分数比女声演讲更高。另一方面，在曾为女性保留席位的村庄中，男人一般都更喜欢女声演讲。男人的确承认，女人有能力执行良好的政策，他们改变了自己对于女性领导者的观念。因此，暂时为女人保留三分之二席位，不仅可以增加饮用水资源，还会永久转变女性在政治领域的角色。

良好的政策还有助于打破过低期望的恶性循环：如果政府开始执行，人们就会开始更认真地对待政治，并给政府施压，执行更多的政策，而不会放弃选举权，也不会不加思考地将选票投给同族之人，更不会拿起武器反抗政府。

在墨西哥的一项研究中，研究人员找到接受了社会福利计划Progresa（为穷人家庭提供现金转移，前提是他们的孩子去上学，他们要去医疗中心）的村庄，对实行该计划 6 个月与 21 个月的两组村庄在 2000 年大选期间的选举行为进行对比。[39] 结果显示，在受益于Progresa计划更久的村庄，其选票偏向实行该计划的政党。造成这一现象的原因不可能是这些家庭被该计划“收买了”，因为那时他们都受益于此，并且已经了解那些规则，而是这一计划在改善健康及教育方面非常成功，接受该计划更久的家庭，已看到由此而产生的一些好处。因此，他们将选票投向了启动这一计划的政党。在太多选举承诺出台而又破灭的情况下，实际的成绩向选民们提供了有用的信息，让他们了解候选人将来可能会做些什么。

信任的缺乏可以说明，为什么温奇康（Wantchekon）在 2001 年贝宁的实验中发现，与吸引公众利益相比，提供具体的信息更为成功。当政客们对“公众利益”泛泛而谈时，没有人会真正相信，至少，选民们多多少少会信任一种具体的信息。如果“公众利益”的信息更加清晰一点儿，更加专注于某些具体倡议，提出一项可以让候选人在当选后为选民负责的议程，那么这种信息更容易产生影响。

伦纳德在2006年选举之前进行了一项后续实验，结果表明，对于那些认真负责、致力于涉及并解释社会政策的政治家们，选民们的确会给予支持。[40] 伦纳德开始与贝宁其他民间团体领导人进行广泛的协商：“2006年选举：政策选择是什么？”分别有教育、公共卫生、管理及城市规划四个小组，还有四位专家（其中两位来自贝宁，另外两位分别来自邻国尼日尔和尼日利亚），他们提供一本政策建议的白皮书。所有国民大会的政党代表，还有各家非政府组织的代表，都参加了这次会议。会议之后，有几家政党自愿使用会议上提出的建议，作为试运行的选举平台。他们将其应用于随机选择的村庄，在城镇会议上，对这些建议做出了详细的介绍，参与者们有机会做出反应并采取行动。在对照村庄，气氛愉悦的政治会议经常召开，会上提出了一些具体信息，还有广泛而又模糊的政策提议。这一次的结果恰恰相反，在那些召开会议并讨论具体政策提议的村庄，并没有出现对于具体信息的支持，但参选政党的选票数和支持率都更高。

这一结果表明，可靠的信息可以劝服选民们对符合大众利益的政策投票。一旦信任建立了起来，个别政客的激励政策也会改变。他会感觉到，如果他做了一些善事，他就会受到尊敬并再次当选。很多拥有权力的人都具有多重动机——他们想受到爱戴或做善事，因为他们有同情心，也因为这可以稳固他们的地位，即使他们有腐败行为。这些人会做一些促进变革的事情，只要这些事情与他们的经济目标不完全冲突。一旦政府可以证明，他正在试图实施政策并赢得人民的信任，一种更深层次的可能性就会产生。政府现在可以不再那么关注于短期成绩，不再那么热衷于不顾一切地赢得选民的认可，不再那么沉迷于冲动下的有奖问答。对于政府来说，这是一个规划更加有效、更有远见政策的好机会。我们在第四章中看到，Progresa所展示的成功鼓励了福克斯，他在墨西哥的革命制度党（PRI）失势之后成为总统，而他并没有取消这一项目，而是将其推广到整个拉丁美洲，推广到全世界。这些项目或许起初并不像有奖问答那样吸引人，因为为了拿到钱，一个家庭可能要做些事与愿违的事情，但人们相信（不过，我们看到，或许这是错误的），制约性是“打破贫穷周期”的一个必要部分。我们欣慰地看到，无论是左翼还是右翼政党，他们都认为应当将这一长远观念摆在议程的核心位置。

对于发展中国家的政治机构，很多西方学者及政策制定者都极为悲观。根据他们的从政知识，他们或许会指责陈旧的农业机构，或是来自西方的罪恶——殖民统治或傀儡机构——或是一个国家所固守的文化。无论出于何种原因，这一观点都认为，糟糕的政治机构应在很大程度上为国家的贫穷负责，而且逃脱这种贫穷状态很难。有人认为这是一个放弃的理由，其他人则希望从外部促进机制改革。

埃斯特利与萨克斯对这些论点都多少有些反感，原因有所不同。埃斯特利认为，西方的“专家们”没理由去判断在特定环境下的一组政治机构是好是坏。萨克斯认为，糟糕的机制是贫穷国家的通病：通过专注于具体、可测量的计划，或许以某种有限的方式，甚至在一种糟糕的机制环境中，我们可以成功地消除贫穷，让人们变得更富有、更有文化，开启一个良性循环，由此，良好的机制便会随之而产生。

我们同意这一观点：政治局限性是真实存在的，这使我们很难找到解决大问题的方法。但是，在改进机制及政策方面，我们仍然有很大的发展空间。认真了解每个人（穷人、公务员、纳税人、当选政客等）的动机及局限性，可以更好地制定出有效的政策及机制，避免腐败或渎职现象的发生。这些变化还在继续，并开启一场寂静的变革。

总结

POOR ECONOMICS

A Radical Rethinking of the Way to Fight Global Poverty

经济学家（及其他专家）谈论哪些国家的经济在增长，哪些国家的经济没有增长，这看上去没有任何用处。一些国家由经济瘫痪转变为经济奇迹，如孟加拉或柬埔寨；另一些国家的经济从“模范”沦落到谷底，如科特迪瓦。回顾过去，我们总能找出合理的理由解释过去发生的事情。但事实是，大多数情况下，我们很难预测哪个国家的经济会增长，也不明白为什么有些事会忽然发生。

鉴于经济增长需要人力与智慧，但无论何时，如果男人和女人都受过良好的教育、拥有健康的身体，如果市民们在为孩子投资方面具有安全感和信心，让孩子们走出家门，到市里去找一份新工作，那么人们就更容易摆脱贫困，这看上去似乎是合理的。

或许，到那时，人们需要长久致力于摆脱贫困。如果不幸和挫折不请自来，气愤与暴力占据上风，那么能否摆脱贫困，我们尚不可知。一种有效的社会政策可以使人们远离失败，因为他们觉得自己不会失去什么，要让国家在其所处的时代腾飞，那么这样的政贷或许是关键的一步。

如果所有这些都不正确，如果国家政策不能带来经济增长，那么尽一切可能来提高穷人的生活质量，不再等待经济刺激，将是大势所趋。第一章中对道德问题的讨论使我们在某种程度上知道了如何摆脱贫困，我们不能容忍浪费穷人的才干和生命。正如本书所讨论的，尽管我们没有根除贫困，但我们知道有些事情或许可以改善穷人的生活。具体见以下 5 个方面。

第一，穷人通常缺少信息来源，相信那些错误的事情。他们不清楚给儿童接种疫苗的好处，不明白基础教育的重要性，不知道该使用多少化肥，不知道哪种方法最易染上艾滋病，也不知道政治家们每天都在做些什么。当有一天他们发现那些坚信不疑的信念是错误的时，他们会做出错误的决定，这些决定有时会引起严重的后果。如果女孩们与成年男子发生性关系并且未采取避孕措施，或农民使用两倍于正常量的农药，这些事情的后果都是严重的。例如，由于人们不确定接种疫苗有哪些好处，再加上办事拖延的习惯，导致很多孩子失去了这样的机会。如果公民盲目选举，他们很可能会选择同种族的候选人，尽管这样做会使顽固和腐败问题变得更严重。

有很多事例可以说明，一条普通的信息可以带来巨大的变化。当然，事情并不总是如此。要想产生这样的效果，这条信息必须具备以下特点：它必须是人们尚未知晓的（如“婚前禁止性行为”是人人都知道的，效果不明显）；信息的发布方式必须是简单而有吸引力的（电影、电视剧、精心设计的报告单）；信息的来源必须是可靠的（有趣的是，媒体看上去似乎是可靠的）。因此，当媒体发布信息称政府做得不对，政府将花费大量的成本来挽救自己的信誉。

第二，穷人肩负着生活中的多种责任。你越富有，越容易做“正确”的决定。穷人没有自来水，因此，当市政府对水进行氯化时，他们不能受益。他们买不起速溶的强化营养型麦片，因此不得不想办法确保他们及自己的孩子得到足够的营养。他们没有自动扣除功能的储蓄计划，如退休计划或社会保障，因此要想办法存些钱。做这些决定是困难的，因为它需要人们考虑当下或前期做出少量付出，而回报很可能在很遥远的未来。人们拖延的习惯会把事情搞砸。对于穷人，更为麻烦的是，他们的生活本来就很困难：他们中的一些人做着竞争激烈的小本生意，剩下的大部分人打散工，总要为找到下一份工作发愁。这说明通过做正确的事情，他们的生活就会得到很大改善——降低加铁/碘盐的生产成本，使人人都买得起；银行提供存钱容易但取钱代价会稍高的储蓄账户，让每个人都能享有，如果有必要的话，政府可以对银行进行补贴，以弥补其带来的成本费用；在自来水昂贵的地方提供清毒剂以作净水处理。这样的事例还有很多。

第三，一些服务于穷人的市场正在消失，或是在这些市场中，穷人处于不利地位。穷人存款所得的利息（如果有幸拥有一个账户的话）是负利息，但贷款的利息却很高。针对穷人的医疗保险市场尚未健全，尽管医疗问题给他们的生活带来了很大影响。

在一些案例中，技术创新或制度创新可以弥补市场发展的不足，如小额信贷市场，它向穷人发放小额贷款，利息不高，人们支付得起；又如，电子转账系统（用手机等）和个人识别系统可以在未来几年大幅削减银行成本。但是，我们还应认识到，这类市场的兴盛不仅需要靠自身的努力那么简单，有时需要政府的支持。

我们应该认识到，这可能会产生免费赠送的产品或服务（如蚊帐或到保健中心作检查），甚至奖励人们做有利于自身的事情，虽然这听上去有些奇怪。各类专家都不信任这种免费发放的产品和服务，即使是从纯粹成本效益的角度来看，这也可能有些夸张了。相对于收取一个固定价格来说，免费向每个人提供服务的成本常常更低。在某些情况中，这可能需要确保市场所售产品的价格具有足够的吸引力，允许市场得以发展。例如，政府可以补贴保险费用、发放代金券，而家长则可以在任何一家学校（公里或私立）使用，或是强迫银行向每个人提供免费的账户，只收取象征性的费用。我们有必要记住，这些得到补贴的市场需要受到严格的监管，确保其运转良好。例如，如果所有家长都能为自己的孩子找到合适的学校，那么学校代金券就非常有用；否则，这可能会成为为精明的家长提供又一优势的方式。

第四，贫穷的国家不会因为贫穷或其不堪回首的历史而注定失败。的确，在这些国家，事情很难办成：一项关于帮助穷人的计划由于被某些人接手而失败了；教师教学散漫；建筑施工时偷工减料，车辆超载以致道路塌陷等。这些事件几乎与那些精英们的经济阴谋无关，主要是由于制定政策时出现的错误造成的，包括无知、意识形态和惯性。人们期望护士完成普通人无法胜任的工作，但从没有人想过修改护士的工作职责。在印度，一位政府高官曾告诉我们，村里的教育委员会成员包括优秀生的家长和差生的家长。当我们问他们如何评定好坏的标准时（直到四年级才有考试），那位官员立刻转移了话题。然而，由于惰性，这些荒唐的规定目前还在生效。

如果表达正确的话，在不改变现有社会及政治结构的情况下，有可能对管理和政策加以改进。即使是在“良好的”制度环境下，改进的空间仍是巨大的，而在不好的环境下也有一定行动的空间。只要确保每个人都被邀请来参加村庄会议，对政府工作人员进行监督，并让他们为自身的渎职而担负起责任，对各个阶层的政治家进行监督，并将这一信息与选民分享，向公共服务用户们说明他们应期待什么——医疗保健中心的准确工作时间，他们应当拿到多少钱（或是多少袋米），那么，一次小的变革便可以实现。

最后，对于人们能做什么或不能做什么，最终常变为自我实现的预言。孩子们放弃上学是因为，老师（有时是父母）认为他不够聪明；水果店老板不努力还贷是因为，他们认为自己还会负债；护士不上班是因为没人对她们在岗位上抱有期望。改变人们的期望是不容易的，却并不是不可能的：当看到村里出现了女官员时，村民们不仅不再歧视女政治家，甚至开始认为自己的女儿也具备这种发展潜力。更重要的是，成功能带来更大的成功。当一种情况得到改善时，这种改善本身就会影响人们的信念和行为。因此，在启动一个良性循环时，人们不应害怕必要的付出（包括现金）。

除了上述 5 个原因，我们还有很多本该知道却不知道的事情。这本书旨在对这些问题抛砖引玉。如果我们拒绝懒惰和公式化的思考模式，如果我们倾听穷人的心声，理解他们的逻辑，那么我们就能制定一套有效的政策，也能更理解穷人的生活方式。基于这种理解，我们可以发现贫穷的原因，并找到解决的办法。

关于宏观经济政策和体制改革，我们不想作过多评论，但也不会忽略这项事业所暗藏的逻辑：小的变化可以带来大的影响。肠道寄生虫可能是你最不想提的话题，但是肯尼亚的孩子为此需要在学校接受治疗，时间长达两年，而不是一年（成本是每年每个孩子 1.36 美元）一个人一生的费用是 3 269 美元。如果杀虫工作更加广泛，它所带来的影响会更小：如果肠道寄生虫被消灭，那些孩子可能早已投入了工作。我们注意到，2006~2008 年，肯尼亚人均收入可持续增长率创历史新高，为 4.5%。如果我们撬动经济政策的杠杆，那么该地经济会呈现前所未有的增长，4 年内人均收入将提高 20%，但是，这样的杠杆并不存在。

我们不能保证消除贫困。一旦我们承认这一点，我们就获取了充足的时间。贫困已跟随了我们几千年，如果我们打算在 50 年或 100 年内消除贫困，那就行动起来。至少我们不能再假装已找到了解决的办法，我们应与全球其他人一起联手努力，让这个世界再没有人每天依靠 99 美分生活。

致谢

我们的母亲——妮玛拉·班纳吉和维奥莱纳·迪弗洛——在生活和工作中，曾多次表达对不公正的憎恨。假如我们当时对此装聋作哑，逃避她们的影响，我们就难以成为发展经济学家。

我们的父亲——迪帕克·班纳吉和米歇尔·迪弗洛——教导我们正确争论的重要性。我们并不能完全体会他们设定的严格标准，但我们渐渐理解了为什么它是正确的标准。

这本书起源于2005年与安德烈·施莱费尔的谈话，当时他在《经济展望》杂志当编辑。他让我们写一写穷人。当我们写作最终题为“穷人的经济生活”的文章时，我们意识到，这是能将我们一生想洞察的各种迥异的事实和想法综合起来的一个方式。我们的经纪人马克斯·布罗克曼说服我们说，一定会有人对出版这样一本书感兴趣。

书中的许多信息都来自于他人：他们或教过我们——指导过我们或挑战过我们，或是我们的合作者——合编者、学生和朋友，或是我们的同事，或是政府工作人员。然而，我们仍然希望感谢乔希·安格里斯特、鲁克米尼·班纳吉、安妮·迪弗洛、妮丽玛·凯坦、迈克尔·克雷默、安德勒·马斯·科勒尔、埃里克·马斯金、森德希尔·莫雷森、安迪·纽曼、罗西尼·潘德、托马斯·皮凯蒂和伊曼纽尔·赛斯。他们以各自方式付出了自己的努力，他们的一些观点也被融入本书。我们希望，他们对于这一点应该感兴趣的。

在本书写作的初期，我们从很多人的观点中受益，其中包括：丹尼尔·科恩、安格斯·德亚顿、帕斯科林·迪帕、尼古拉斯·克里斯托夫、格雷格·刘易斯、帕特里克·麦克尼尔、罗西尼·潘德、兰·帕克、索明斯基·森古普塔、安德烈·施莱费尔和库德扎·塔卡瓦莎，埃米丽·布雷扎和多米尼克·莱格特多次通读了本书的每一章节，并提出了重要的改进建议。因此，我们才能看到这么精彩的一本书。当然，如果我们更耐心一些的话，效果可能会更好。我们在公共事务所的编辑克莱夫·普里德尔也提供了很大的帮助，本书就是在他任主管时面世的。

注释

前言

1. Throughout the book, we use the collective "we" whenever at least one of us was present in an interview.

2. The key reference we follow for our definition of poverty is Angus Deaton and Olivier Dupriez, "Purchasing Power Parity for the Global Poor," *American Economic Journal: Applied Economics,* forthcoming. How do we know how much prices need to be adjusted to reflect the cost of living? The ICP project, led by the World Bank, has collected a comprehensive set of price data in 2005. Deaton and Dupriez have used those to calculate the cost of a basket of goods typically consumed by the poor in all the poor countries for which they have data. They do the exercise using the Indian rupee as the benchmark and use a price index in India compared to the United States to convert this poverty line into dollars, adjusted for the purchasing power parity. They propose the 16-rupee poverty line as the average of the poverty line of fifty countries where the vast majority of the poor live, weighted by the number of poor in those countries. They then use the exchange rate, adjusted for the price index between India and the United States, to convert the 16 rupees into a figure in dollars, which comes to 99 cents. Throughout this book, we present all prices in local currency and in 2005 Purchasing Power Parity–adjusted dollars (which we will note as "USD PPP"), using Deaton and Dupriez's numbers. In this way, the price of anything mentioned in the book is directly scalable to the standard of living of the poor (for example, if something costs 3 USD PPP, it is roughly three times the poverty line).

第一章

1. United Nations, Department of Economic and Social Affairs, *The Millennium Development Goals Report* (2010).

2. Pratham Annual Status of Education Report 2005: Final Edition, available at

http://scripts.mit.edu/~varun_ag/readinggroup/images/1/14/ASER.pdf.

3. Deborah Small, George Loewenstein, and Paul Slovic, "Sympathy and Callousness: The Impact of Deliberative Thought on Donations to Identifiable and Statistical Victims," *Organizational Behavior and Human Decision Processes* 102 (2007): 143–153.

4. Jeffrey Sachs, *The End of Poverty: Economic Possibilities for Our Time* (New York: Penguin Press, 2005).

5. William Easterly, *The White Man's Burden: Why the West's Efforts to Aid the Rest Have Done So Much Ill and So Little Good* (Oxford: Oxford University Press, 2006); and William Easterly, *The Elusive Quest for Growth: Economists' Adventures and Misadventures in the Tropics* (Cambridge: MIT Press, 2001).

6. Dambisa Moyo, *Dead Aid: Why Aid Is Not Working and How There Is a Better Way for Africa* (London: Allen Lane, 2009).

7. Everywhere in the book, whenever we present an amount in a country's local currency, we give the equivalent amount in dollars, adjusted for the cost of living (see Endnote 1 in the Foreword). This is denoted by USD PPP (USD at purchasing power parity).

8. Todd Moss, Gunilla Pettersson, and Nicolas van de Walle, "An Aid-Institutions Paradox? A Review Essay on Aid Dependency and State Building in Sub-Saharan Africa," Working Paper No. 74, Center for Global Development (January 2006). Still, eleven countries out of forty-six received more than 10 percent of their budget in aid, and eleven got more than 20 percent.

9. Peter Singer, "Famine, Affluence, and Morality," *Philosophy and Public Affairs* 1 (3) (1972): 229–243.

10. Amartya Sen, *Development as Freedom* (New York: Knopf, 1999).

11. Nicholas D. Kristof and Sheryl WuDunn, *Half the Sky: Turning Oppression into Opportunity for Women Worldwide* (New York: Knopf, 2009).

12. Peter Singer, *The Life You Can Save* (New York: Random House, 2009), available at http://www.thelifeyoucansave.com.

13. See the WHO fact sheet on malaria, available at http://www.who.int/mediacentre/factsheets/fs094/en/index.html. Note that here, as in many other places in the book, we cite the official international statistics. It is good to keep in mind that the numbers are not always accurate: On many issues, the data these numbers are based on are incomplete or of doubtful quality.

14. C. Lengeler, "Insecticide-Treated Bed Nets and Curtains for Preventing Malaria," *Cochrane Database of Systematic Reviews* 2 (2004), Art. No. CD000363.

15. William A. Hawley, Penelope A. Phillips-Howard, Feiko O. Ter Kuile, Dianne J. Terlouw, John M. Vulule, Maurice Ombok, Bernard L. Nahlen, John E. Gimnig, Simon K. Kariuki, Margarette S. Kolczak, and Allen W. Hightower, "Community-Wide Effects of Permethrin-Treated Bed Nets on Child Mortality and Malaria Morbidity in Western Kenya," *American Journal of Tropical Medicine and Hygiene* 68 (2003): 121–127.

16. World Malaria report, available at http://www.who.int/malaria/world_malaria_report_2009/factsheet/en/index.html.

17. Pascaline Dupas, "Short-Run Subsidies and Long-Run Adoption of New Health Products: Evidence from a Field Experiment," draft (2010); Jessica Cohen and Pascaline Dupas, "Free Distribution or Cost-Sharing? Evidence from a Randomized Malaria Prevention Experiment," *Quarterly Journal of Economics* 125 (1) (February 2010): 1–45; V. Hoffmann, "Demand, Retention, and Intra-Household Allocation of Free and Purchased Mosquito Nets," *American Economic Review: Papers and Proceedings* (May 2009); Paul Krezanoski, Alison Comfort, and Davidson Hamer, "Effect of Incentives on Insecticide-Treated Bed Net Use in Sub-Saharan Africa: A Cluster Randomized Trial in Madagascar," *Malaria Journal* 9 (186) (June 27, 2010).

18. Available at http://www.millenniumvillages.org/.

第二章

1. Food and Agriculture Organization, "The State of Food Insecurity in the World, 2009: Economic Crises, Impact and Lessons Learned," available at http://www.fao.org/docrep/012/i0876e/i0876e00.htm.

2. World Bank, "Egypt's Food Subsidies: Benefit Incidence and Leakages," Report No. 57446 (September 2010).

3. A. Ganesh-Kumar, Ashok Gulati, and Ralph Cummings Jr., "Foodgrains Policy and Management in India: Responding to Today's Challenges and Opportunities," Indira Gandhi Institute of Development Research, Mumbai, and IFPRI, Washington, DC, PP-056 (2007).

4. It was part of a Ph.D. thesis by Dipak Mazumdar at the London School of Economics. In 1986, Partha Dasgupta and Debraj Ray, then both professors at Stanford, gave it an elegant exposition. See Partha Dasgupta and Debraj Ray, "Inequality as a Determinant of Malnutrition and Unemployment: Theory," *Economic Journal* 96 (384) (1986): 1011–1034.

5. These and other statistics based on the eighteen-country data set (and more details on the data) are available on the book's Web site, available at http://www.pooreconomics.com.

6. Shankar Subramanian and Angus Deaton, "The Demand for Food and Calories," *Journal of Political Economy* 104 (1) (1996): 133–162.

7. Robert Jensen and Nolan Miller, "Giffen Behavior and Subsistence Consumption," *American Economic Review* 98 (4) (2008): 1553–1577.

8. Alfred Marshall, one of the founders of modern economics, discusses this idea in his *Principles of Economics* (first published by McMillan, London, 1890), using the example that when the price of bread goes up, people "are forced to curtail their consumption of meat and the more expensive farinaceous foods: and, bread being still the cheapest food which they can get and will take, they consume more, and not less of it." Marshall attributed this observation to one Mr. Giffen, and goods whose consumption goes down when they become cheaper are called "Giffen goods." However, before the Jensen-Miller experiment,

most economists were quite doubtful that the Giffen goods existed in real life. See Alfred Marshall, *Principles of Economics* (Amherst, NY: Prometheus Books, revised edition, May 1997).

9. Angus Deaton and Jean Dreze, "Food and Nutrition in India: Facts and Interpretations," *Economics and Political Weekly* 44 (7) (2009): 42–65.

10. "Food for All," *World Food Summit, November 1996,* Food and Agriculture Organization of the United Nations.

11. Nathan Nunn and Nancy Qian, "The Potato's Contribution to Population and Urbanization: Evidence from an Historical Experiment," NBER Working Paper W15157 (2009).

12. This is the case that Roger Thurow and Scott Kilman, two journalists at the *Wall Street Journal,* make in their book, aptly titled *Enough: Why the World's Poorest Starve in an Age of Plenty* (New York: Public Affairs, 2009).

13. John Strauss, "Does Better Nutrition Raise Farm Productivity?" *Journal of Political Economy* 94 (1986): 297–320.

14. Robert Fogel, *The Escape from Hunger and Premature Death, 1700–2100: Europe, America and the Third World* (Cambridge: Cambridge University Press, 2004).

15. Emily Oster, "Witchcraft, Weather and Economic Growth in Renaissance Europe," *Journal of Economic Perspectives* 18 (1) (Winter 2004): 215–228.

16. Elaina Rose, "Consumption Smoothing and Excess Female Mortality in Rural India," *Review of Economics and Statistics* 81 (1) (1999): 41–49.

17. Edward Miguel, "Poverty and Witch Killing," *Review of Economic Studies* 72 (4) (2005): 1153–1172.

18. Amartya Sen, "The Ingredients of Famine Analysis: Availability and Entitlements," *Quarterly Journal of Economics* 96 (3) (1981): 433–464.

19. "Intake of Calories and Selected Nutrients for the United States Population, 1999–2000," Centers for Disease Control, results from the NHANES survey.

20. Measure DHS Statcompiler, available at http://statcompiler.com, also cited in Angus Deaton and Jean Dreze, "Food and Nutrition in India: Facts and Interpretations," *Economics and Political Weekly* 44 (7) (2009): 42–65.

21. Ibid.

22. Anne Case and Christina Paxson, "Stature and Status: Height, Ability and Labor Market Outcomes," *Journal of Political Economy* 166 (3) (2008): 499–532.

23. See the story by Mark Borden on the reaction to the Case-Paxson article, available at http://www.newyorker.com/archive/2006/10/02/061002ta_talk_borden.

24. Sarah Baird, Joan Hamory Hicks, Michael Kremer, and Edward Miguel, "Worm at Work: Long-Run Impacts of Child Health Gains," University of California at Berkeley (2010), unpublished manuscript.

25. Cesar G. Victora, Linda Adair, Caroline Fall, Pedro C. Hallal, Reynaldo Martorell, Linda Richter, and Harshpal Singh Sachdev, "Maternal and Child Undernutrition: Consequences for Adult Health and Human Capital," *Lancet* 371 (9609) (2008): 340–357.

26. David Barker, "Maternal Nutrition, Female Nutrition, and Disease in Later Life," *Nutrition* 13 (1997): 807.

27. Erica Field, Omar Robles, and Maximo Torero, "Iodine Deficiency and Schooling Attainment in Tanzania," *American Economic Journal: Applied Economics* 1 (4) (2009): 140–169.

28. Duncan Thomas, Elizabeth Frankenberg, Jed Friedman, et al., "Causal Effect of Health on Labor Market Outcomes: Evidence from a Random Assignment Iron Supplementation Intervention" (2004), mimeo.

29. Michael Kremer and Edward Miguel, "The Illusion of Sustainability," *Quarterly Journal of Economics*, 122 (3) (2007): 1007-1065.

30. George Orwell, *The Road to Wigan Pier* (New York: Penguin, Modern Classic Edition, 2001), p. 88.

31. Anne Case and Alicia Menendez, "Requiescat in Pace? The Consequences of High Priced Funerals in South Africa," NBER Working Paper W14998 (2009).

32. "Funeral Feasts of the Swasi Menu," *BBC News,* 2002, available at http://news.bbc.co.uk/2/hi/africa/2082281.stm.

33. These statistics are from our eighteen-country data set and are available at http://www.pooreconomics.com.

34. Orwell, *The Road to Wigan Pier,* p. 81.

35. Available at http://www.harvestplus.org/.

第三章

1. Available at http://www.povertyactionlab.org/policy-lessons/health/child-diarrhea.

2. Nava Ashraf, James Berry, and Jesse Shapiro, "Can Higher Prices Stimulate Product Use? Evidence from a Field Experiment in Zambia," NBER Working Paper W13247 (2007).

3. Available at http://www.unicef.org/infobycountry/india_statistics.html.

4. John Gallup and Jeffrey Sachs, "The Economic Burden of Malaria," *American Journal of Tropical Medicine and Hygiene* 64 (2001): 1, 85–96.

5. Available at http://www.cdc.gov/malaria/history/index.htm#eradicationus.

6. Hoyt Bleakley, "Malaria Eradication in the Americas: A Retrospective Analysis of Childhood Exposure," *American Economic Journal: Applied Economics* 2 (2) (2010): 1–45.

7. David Cutler, Winnie Fung, Michael Kremer, Monica Singhal, and Tom Vogl, "Early-Life Malaria Exposure and Adult Outcomes: Evidence from Malaria Eradication in India," *American Economic Journal: Applied Economics* 2 (2) (April 2010): 72–94.

8. Adrienne Lucas, "Malaria Eradication and Educational Attainment: Evidence from Paraguay and Sri Lanka," *American Economic Journal: Applied Economics* 2 (2) (2010): 46–71.

9. WHO and UNICEF, *Progress on Sanitation and Drinking Water,* 2010, available at http://whqlibdoc.who.int/publications/2010/9789241563956_eng_full_text.pdf.

10. David Cutler and Grant Miller, "The Role of Public Health Improvements in Health Advances: The Twentieth-Century United States," *Demography* 42 (1) (2005): 1–22; and J. Bryce, C. Boschi-Pinto, K. Shibuya, R. E. Black, and the WHO Child Health Epidemiology Reference Group, "WHO Estimates of the Causes of Death in Children," *Lancet* 365 (2005): 1147–1152.

11. Lorna Fewtrell and John M. Colford Jr., "Water, Sanitation and Hygiene: Interventions and Diarrhoea," HNP Discussion Paper (2004).

12. World Health Organization, "Water, Sanitation and Hygiene Links to Health: Facts and Figures," 2004.

13. Dale Whittington, W. Michael Hanemann, Claudia Sadoff, and Marc Jeuland, "Sanitation and Water," Copenhagen 2008 Challenge Paper, p. 21.

14. Available at http://www.who.int/features/factfiles/breastfeeding/en/index.html.

15. R. E. Quick, A. Kimura, A. Thevos, M. Tembo, I. Shamputa, L. Hutwagner, and E. Mintz, "Diarrhea Prevention Through Household-Level Water Disinfection and Safe Storage in Zambia," *American Journal of Tropical Medicine and Hygiene* 66 (5) (2002): 584–589.

16. Ashraf, Berry, and Shapiro, "Can Higher Prices Stimulate Product Use?"

17. Jessica Cohen and Pascaline Dupas, "Free Distribution or Cost-Sharing? Evidence from a Randomized Malaria Prevention Experiment," *Quarterly Journal of Economics* 125 (1) (2010): 1–45.

18. Pascaline Dupas, "What Matters (and What Does Not) in Households' Decision to Invest in Malaria Prevention?" *American Economic Review: Papers and Proceedings* 99 (2) (2009): 224–230.

19. Obinna Onwujekwe, Kara Hanson, and Julia Fox-Rushby, "Inequalities in Purchase of Mosquito Nets and Willingness to Pay for Insecticide-Treated Nets in Nigeria: Challenges for Malaria Control Interventions," *Malaria Journal* 3 (6) (March 16, 2004).

20. Anne Case and Angus Deaton, "Health and Well-Being in Udaipur and South Africa," chap. 9 in D. Wise, ed., *Developments in the Economics of Aging* (Chicago: University of Chicago Press, for NBER, 2006).

21. Abhijit Banerjee, Angus Deaton, and Esther Duflo, "Wealth, Health, and Health Services in Rural Rajasthan," *AER Papers and Proceedings* 94 (2) (2004): 326–330.

22. Abhijit Banerjee and Esther Duflo, "Improving Health Care Delivery in India," MIT (2009), mimeo.

23. Jishnu Das and Jeffrey Hammer, "Money for Nothing: The Dire Straits of Medical Practice in Delhi, India," *Journal of Development Economics* 83 (1) (2007): 1–36.

24. Jishnu Das and Jeffrey Hammer, "Which Doctor? Combining Vignettes and Item Response to Measure Clinical Competence," *Journal of Development Economics* 78 (2) (2005): 348–383.

25. Abhijit Banerjee, Angus Deaton, and Esther Duflo, "Wealth, Health, and Health Services in Rural Rajasthan," *AER Papers and Proceedings* 94 (2) (2004): 326–330.

26. World Health Organization, *WHO Report on Infectious Diseases 2000: Overcoming Antimicrobial Resistance* (Geneva: WHO/CDS, 2000), 2.

27. Ambrose Talisuna, Peter Bloland, and Umberto d'Alessandro, "History, Dynamics, and Public Health Importance of Malaria Parasite Resistance," *American Society for Microbiology* 17 (1) (2004): 235–254.

28. Nazmul Chaudhury et al., "Missing in Action: Teacher and Health Worker Absence in Developing Countries," *Journal of Economic Perspectives* 20 (1) (2006): 91–116.

29. Kenneth L. Leonard and Melkiory C. Masatu, "Variations in the Quality of Care Accessible to Rural Communities in Tanzania," *Health Affairs* 26 (3) (2007): 380–392; and Jishnu Das, Jeffrey Hammer, and Kenneth Leonard, "The Quality of Medical Advice in Low-Income Countries," *Journal of Economic Perspectives* 22 (2) (2008): 93–114.

30. Abhijit Banerjee, Esther Duflo, and Rachel Glennerster, "Putting a Band-Aid on a Corpse: Incentives for Nurses in the Indian Public Health Care System," *Journal of the European Economic Association* 6 (2–3) (2008): 487–500.

31. William Easterly, *The White Man's Burden: Why the West's Efforts to Aid the Rest Have Done So Much Ill and So Little Good* (New York: Penguin Group, 2006).

32. See Michael Specter's analysis of this and other incidences of "irrational thinking" in his book *Denialism: How Irrational Thinking Hinders Scientific Progress, Harms the Planet and Threatens Our Lives* (New York: Penguin Press, 2010).

33. Jishnu Das and Saumya Das, "Trust, Learning and Vaccination: A Case Study of a North Indian Village," *Social Science and Medicine* 57 (1) (2003): 97–112.

34. Jishnu Das and Carolina Sanchez-Paramo, "Short but Not Sweet—New Evidence on Short Duration Morbidities from India," Policy Research Working Paper Series 2971, World Bank (2003).

35. Abhijit Banerjee, Esther Duflo, Rachel Glennerster, and Dhruva Kothari, "Improving Immunisation Coverage in Rural India: Clustered Randomised Controlled Immunisation Campaigns With and Without Incentives," *British Medical Journal* 340 (2010): c2220.

36. Mohammad Ali, Michael Emch, Lorenz von Seidlein, Mohammad Yunus, David A. Sack, Malla Rao, Jan Holmgren, and John D. Clemens, "Herd Immunity Conferred by Killed Oral Cholera Vaccines in Bangladesh: A Reanalysis," *Lancet* 366 (2005): 44–49.

37. The psychological research has found its way in economics thanks to researchers such as Dick Thaler from the University of Chicago, George Lowenstein from Carnegie-Mellon, Matthew Rabin from Berkeley, David Laibson from Harvard, and others, whose work we cite here.

38. Richard H. Thaler and Cass R. Sunstein, *Nudge: Improving Decisions About Health, Wealth, and Happiness* (New York: Penguin, 2008).

39. See a comparative cost-effectiveness analysis on the Web site of the Abdul Latif Jameel Poverty Action Lab, available at http://www.povertyactionlab.org/policy-lessons/health/child-diarrhea.

40. Abhijit Banerjee, Esther Duflo, and Rachel Glennerster, "Is Decentralized Iron Fortification a Feasible Option to Fight Anemia Among the Poorest?" chap. 10 in David Wise, ed., *Explorations in the Economics of Aging* (Chicago: University of Chicago Press, 2010).

41. Pascaline Dupas, "Short-Run Subsidies and Long-Run Adoption of New Health Products: Evidence from a Field Experiment," draft paper (2010).

第四章

1. Esther Duflo, *Lutter contre la pauvreté: Volume 1, Le Développement humain* (Paris: Le Seuil, 2010). In our most recent survey, in Morocco, we found a lower absence rate.

2. Edward Miguel and Michael Kremer, "Worms: Identifying Impacts on Education and Health in the Presence of Treatment Externalities," *Econometrica* 72 (1) (January 2004): 159–217.

3. The Probe Team, *Public Report on Basic Education in India* (New Delhi: Oxford University Press, 1999).

4. See *Higher Education in Developing Countries: Perils and Promises*, World Bank, 2000, available at http://siteresources.worldbank.org/EDUCATION/Resources/278200-1099079877269/547664-1099079956815/peril_promise_en.pdf; *State of the World's Children, Special Edition 2009*, UNICEF, available at http://www.unicef.org/rightsite/sowc/fullreport.php; and Education for All Global Monitoring Report, Annex (Statistical Tables), United Nations Educational, Scientific and Cultural Organization, 2009.

5. Nazmul Chaudhury, Jeffrey Hammer, Michael Kremer, Karthik Muralidharan, and Halsey Rogers, "Missing in Action: Teacher and Health Worker Absence in Developing Countries," *Journal of Economic Perspectives* (Winter 2006): 91–116.

6. Pratham Annual Status of Education Report, 2005, Final Edition, available at http://scripts.mit.edu/~varun_ag/readinggroup/images/1/14/ASER.pdf.

7. "Kenya National Learning Assessment Report 2010," and "Uwezo Uganda: Are Our Children Learning?" both available at http://www.uwezo.net.

8. Tahir Andrabi, Jishnu Das, Asim Khwaja, Tara Vishwanath, and Tristan Zajonc, "Pakistan Learning and Educational Achievement in Punjab Schools (LEAPS): Insights to Inform the Education Policy Debate," World Bank, Washington, DC, 2009.

9. Andrew Foster and Mark Rosenzweig, "Technical Change and Human Capital Returns and Investments: Evidence from the Green Revolution," *American Economic Review* 86 (4) (1996): 931–953.

10. Robert Jensen, "Economic Opportunities and Gender Differences in Human Capital:

Experimental Evidence for India," NBER Working Paper W16021 (2010).

11. Paul Schultz, "School Subsidies for the Poor: Evaluating the Mexican Progresa Poverty Program," *Journal of Development Economics* 74 (1) (2004): 199–250.

12. Sarah Baird, Craig McIntosh, and Berk Ozler, "Designing Cost-Effective Cash Transfer Programs to Boost Schooling Among Young Women in Sub-Saharan Africa," World Bank Policy Research Working Paper No. 5090 (2009).

13. Najy Benhassine, Florencia Devoto, Esther Duflo, Pascaline Dupas, and Victor Pouliquen, "The Impact of Conditional Cash Transfers on Schooling and Learning: Preliminary Evidence from the Tayssir Pilot in Morocco," MIT, mimeo (2010).

14. Esther Duflo, "Schooling and Labor Market Consequences of School Construction in Indonesia: Evidence from an Unusual Policy Experiment," *American Economic Review* 91 (4) (2001): 795–813.

15. David Card, "The Causal Effect of Education on Earnings," in Orley Ashenfelter and David Card, eds., *Handbook of Labor Economics,* vol. 3 (Amsterdam: Elsevier Science B.V., 2010), pp. 1801–1863.

16. Chris Spohr, "Formal Schooling and Workforce Participation in a Rapidly Developing Economy: Evidence from 'Compulsory' Junior High School in Taiwan," *Asian Development Bank* 70 (2003): 291–327.

17. Shin-Yi Chou, Jin-Tan Liu, Michael Grossman, and Theodore Joyce, "Parental Education and Child Health: Evidence from a Natural Experiment in Taiwan," NBER Working Paper 13466 (2007).

18. Owen Ozier, "The Impact of Secondary Schooling in Kenya: A Regression Discontinuity Analysis," University of California at Berkeley Working Paper (2010).

19. Tahir Andrabi, Jishnu Das, and Asim Khwaja, "Students Today, Teachers Tomorrow? The Rise of Affordable Private Schools," working paper (2010).

20. Sonalde Desai, Amaresh Dubey, Reeve Vanneman, and Rukmini Banerji, "Private Schooling in India: A New Educational Landscape," Indian Human Development Survey, Working Paper No. 11 (2010).

21. However, among applicants to a lottery for secondary school vouchers for private schools in the Colombian city of Bogotá, the difference persisted: The winners did better than the losers on standardized tests, were 10 percentage points more likely to graduate, and scored better on the graduation exam. See Joshua Angrist, Eric Bettinger, Erik Bloom, Elizabeth King, and Michael Kremer, "Vouchers for Private Schooling in Colombia: Evidence from a Randomized Natural Experiment," *American Economic Review* 92 (5) (2002): 1535–1558; and Joshua Angrist, Eric Bettinger, and Michael Kremer, "Long-Term Educational Consequences of Secondary School Vouchers: Evidence from Administrative Records in Colombia," *American Economic Review* 96 (3) (2006): 847–862.

22. Desai, Dubey, Vanneman, and Banerji, "Private Schooling in India."

23. Abhijit Banerjee, Shawn Cole, Esther Duflo, and Leigh Linden, "Remedying Educa-

tion: Evidence from Two Randomized Experiments in India," *Quarterly Journal of Economics* 122 (3) (August 2007): 1235–1264.

24. Abhijit Banerjee, Rukmini Banerji, Esther Duflo, Rachel Glennerster, and Stuti Khemani, "Pitfalls of Participatory Programs: Evidence from a Randomized Evaluation in Education in India," *American Economic Journal: Economic Policy* 2 (1) (February 2010): 1–30.

25. Trang Nguyen, "Information, Role Models, and Perceived Returns to Education: Experimental Evidence from Madagascar," MIT Working Paper (2008).

26. Abhijit Banerjee and Esther Duflo, "Growth Theory Through the Lens of Development Economics," in Steve Durlauf and Philippe Aghion, eds., *Handbook of Economic Growth*, vol. 1A (Amsterdam: Elsevier Science Ltd./North Holland, 2005), pp. 473–552.

27. A. D. Foster and M. R. Rosenzweig, "Technical Change and Human Capital Returns and Investments: Evidence from the Green Revolution," *American Economic Review* 86 (4) (September 1996): 931–953.

28. Richard Akresh, Emilie Bagby, Damien de Walque, and Harounan Kazianga, "Child Ability and Household Human Capital Investment Decisions in Burkina Faso," University of Illinois at Urbana–Champaign (2010), mimeo.

29. Felipe Barrera-Osorio, Marianne Bertrand, Leigh Linden, and Francisco Perez Calle, "Conditional Cash Transfers in Education: Design Features, Peer and Sibling Effects—Evidence from a Randomized Experiment in Colombia," NBER Working Paper W13890 (2008).

30. Esther Duflo, Pascaline Dupas, and Michael Kremer, "Peer Effects, Teacher Incentives, and the Impact of Tracking: Evidence from a Randomized Evaluation in Kenya," NBER Working Paper W14475 (2008).

31. The Probe Team, *Public Report on Basic Education in India* (New Delhi: Oxford University Press, 1999).

32. Rema Hanna and Leigh Linden, "Measuring Discrimination in Education," NBER Working Paper W15057 (2009).

33. Steven Spencer, Claude Steele, and Diane Quinn, "Stereotype Threat and Women's Math Performance," *Journal of Experimental Social Psychology* 35 (1999): 4–28; and Claude Steele and Joshua Aronson, "Stereotype Threat and the Test Performance of Academically Successful African Americans," *Journal of Personality and Social Psychology* 69 (5) (1995): 797–811.

34. Karla Hoff and Priyank Pandey, "Belief Systems and Durable Inequalities: An Experimental Investigation of Indian Caste," World Bank Policy Research Working Paper No. 3351 (2004).

35. Paul Glewwe, Michael Kremer, and Sylvie Moulin, "Textbooks and Test Scores: Evidence from a Prospective Evaluation in Kenya," BREAD Working Paper (2000).

36. Eric Gould, Victor Lavy, and Daniele Paserman, "Fifty-Five Years After the Magic Carpet Ride: The Long-Run Effect of the Early Childhood Environment on Social and Eco-

nomic Outcome," *Review of Economic Studies* (2010), forthcoming.

37. Joshua Angrist, Susan Dynarski, Thomas Kane, Parag Pathak, and Christopher Walters, "Who Benefits from KIPP?" NBER Working Paper 15740 (2010); Atila Abdulkadiroglu, Joshua Angrist, Susan Dynarski, Thomas Kane, and Parag Pathak, "Accountability and Flexibility in Public Schools: Evidence from Boston's Charters and Pilots," NBER Working Paper 15549 (2009); Will Dobbie and Roland Fryer, "Are High Quality Schools Enough to Close the Achievement Gap? Evidence from a Social Experiment in Harlem," NBER Working Paper 15473 (2009).

38. C. Walters, "Urban Charter Schools and Racial Achievement Gaps," MIT (2010), mimeo.

39. Pascaline Dupas, Esther Duflo, and Michael Kremer, "Peer Effects, Teacher Incentives, and the Impact of Tracking: Evidence from a Randomized Evaluation in Kenya," *American Economic Review*, forthcoming.

40. Trang Nguyen, "Information, Role Models and Perceived Returns to Education: Experimental Evidence from Madagascar," MIT Working Paper (2008).

41. Robert Jensen, "The (Perceived) Returns to Education and the Demand for Schooling," *Quarterly Journal of Economics* 125 (2) (2010): 515–548.

42. Michael Kremer, Edward Miguel, and Rebecca Thornton, "Incentives to Learn," *Review of Economics and Statistics*, forthcoming.

43. Roland Fryer, "Financial Incentives and Student Achievement: Evidence from Randomized Trials," Harvard University, manuscript (2010).

44. Abhijit Banerjee, Shawn Cole, Esther Duflo, and Leigh Linden, "Remedying Education: Evidence from Two Randomized Experiments in India," *Quarterly Journal of Economics* 122 (3) (August 2007): 1235–1264.

45. This may be helped by making sure that money is never a factor in a student's decision to attend the best schools and that there is a way to make it happen. In Chile, in a largely voucher-based system, the poorest students are given an extra voucher, but any school that accepts voucher students (all but a handful of elite schools) must admit these students at no additional cost. To make this system fully operational, students and parents should, however, be better informed that they have this option, and the results of regular standardized assessments should be regularly examined to identify the most promising students everywhere in the country.

第五章

1. Cited in Davidson R. Gwatkin, "Political Will and Family Planning: The Implications of India's Emergency Experience," *Population and Development Review* 5 (1): 29–59 (1979), which is the source of this account of the forced sterilization episode during the Emergency.

2. John Bongaarts, "Population Policy Options in the Developing World," *Science* 263 (5148) (1994): 771–776.

3. Jeffrey Sachs, *Common Wealth: Economics for a Crowded Planet* (New York: Allen Lane/Penguin, 2008).

4. World Health Organization, Water Scarcity Fact File, 2009, available at http://www.who.int/features/factfiles/water/en/.

5. Thomas Malthus, *Population: The First Essay* (Ann Arbor: University of Michigan Press, 1978).

6. Alywn Young, "The Gift of the Dying: The Tragedy of AIDS and the Welfare of Future African Generations," *Quarterly Journal of Economics* 120 (2) (2005): 243–266.

7. Jane Forston, "HIV/AIDS and Fertility," *American Economic Journal: Applied Economics* 1 (3) (July 2009): 170–194; and Sebnem Kalemli-Ozcan, "AIDS, 'Reversal' of the Demographic Transition and Economic Development: Evidence from Africa," NBER Working Paper W12181 (2006).

8. Michael Kremer, "Population Growth and Technological Change: One Million B.C. to 1990," *Quarterly Journal of Economics* 108 (3) (1993): 681–716.

9. Gary Becker, "An Economic Analysis of Fertility," *Demographic and Economic Change in Developed Countries* (Princeton: National Bureau of Economic Research, 1960).

10. Sachs, *Common Wealth.*

11. Vida Maralani, "Family Size and Educational Attainment in Indonesia: A Cohort Perspective," California Center for Population Research Working Paper CCPR-17-04 (2004).

12. Mark Montgomery, Aka Kouamle, and Raylynn Oliver, *The Tradeoff Between Number of Children and Child Schooling: Evidence from Côte d'Ivoire and Ghana* (Washington, DC: World Bank, 1995).

13. Joshua Angrist and William Evans, "Children and Their Parents' Labor Supply: Evidence from Exogenous Variation in Family Size," *American Economic Review* 88 (3) (1998): 450–477.

14. Joshua Angrist, Victor Lavy, and Analia Schlosser, "New Evidence on the Causal Link Between the Quantity and Quality of Children," NBER Working Paper W11835 (2005).

15. Nancy Qian, "Quantity-Quality and the One Child Policy: The Positive Effect of Family Size on School Enrollment in China," NBER Working Paper W14973 (2009).

16. T. Paul Schultz and Shareen Joshi, "Family Planning as an Investment in Female Human Capital: Evaluating the Long Term Consequences in Matlab, Bangladesh," Yale Center for Economic Growth Working Paper No. 951 (2007).

17. Grant Miller, "Contraception as Development? New Evidence from Family Planning in Colombia," *Economic Journal* 120 (545) (2010): 709–736.

18. Kristof and WuDunn, *Half the Sky.*

19. See, for example, Attila Ambrus and Erica Field, "Early Marriage, Age of Menarche, and Female Schooling Attainment in Bangladesh," *Journal of Political Economy* 116 (5) (2008): 881–930; and Esther Duflo, Pascaline Dupas, Michael Kremer, and Samuel Sinei, "Education and HIV/AIDS Prevention: Evidence from a Randomized Evaluation in Western Kenya," World Bank Policy Research Working Paper 4024 (2006).

20. *The Millennium Development Goals Report, 2010,* United Nations.

21. Mark Pitt, Mark Rosenzweig, and Donna Gibbons, "The Determinants and Consequences of the Placement of Government Programs in Indonesia," *World Bank Economic Review* 7 (3) (1993): 319–348.

22. Lant H. Pritchett, "Desired Fertility and the Impact of Population Policies," *Population and Development Review* 20 (1) (1994): 1–55.

23. Mizanur Rahman, Julie DaVanzo, and Abdur Razzaque, "When Will Bangladesh Reach Replacement-Level Fertility? The Role of Education and Family Planning Services," working paper, Department of Economic and Social Affairs, Population Division, United Nations, available at http://www.un.org/esa/population/.

24. Available at http://apps.who.int/ghodata/ under the heading MDG 5, adolescent fertility.

25. Esther Duflo, Pascaline Dupas, Michael Kremer, and Samuel Sinei, "Education and HIV/AIDS Prevention: Evidence from a Randomized Evaluation in Western Kenya," World Bank Policy Research Working Paper 4024 (2006).

26. See the description in Kristof and WuDunn, *Half the Sky*, p. 137.

27. Pascaline Dupas, "Do Teenagers Respond to HIV Risk Information? Evidence from a Field Experiment in Kenya," *American Economic Journal: Applied Economics* 3 (1) (January 2011): 1–36.

28. Erica Field, "Fertility Responses to Urban Land Titling Programs: The Roles of Ownership Security and the Distribution of Household Assets," Harvard University (2004), mimeo.

29. Nava Ashraf, Erica Field, and Jean Lee, "Household Bargaining and Excess Fertility: An Experimental Study in Zambia," Harvard University (2009), mimeo.

30. Kaivan Munshi and Jacques Myaux, "Social Norms and the Fertility Transition," *Journal of Development Economics* 80 (1) (2005): 1–38.

31. Eliana La Ferrara, Alberto Chong, and Suzanne Duryea, "Soap Operas and Fertility: Evidence from Brazil," BREAD Working Paper 172 (2008).

32. Abhijit Banerjee, Xin Meng, and Nancy Qian, "Fertility and Savings: Micro-Evidence for the Life-Cycle Hypothesis from Family Planning in China," working paper (2010).

33. Ibid.

34. Ummul Ruthbah, "Are Children Substitutes for Assets: Evidence from Rural Bangladesh," MIT Ph.D. dissertation (2007).

35. Seema Jayachandran and Ilyana Kuziemko, "Why Do Mothers Breastfeed Girls Less Than Boys? Evidence and Implications for Child Health in India," NBER Working Paper W15041 (2009).

36. Amartya Sen, "More Than 100 Million Women Are Missing," *New York Review of Books* 37 (20) (1990).

37. Fred Arnold, Sunita Kishor, and T. K. Roy, "Sex-Selective Abortions in India," *Population and Development Review* 28 (4) (December 2002): 759–784.

38. Andrew Foster and Mark Rosenzweig, "Missing Women, the Marriage Market and Economic Growth," working paper (1999).

39. Nancy Qian, "Missing Women and the Price of Tea in China: The Effect of Sex-Specific Income on Sex Imbalance," *Quarterly Journal of Economics* 122 (3) (2008): 1251–1285.

40. Some of the key research in this area was conducted by François Bourguignon, Pierre-André Chiapori, Marjorie McElroy, and Duncan Thomas.

41. Christopher Udry, "Gender, Agricultural Production and the Theory of the Household," *Journal of Political Economy* 104 (5) (1996): 1010–1046.

42. Esther Duflo and Christopher Udry, "Intrahousehold Resource Allocation in Côte d'Ivoire: Social Norms, Separate Accounts and Consumption Choices," NBER Working Paper W10489 (2004).

43. Franque Grimard, "Household Consumption Smoothing Through Ethnicities: Evidence from Côte d'Ivoire," *Journal of Development Economics* 53 (1997): 391–422.

44. Claude Meillassoux, *Anthropologie économique des Gouros de Côte d'Ivoire* (Paris: F. Maspero, 1965).

45. Esther Duflo, "Grandmothers and Granddaughters: Old Age Pension and Intra-Household Allocation in South Africa," *World Bank Economic Review* 17 (1) (2003): 1–25.

第六章

1. Jeemol Unni and Uma Rani, "Social Protection for Informal Workers in India: Insecurities, Instruments and Institutional Mechanisms," *Development and Change* 34 (1) (2003): 127–161.

2. Mohiuddin Alamgir, *Famine in South Asia: Political Economy of Mass Starvation* (Cambridge, MA: Oelgeschlager, Gunn and Hain, 1980).

3. Martin Ravallion, *Markets and Famines* (Oxford: Clarendon, 1987).

4. Seema Jayachandran, "Selling Labor Low: Wage Responses to Productivity Shocks in Developing Countries," *Journal of Political Economy* 114 (3) (2006): 538–575.

5. "Crisis Hitting Poor Hard in Developing World, World Bank Says," World Bank Press Release, 2009/220/EXC, February 12, 2009.

6. Daniel Chen, "Club Goods and Group Identity: Evidence from Islamic Resurgence

During the Indonesian Financial Crisis," *Journal of Political Economy* 118 (2) (2010): 300–354.

7. Mauro Alem and Robert Townsend, "An Evaluation of Financial Institutions: Impact on Consumption and Investment Using Panel Data and the Theory of Risk-Bearing," working paper (2010).

8. B. P. Ramos and A. F. T. Arnsten, "Adrenergic Pharmacology and Cognition: Focus on the Prefrontal Cortex," *Pharmacology and Therapeutics* 113 (2007): 523–536; D. Knoch, A. Pascual-Leone, K. Meyer, V. Treyer, and E. Fehr, "Diminishing Reciprocal Fairness by Disrupting the Right Prefrontal Cortex," *Science* 314 (2006): 829–832; T. A. Hare, C. F. Camerer, and A. Rangel, "Self-Control in Decision-Making Involves Modulation of the vmPFC Valuation System," *Science* 324 (2009): 646–648; A. J. Porcelli and M. R. Delgado, "Acute Stress Modulates Risk Taking in Financial Decision Making," *Psychological Science: A Journal of the American Psychological Society/APS* 20 (2009): 278–283; and R. van den Bos, M. Harteveld, and H. Stoop, "Stress and Decision-Making in Humans: Performance Is Related to Cortisol Reactivity, Albeit Differently in Men and Women," *Psychoneuroendocrinology* 34 (2009): 1449–1458.

9. Seema Jayachandran, "Selling Labor Low: Wage Responses to Productivity Shocks in Developing Countries," *Journal of Political Economy* 114 (3) (2006): 538–575.

10. Nirmala Banerjee, "A Survey of Occupations and Livelihoods of Households in West Bengal," Sachetana, Kolkata (2006), mimeo.

11. Mark Rosenzweig and Oded Stark, "Consumption Smoothing, Migration, and Marriage: Evidence from Rural India," *Journal of Political Economy* 97 (4) (1989): 905–926.

12. Hans Binswanger and Mark Rosenzweig, "Wealth, Weather Risk and the Composition and Profitability of Agricultural Investments," *Economic Journal* 103 (416) (1993): 56–78.

13. Radwan Shaban, "Testing Between Competing Models of Sharecropping," *Journal of Political Economy* 95 (5) (1987) 893–920.

14. Christopher Udry, "Risk and Insurance in a Rural Credit Market: An Empirical Investigation in Northern Nigeria," *Review of Economic Studies* 61 (3) (1994): 495–526.

15. Paul Gertler and Jonathan Gruber, "Insuring Consumption Against Illness," *American Economic Review* 92 (1) (March 2002): 51–70.

16. Marcel Fafchamps and Susan Lund: "Risk-Sharing Networks in Rural Philippines," *Journal of Development Economics* 71 (2) (2003): 261–287.

17. Betsy Hartman and James Boyce, *Quiet Violence: View from a Bangladesh Village* (San Francisco: Food First Books, 1985).

18. Andrew Kuper, "From Microfinance into Microinsurance," *Forbes,* November 26, 2008.

19. Shawn Cole, Xavier Gine, Jeremy Tobacman, Petia Topalova, Robert Townsend, and James Vickery, "Barriers to Household Risk Management: Evidence from India," Harvard Business School Working Paper 09-116 (2009).

20. Ibid.

21. Alix Zwane, Jonathan Zinman, Eric Van Dusen, William Pariente, Clair Null, Edward Miguel, Michael Kremer, Dean S. Karlan, Richard Hornbeck, Xavier Giné, Esther Duflo, Florencia Devoto, Bruno Crepon, and Abhijit Banerjee, "The Risk of Asking: Being Surveyed Can Affect Later Behavior," *Proceedings of the National Academy of Sciences*, forthcoming (2010).

22. Dean Karlan, Isaac Osei-Akoto, Robert Osei, and Christopher Udry, "Examining Underinvestment in Agriculture: Measuring Returns to Capital and Insurance," Yale University (2010), mimeo.

第七章

1. Dean Karlan and Sendhil Mullainathan, "Debt Cycles," work in progress (2011).

2. Robin Burgess and Rohini Pande, "Do Rural Banks Matter? Evidence from the Indian Social Banking Experiment," *American Economic Review* 95 (3) (2005): 780–795.

3. Shawn Cole, "Fixing Market Failures or Fixing Elections? Agricultural Credit in India," *American Economic Journal: Applied Economics* 1 (1) (2009): 219–250.

4. Scott Fulford, "Financial Access, Precaution, and Development: Theory and Evidence from India," Boston College Working Paper 741 (2010).

5. Irfan Aleem, "Imperfect Information, Screening, and the Costs of Informal Lending: A Study of a Rural Credit Market in Pakistan," *World Bank Economic Review* 4 (3) (1990): 329–349.

6. Julian West, "Pay Up—or We'll Send the Eunuchs to See You: Debt Collectors in India Have Found an Effective New Way to Get Their Money," *Sunday Telegraph*, August 22, 1999.

7. The Law Commission of India, Report Number 124, "The High Court Arrears—a Fresh Look" (1988), available at http://bombayhighcourt.nic.in/libweb/commission/Law_Commission_Of_India_Reports.html#11.

8. Benjamin Feigenberg, Erica Field, and Rohini Pande, "Building Social Capital Through Microfinance," NBER Working Paper W16018 (2010).

9. Yet the physical threat may not be entirely absent. A credit officer of a particular MFI once complained to one of our research assistants that he would never be promoted: The men with the high titles all had larger, burlier, more intimidating physiques.

10. Microfinance Information eXchange, data available at http://www.mixmarket.org.

11. "What Do We Know About the Impact of Microfinance?" CGAP, World Bank, available at http://www.cgap.org/p/site/c/template.rc/1.26.1306/.

12. Abhijit Banerjee, Esther Duflo, Rachel Glennerster, and Cynthia Kinnan, "The Miracle of Microfinance?: Evidence from a Randomized Evaluation," MIT, May 30, 2009, mimeo.

13. Dean Karlan and Jonathan Zinman, "Expanding Microenterprise Credit Access: Using Randomized Supply Decisions to Estimate the Impacts in Manila," Yale, manuscript (2010).

14. Brigit Helms, "Microfinancing Changes Lives Around the World—Measurably," *Seattle Times,* April 7, 2010.

15. Erica Field and Rohini Pande, "Repayment Frequency and Default in Microfinance: Evidence from India," *Journal of the European Economic Association* 6 (2–3) (2008): 501–509; Erica Field, Rohini Pande, and John Papp, "Does Microfinance Repayment Flexibility Affect Entrepreneurial Behavior and Loan Default?" Centre for Micro Finance Working Paper 34 (2009); and Feigenberg et al., ibid.

16. Xavier Giné and Dean Karlan, "Group Versus Individual Liability: A Field Experiment in the Philippines," World Bank Policy Research Working Paper 4008 (2006); and Xavier Giné and Dean Karlan, "Group Versus Individual Liability: Long Term Evidence from Philippine Microcredit Lending Groups," working paper (2010).

17. Emily Breza, "Peer Pressure and Loan Repayment: Evidence from a Natural Experiment," working paper (2010).

18. Abhijit Banerjee and Kaivan Munshi, "How Efficiently Is Capital Allocated? Evidence from the Knitted Garment Industry in Tirupur," *Review of Economic Studies* 71 (2004): 19–42.

19. Abhijit Banerjee and Esther Duflo, "Do Firms Want to Borrow More? Testing Credit Constraints Using a Directed Lending Program," working paper (2004).

20. Dilip Mookherjee, Sujata Visaria, and Ulf von Lilienfeld-Toal, "The Distributive Impact of Reforms in Credit Enforcement: Evidence from Indian Debt Recovery Tribunals," BREAD Working Paper 254 (2010).

第八章

1. Gary Becker and Casey Mulligan, "The Endogenous Determination of Time Preference," *Quarterly Journal of Economics* 112 (3) (1997): 729–758.

2. Stuart Rutherford, *The Poor and Their Money: Microfinance from a Twenty-First-Century Consumer's Perspective* (New York: Oxford University Press, 2001); and Daryl Collins, Jonathan Morduch, Stuart Rutherford, and Orlanda Ruthven, *Portfolios of the Poor: How the World's Poor Live on $2 a Day* (Princeton and Oxford: Princeton University Press, 2009).

3. Pascaline Dupas and Jonathan Robinson, "Saving Constraints and Microenterprise Development: Evidence from a Field Experiment in Kenya," NBER Working Paper 14693, revised November 2010.

4. Simone Schaner, "Cost and Convenience: The Impact of ATM Card Provision on Formal Savings Account Use in Kenya," working paper (2010).

5. Esther Duflo, Michael Kremer, and Jonathan Robinson, "Why Don't Farmers Use Fertilizer? Experimental Evidence from Kenya," unpublished (2007); and Esther Duflo, Michael

Kremer, and Jonathan Robinson, "How High Are Rates of Return to Fertilizer? Evidence from Field Experiments in Kenya," *American Economic Review* 98 (2) (2008): 482–488.

6. Esther Duflo, Michael Kremer, and Jonathan Robinson, "Nudging Farmers to Use Fertilizer: Theory and Experimental Evidence," forthcoming in *American Economic Review*, NBER Working Paper W15131 (2009).

7. Samuel M. McClure, David I. Laibson, George Loewenstein, and Jonathan D. Cohen, "Separate Neural Systems Value Immediate and Delayed Monetary Rewards," *Science* 306 (5695) (2004): 421–423.

8. Nava Ashraf, Dean Karlan, and Wesley Yin, "Tying Odysseus to the Mast: Evidence from a Commitment Savings Product in the Philippines," *Quarterly Journal of Economics* 121 (2) (2006): 635–672.

9. Pascaline Dupas and Jonathan Robinson, "Savings Constraints and Preventive Health Investments in Kenya," UCLA (2010), mimeo.

10. Abhijit Banerjee and Sendhil Mullainathan, "The Shape of Temptation: Implications for the Economic Lives of the Poor," MIT (April 2010), mimeo.

11. See, for example, Kathleen D. Vohs and Ronald J. Faber, "Spent Resources: Self-Regulatory Resource Availability Affects Impulse Buying," *Journal of Consumer Research* 33 (March 2007): 537–548. In one experiment reported in this paper, college students were instructed to spend a few minutes writing down their thoughts, without thinking of a white bear. Given $10 afterward to save or spend on a small assortment of products, they spent much more money than students who had free-associated without having to avoid thoughts of bears.

12. For a description of the Townsend Thai data and detailed accounting conventions used there, see Krislert Samphantharak and Robert Townsend, *Households as Corporate Firms: Constructing Financial Statements from Integrated Household Surveys*, Cambridge University Press Econometric Society Monograph No. 46 (2010). We define household resources as average net assets from the household balance sheet. Net assets include all savings, capital, and household assets net of borrowing.

13. Dean Karlan and Sendhil Mullainathan, "Debt Cycles," work in progress (2011).

14. Abhijit Banerjee, Esther Duflo, Rachel Glennerster, and Cynthia Kinnan, "The Miracle of Microfinance?," MIT, manuscript (2010). Bruno Crépon, Florencia Devoto, Esther Duflo, and William Parienté, "Evaluation d'impact du microcrédit en zone rural: Enseignement d'une expérimentation randomisée au Maroc," MIT, mimeo.

第九章

1. C. K. Prahalad, *The Fortune at the Bottom of the Pyramid* (Philadelphia: Wharton School Publishing, 2004).

2. Tarun Khanna, *Billions of Entrepreneurs: How China and India Are Reshaping Their Futures—and Yours* (Boston: Harvard Business School Publishing, 2007).

3. Suresh de Mel, David McKenzie, and Christopher Woodruff, "Returns to Capital in Microenterprises: Evidence from a Field Experiment," *Quarterly Journal of Economics* 123 (4) (2008): 1329–1372.

4. David McKenzie and Christopher Woodruff, "Experimental Evidence on Returns to Capital and Access to Finance in Mexico," *World Bank Economic Review* 22 (3) (2008): 457–482.

5. Abhijit Banerjee, Raghabendra Chattopadhyay, Esther Duflo, and Jeremy Shapiro, "Targeting the Hard-Core Poor: An Impact Assessment," MIT (2010), mimeo.

6. For a description of the Townsend data, see Krislert Samphantharak and Robert Townsend, "Households as Corporate Firms: Constructing Financial Statements from Integrated Household Surveys," University of California at San Diego and University of Chicago (2006), mimeo.

7. The study in Peru is Dean Karlan and Martin Valdivia, "Teaching Entrepreneurship: Impact of Business Training on Microfinance Clients and Institutions," *Review of Economics and Statistics*, forthcoming. The study in India is Erica Field, Seema Jayachandran, and Rohini Pande, "Do Traditional Institutions Constrain Female Entrepreneurship? A Field Experiment on Business Training in India," *American Economic Review Papers and Proceedings* 100 (2) (May 2010): 125–129.

8. Alejandro Drexler, Greg Fischer, and Antoinette Schoar, "Keeping It Simple: Financial Literacy and Rules of Thumb," London School of Economics, mimeo.

9. Suresh de Mel, David McKenzie, and Christopher Woodruff, "Are Women More Credit Constrained? Experimental Evidence on Gender and Microenterprise Returns," *American Economic Journal: Applied Economics* 1 (3) (July 2009): 1–32.

10. Andrew Foster and Mark Rosenzweig, "Economic Development and the Decline of Agricultural Employment," *Handbook of Development Economics* 4 (2007): 3051–3083.

11. David Atkin, "Working for the Future: Female Factory Work and Child Height in Mexico," working paper (2009).

12. Kaivan Munshi, "Networks in the Modern Economy: Mexican Migrants in the U.S. Labor Market," *Quarterly Journal of Economics* 118 (2) (2003): 549–599.

13. Cally Ardington, Anne Case, and Victoria Hosegood, "Labor Supply Responses to Large Social Transfers: Longitudinal Evidence from South Africa," *American Economic Journal* 1 (1) (January 2009): 22–48.

第十章

1. The argument was made in the 1970s by Peter Bauer; see e.g., Peter Thomas Bauer, *Dissent on Development* (Cambridge: Harvard University Press, 1972).

2. Ritva Reinikka and Jakob Svensson, "The Power of Information: Evidence from a

Newspaper Campaign to Reduce Capture," working paper, IIES, Stockholm University (2004).

3. See, for example, Easterly's post on randomized control trials, available at http://aidwatchers.com/2009/07/development-experiments-ethical-feasible-useful/.

4. See, for example, Jeffrey Sachs, "Who Beats Corruption," available at http://www.project-syndicate.org/commentary/sachs106/English.

5. Daron Acemoglu and James Robinson, *Economic Origins of Dictatorship and Democracy* (New York: Cambridge University Press, 2005).

6. Daron Acemoglu and James Robinson, *Why Nations Fail* (forthcoming, Crown, 2012).

7. See, for example, Tim Besley and Torsten Persson, "Fragile States and Development Policy" (manuscript, November 2010), which argues that fragile states are a key symptom of underdevelopment in the world and that such states are incapable of delivering basic services to their citizens.

8. Daron Acemoglu, Simon Johnson, and James Robinson, "The Colonial Origins of Comparative Development: An Empirical Investigation," *American Economic Review* 91 (5) (2001): 1369–1401.

9. Abhijit Banerjee and Lakshmi Iyer, "History, Institutions, and Economic Performance: The Legacy of Colonial Land Tenure Systems in India," *American Economic Review* 95 (4) (2005): 1190–1213.

10. Dwyer Gunn, "Can 'Charter Cities' Change the World? A Q&A with Paul Romer," *New York Times,* September 29, 2009; and see "Charter Cities," available at http://www.chartercities.org.

11. Paul Collier, *The Bottom Billion: Why the Poorest Countries Are Failing and What Can Be Done About It* (New York: Oxford University Press, 2007); and Paul Collier, *Wars, Guns, and Votes: Democracy in Dangerous Places* (New York: HarperCollins, 2009).

12. William Easterly, "The Burden of Proof Should Be on Interventionists—Doubt Is a Superb Reason for Inaction," *Boston Review* (July–August 2009).

13. See Rajiv Chandrasekaram, *Imperial Life in the Emerald City: Inside Iraq's Green Zone* (New York: Knopf, 2006), as well as Easterly's insightful critique of the army operation manual, available at http://www.huffingtonpost.com/william-easterly/will-us-armys-development_b_217488.html.

14. William Easterly, "Institutions: Top Down or Botton Up," *American Economic Review: Papers and Proceedings* 98 (2) (2008): 95–99.

15. See *The White Man's Burden*, p. 133.

16. Ibid., p. 72.

17. William Easterly, "Trust the Development Experts—All 7 Billion," *Financial Times*, May 28, 2008.

18. *The White Man's Burden*, p. 73.

19. Marianne Bertrand, Simeon Djankov, Rema Hanna, and Sendhil Mullainathan, "Obtaining a Driving License in India: An Experimental Approach to Studying Corruption," *Quarterly Journal of Economics* (November 2007): 1639–1676.

20. See his presentation on the subject, available at http://dri.fas.nyu.edu/object/withoutknowinghow.html.

21. Rohini Pande and Christopher Udry, "Institutions and Development: A View from Below," Yale Economic Growth Center Discussion Paper 928 (2005).

22. Monica Martinez-Bravo, Gerard Padro-i-Miquel, Nancy Qian, and Yang Yao, "Accountability in an Authoritarian Regime: The Impact of Local Electoral Reforms in Rural China," Yale University (2010), manuscript.

23. Benjamin Olken, "Monitoring Corruption: Evidence from a Field Experiment in Indonesia," *Journal of Political Economy* 115 (2) (April 2007): 200–249.

24. Abhijit Banerjee, Esther Duflo, Daniel Keniston, and Nina Singh, "Making Police Reform Real: The Rajasthan Experiment," draft paper, MIT (2010).

25. Thomas Fujiwara, "Voting Technology, Political Responsiveness, and Infant Health: Evidence from Brazil," University of British Columbia, mimeo (2010).

26. World Bank, *World Development Report 2004: Making Services Work for Poor People* (2003).

27. Raghabendra Chattopadhyay and Esther Duflo, "Women as Policy Makers: Evidence from a Randomized Policy Experiment in India," *Econometrica* 72 (5) (2004): 1409–1443.

28. Leonard Wantchekon, "Clientelism and Voting Behavior: Evidence from a Field Experiment in Benin," *World Politics* 55 (3) (2003): 399–422.

29. Abhijit Banerjee and Rohini Pande, "Ethnic Preferences and Politician Corruption," KSG Working Paper RWP07-031 (2007).

30. Nicholas Van de Walle, "Presidentialism and Clientelism in Africa's Emerging Party Systems," *Journal of Modern African Studies* 41 (2) (June 2003): 297–321.

31. Abhijit Banerjee, Donald Green, Jennifer Green, and Rohini Pande, "Can Voters Be Primed to Choose Better Legislators? Experimental Evidence from Rural India," working paper (2009).

32. Abhijit Banerjee, Selvan Kumar, Rohini Pande, and Felix Su, "Do Informed Voters Make Better Choices? Experimental Evidence from Urban India," working paper (2010).

33. Raymond Fisman, "Estimating the Value of Political Connections," *American Economic Review* 91 (4) (September 2001): 1095–1102.

34. Abhijit Banerjee, Esther Duflo, and Rachel Glennerster, "Putting a Band-Aid on a Corpse: Incentives for Nurses in the Indian Public Health Care System," *Journal of the European Economics Association* 6 (2–3) (2009): 487–500.

35. Abhijit Banerjee, Rukmini Banerji, Esther Duflo, Rachel Glennerster, and Stuti Khemani, "Pitfalls of Participatory Programs: Evidence from a Randomized Evaluation in Education in India," *American Economic Journal: Economic Policy* 2 (1) (2010): 1–20.

36. Esther Duflo, Pascaline Dupas, and Michael Kremer, "Pupil-Teacher Ratio, Teacher Management and Education Quality" (June 2010), mimeo.

37. Rikhil Bhavani, "Do Electoral Quotas Work After They Are Withdrawn? Evidence from a Natural Experiment in India," *American Political Science Review* 103 (1) (2009): 23–35.

38. Lori Beaman, Raghabendra Chattopadhyay, Esther Duflo, Rohini Pande, and Petia Topalova, "Powerful Women: Does Exposure Reduce Bias?" *Quarterly Journal of Economics* 124 (4) (2009): 1497–1540.

39. Ana Lorena De La O, "Do Poverty Relief Funds Affect Electoral Behavior? Evidence from a Randomized Experiment in Mexico," Yale University (2006), manuscript.

40. Leonard Wantchekon, "Can Informed Public Deliberation Overcome Clientelism? Experimental Evidence from Benin," New York University (2009), manuscript.